논술의
지배자
마열다의
한눈에
사로잡는
슈퍼논술
개념편

논술의 지배자 마열다의
한눈에 사로잡는 슈퍼논술

초판 1쇄 발행일 2013년 2월 4일

지 은 이 마열다
펴 낸 이 이정원

출판책임 박성규
편집책임 선우미정
편집진행 김재은
편 집 김상진 · 한진우 · 조아라
디 자 인 김지연 · 김세린
마 케 팅 석철호 · 나다연 · 도한나
경영지원 김은주 · 이순복
제 작 송승욱
관 리 구법모 · 엄철용

펴 낸 곳 도서출판 들녘
등록일자 1987년 12월 12일
등록번호 10-156
주 소 경기도 파주시 교하읍 문발리 출판문화정보산업단지 513-9
전 화 마케팅 031-955-7374 편집 031-955-7381
팩시밀리 031-955-7393
홈페이지 www.ddd21.co.kr

I S B N 978-89-7527-891-4 (14710)
978-89-7527-890-7 (세트)
값은 뒤표지에 있습니다. 잘못된 책은 구입하신 곳에서 바꿔드립니다.

논술의 지배자 마열다의

한눈에 사로잡는

슈퍼논술

개념편

마열다 지음

들녘

M

논술은 논술이다!

논술 강의를 하다 보면 사람들의 요구 사항이 참 다양합니다. 어떤 사람은 책을 많이 읽게 해 달라 하고, 어떤 사람은 토론을 많이 해 달라 하고, 어떤 사람은 실전 문제를 많이 풀어 달라고 하지요. 더러는 철학 수업을 요구하기도 합니다.

논술은 말 그대로 '논리적 서술'이지만 무엇을 서술하느냐, 어디에서 활용하느냐에 따라 수업 양상은 여러 가지로 달라집니다. 책을 읽고 이에 대한 감상 활동을 주된 내용으로 할 경우 독서 클럽이나 다름없이 되고, 시사적인 문제를 갖고 옥신각신할 경우 토론장이 됩니다. 대입 논제를 풀이할 경우엔 여타의 수능 과목과 다를 바 없는 입시 교실 분위기가 연출되기도 합니다. 그리고 이 모든 것을 수용하다 보면 수업은 이것저것 뒤섞인 정체불명의 것이 되기 쉽습니다.

대학 입학시험이나 각종 자격시험 등에서 '논술' 시험을 치르기 시작한 지도 꽤 오랜 시간이 흘렀습니다. 제가 처음 논술을 가르치기 시작할 무렵, 그 후로도 상당 기간 논술은 대치동과 같은 학원 밀집 지역에서나 개설되는 과목이었답니다. 지금처럼 논술을 많이 가르치고 많이 배우기 전의 논술 공부란 마치 이 재료, 저 재료가 마구 뒤섞인 비빔밥 같은 것이었습니다. 학원들은 수강생을 확보하려 하고, 학부모들은 아이들에게 좋은 것이라면 무엇이든 가르치고 싶어 했습니다. 논술은 학교

정규 과목이 아니었기에 가르치는 사람과 배우는 사람이 서로 만족할 수 있다면 그것이 무엇이든 상관이 없었던 겁니다.

하지만 이제 논술을 가르치는 학원은 동네 구석구석까지 찾아볼 수 있을 정도로 많아졌습니다. 사교육뿐만 아니라 공교육에서도 자체적인 프로그램이 있고 학생 스스로의 의지만 있다면 여러 경로를 통해 공부할 수 있습니다.

이제 비로소 마열다는 이렇게 말합니다.

논술은 논술이다.

논술은 어디까지나 논리적 표현이며 형식이자 스킬입니다. 다른 것과 뒤섞이지 않은 오롯한 논술을 배워 놓을 필요가 있습니다. 대학에 입학하기 위해서가 아니라, 장차 정치가나 변호사가 되기 위해서가 아니라, 다른 사람에게 자신의 의견과 지식을 전하고 또 상대의 것을 이해하기 위한, 삶을 위한 도구로서의 논술을 말입니다.

지금 여러분에게는 눈앞의 시험이 가장 중요하다는 것을 잘 압니다. 그리고 저 역시 여러분이 시험에서 좋은 성적을 거두게 하고 싶어 논술을 가르치고요. 하지만 부디 여러분이 시험이 끝났다고 해서 저와 공부한 논술마저 잊어버리지는 않았으면 좋겠습니다. 논술은 곧 논리적으로 생각하는 법, 논리적으로 말하는 법을 배우는 과목이고, 논리적으로 생각하고 말하는 사람이 많은 사회야말로 진정한 발전을 이룰 수 있기 때문입니다. 논리가 없는 사회, 논리가 무시당하는 사회는 절차와 과정을 무시하는 사회, 결과만 좋으면 모든 것이 용인되는 사회, 그래서 부당한 일이 벌어지는 사회가 되기 쉽습니다.

그렇기에 논술 능력은 누구나 학창 시절에 갖춰 놓아야 하며, 익혀 놓으면 평생의 재산이 될 소양입니다. 여러분이 이러한 소양을 갖추는 데 이 책이 도움이 되기를 바랍니다.

끝으로 풋내기 강사 시절부터 지금까지 만난 많은 수강생들에게 감사의 말을 전합니다.

그럼 이제, 슈퍼논술의 세계로 들어가 볼까요?

| 차례 |

M

1장

도대체 논술이란 뭘까?

논술이란 무엇일까요? 논술을 한자로 쓰면 論述입니다. 논이라는 한자어를 다시 풀이해 보면, '논論 = 앞뒤를 서로 질서 있고 명확하게 풀어내는 이야기'입니다. 다음으로 '술述 = 말이나 글로 의견을 풀어내거나 표현하는 행위'입니다.

이제 '논+술'을 풀이해 보면, '논술 = 자신이 알고 있는 사실이나 자신이 품고 있는 의견 등을 논리적으로 질서 있게 명확한 말이나 글로 표현하는 것'이 됩니다.

여러분은 논술이 어떨 때 필요하다고 생각하세요? 대학 입학을 준비할 때? 취업 시험을 준비할 때?

그런 생각과는 달리 논술은 지식 기반 사회에 살아가는 사람들 모두에게 요구되는 일반적 능력입니다. 현대 사회는 지식 기반 사회라고 하죠. 지식 기반 사회는 정보와 지식이 중심이 되는 사회를 말하는데, 이런 사회에서는 정보를 통해 어떤 판단을 이끌어내는 능력이 중요합니다.

단순히 정보를 습득하는 수준에서 나아가 그 정보를 어떠한 관점에서 이해할 것인지, 어떻게 응용할 것인지를 결정하기 위해서 무엇이 필요할까요? 논리적으로 분석하고 비판하는 능력, 또 이를 다시 논리적으로 전달할 수 있는 표현 능력입니다. 바로 논술 능력이지요!

시험을 치지 않으면 논술 능력이 어디에 필요하냐고요? 먼저 대학 생활을 살펴봅시다. 대학생들은 4년 동안 열심히 공부하고 연구해 졸업 전에는 '논문'을 씁니다. 대학을 졸업하기 위해서는 졸업 논문을 써야 합니다. 4년간의 학습 활동은 논문 한 편을 쓰기 위한 준비 과정이라고 할 수 있습니다. 또 대학에서 치르는 시험이나 과제는 대부분 논술 형태입니다. 따라서 대학에서의 논술은 정상적으로 수업을 이수하고 학위를 따기 위한 기초 능력입니다.

다음으로 회사 생활을 살펴볼까요? 기업의 사무직 업무를 크게 두 가지로 나누면 기획과 관리로 나눌 수 있습니다. 기획은 시장과 비용을 고려해 상품 판매를 촉진하는 활동이며, 관리는 이를 감독하고 측정하여 결과물을 만들어 내는 활동입니다. 기획과 관리의 관계는 논술의 논지와 논거 관계를 빼닮았습니다. 적절한 근거가 설득력 있는 결론을 이끌어 내듯이 적절한 관리가 있어야 성공적인 기획을 뒷받침하기 때문입니다. 뿐만 아니라 회사 안의 조직 체계와 업무 과정 등은 주어진 환경 내에서 최대의 효용을 얻기 위해 논리적으로 고민해 만들어진 결과물이랍니다.

이제 알겠지요? 학교에서나 회사에서나 앞으로 우리 삶에는 논술 능력이 계속 필요하다는 것!

1. 논술의 뜻부터 확실히

논술의 뜻을 다시 한 번 요약해 볼까요?

논술 = **자신이 알고 있는 사실이나 품고 있는 의견 등을 논리적으로 질서 있게 명확한 말이나 글로 표현하는 것**

정의만 놓고 보면 논술만큼 쉬운 것도 없어 보입니다. 어느 정도 교육을 받은 사람 중에 자신의 생각을 조리 있게 표현하지 못하는 사람은 없을 것 같습니다. 그러나 사정은 그렇지 않습니다. 언어학자들은 인간이 서로 주고받는 대화에서 자신의 의사를 정확하게 전달하는 경우는 평균 30%에도 못 미친다고 합니다. 사람들은 대부분 자신의 이익이나 감정에 따라 말을 바꾸기도 하고, 대화의 주제를 중간에 바꾸기도 합니다. 남에게 알리고 싶은 사실은 몇 번을 강조하지만, 숨기고 싶은 사실은 언급조차 하지 않기도 합니다. 그러다보니 사실이 왜곡될 때도 있습니다. 일상에서 다뤄지는 사소한 문제들은 그때그때 번복할 수 있지만, 전문 지식을 다룰 때나 중요한 업무를 할 때 이런 왜곡이 생긴다면 작은 실수로 인해 큰 오류가 발생할 수 있습니다.

따라서 논술은 단순한 말하기, 글쓰기가 아니라, 대상의 속성을 밝히는 일이며 사실과 진리가 왜곡되는 것을 막는 일입니다. 쉬운 일은 아닙니다. 나의 주관을 배제하고 사물을 바라보다 보면 내게는 불리할 수도 있으며, 사회 전통이나 관습 등에 맞서야 할 때도 생기기 때문입니다.

따라서 논술을 잘한다는 것은 내게 유리하도록 남을 잘 설득하는 것이 아닙니다. 세상 사람들은 당연한 것으로 받아들이며 큰 문제를 삼지 않는 일에도 나만은 의문을 품고 골똘히 생각하는 것이 논술의 기본입니다.

논술의 가장 **핵심**은 감정이나 관습이 아니라 **논리**이기 때문입니다. 논리란 시간과 공간을 초월해 모든 사람들에게 합당한 것으로 받아들여져야 하는 것입니다. 만약 논술에서 논리를 빼면 이는 단순한 설득이고 그럴싸해 보이는 말솜씨에 불과합니다.

2. 논술의 기본은 비판과 창의

비판이란?

비판이란 어떤 판단을 도출해 내기 위해 옳고 그름을 가리는 행위입니다.

우리는 잘못된 일을 지적하거나 새로운 의견을 낼 때 기존에 있던 일과 비교해 의존하게 마련입니다. 결국 새로운 해석, 새로운 주장은 기존의 것에 대한 회의와 부정에서 시작된다는 것입니다. 따라서 논하고자 하는 것이 무엇이든 새로운 의견은 비판의 성격을 가질 수밖에 없습니다. 이러한 속성 때문에 **논술이 곧 비판**이라고 해도 크게 틀리지 않습니다.

비판은 반드시 어떤 기준 혹은 관점에 바탕을 두어야 합니다. 어떤 관점을 설정하든 저자는 자신이 선택한 관점을 논술이 끝맺는 시점까지, 첫 문장에서 마지막 문장까지 유지해야 합니다.

창의란?

창의력, 창의성이란 말이 여기저기 쓰이면서 최근 우리 사회에서 '창의'라는 말은 하나의 상투어가 되어 버렸습니다. 혁신, 변화, 개혁 등의 단어들과 더불어 아무 곳에나 무분별하게 쓰이면서 실제 의미와 상관없이 '더 나은 결과를 가져다주는 대단한 생각' 정도로 받아들여지고 있습니다. 하지만 논술에서 창의는 그렇게 거창할 것이 없습니다. 논술에서의 창의는 남들과 다른 기발한 발상이 아니라 충분히 관찰하고 사고할 경우 누구나 얻을 수 있는 대상에 대한 깊고 다양한 사고입니다.

창의성 평가 기준

- ☑ 논의가 **심층적으로** 전개되었는가?
- ☑ 논의가 **다각적으로** 전개되었는가?
- ☑ 논의가 **독창적으로** 전개되었는가?

위의 평가 기준은 한 대학의 창의성 채점 기준입니다. 이 기준에서 알 수 있듯 창의성이 꼭 남들과 다른 생각을 뜻하는 것만은 아닙니다.

무엇보다 중요한 것은 대상에 대한 **'애정'**이 있어야 창의가 생긴다는 점입니다. 놀라운 발견을 하고 새로운 이론을 만들어 낸 학자들은 타고난 두뇌로 하루아침에 뚝딱 결과물을 만들어 냈을까요? 오히려 대상에 오랜 관심을 기울이고 꾸준히 탐구를 해 얻어 낸 결과가 대부분입니다. 결국 창의성이 돋보이는 논술은 주어진 논제에 관하여 얼마나 자주, 깊게 사고해 봤는지에 달려 있습니다.

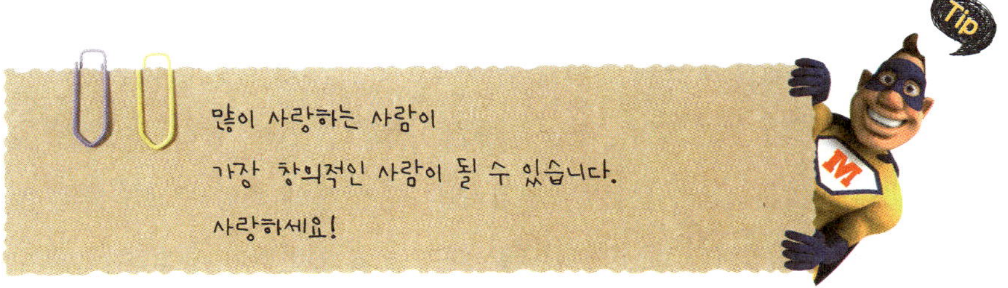

Tip
M
많이 사랑하는 사람이
가장 창의적인 사람이 될 수 있습니다.
사랑하세요!

3. 논술을 잘하려면 무조건 책을 많이 읽어라?

흔히 논술을 잘하기 위해서는 책을 많이 읽어야 한다고 합니다. 맞는 이야기이기도 하고 맞지 않는 이야기이기도 합니다.

맞으면 맞고 틀리면 틀리지, 그게 뭐냐고요? 무언가를 논하기 위해 우리는 기존에 있는 자료나 생각을 필요로 합니다. 즉, 결론을 내기 위해 기존에 나와 있는 이야기들을 활용하는 것입니다.

이때 기존의 자료나 사고는 요리 재료, 도출할 결론은 완성된 요리와 같습니다. 그런데 좋은 재료를 사용한다고 무조건 좋은 요리가 나올 수 있을까요? 요리 순서나 규칙을 무시하고 재료를 마구 뒤섞기만 하면 아무리 좋은 재료를 써도 맛없는 음식이 완성될 가능성이 큽니다. 이처럼 논술을 할 때도 막연히 자신이 알고 있는 지식들만 내세우는 것은 단순한 설명으로 전락할 확률이 큽니다.

가령 '대한민국 OO 문제의 원인과 대안'을 논술한다면, 생활 주변에서 목격한 사실보다는 서울시 전체의 통계, 전국 단위 통계를 사용하는 것이 훨씬 신빙성이 있을 것입니다. 그리고 짧은 신문 칼럼보다는 한 권의 책을 통해 해당 주제에 대한 지식을 얻는 것이 좋을 것입니다. 무엇을 설명할 때는 보다 일반적인 사례, 신뢰할 수 있는 전문가의 지식을 근거로 하는 것이 좋기 때문입니다.

그러나 논술에서는 어떤 사례든 전문가의 의견이든 무수히 많은 요리 재료들 중 일부일 뿐입니다. 사용하는 재료의 수준이 논술의 수준을 결정하지는 않는다는 것입니다.

중요한 것은 재료들을 어떤 관점에서 어떻게 배열할까 하는 점입니다. 이는 역사가가 과거의 사실들에서 역사적 의미와 가치를 끌어내는 일과 닮았습니다. 역사가는 사실이라는 재료를 자신이 정한 관점에 따라 배열해, 사건과 사건의 연관성이나 결정적 사건이 일어난 이유 등을 연구합니다. 그리고 연구를 통해 현대에 살고 있는 우리에게 역사적 의미를 가진 결론을 이끌어냅니다. 일종의 해석 작업입니다.

논술을 잘하기 위한 독서도 이와 같습니다. 책에 담긴 지식을 받아들이기만 할 것이 아니라 저자가 어떤 방향으로 사고하고 있는지, 사건을 어떻게 해석해 나가는지를 이해해야 하는 것입니다. 아래 두 개의 사례를 봅시다

a. 전쟁의 후유증은 최소 100년이라는 연구 결과가 있다.

b. 분단은 한국인들의 정신 체계에 영향을 미쳤다.

c. 분단 해결은 전쟁을 겪지 않은 세대에게 맡길 때 가장 냉정하고 합리적이다.

---

a. 나무는 추워진 환경에 적응하기 위해서 나뭇잎으로 가는 수분 통로를 끊어버리고 이로 인해 나뭇잎은 떨어진다.

b. 인간의 삶도 궁극적으로 존재의 보존과 확대다.

c. 나뭇잎이 떨어지는 현상은 개체 보존의 본능이라는 점에서 인간의 삶과 일맥상통한다.

두 개의 사례에서 a와 b에 해당하는 항목은 이미 널리 알고 있거나 스스로 충분히 유추해 낼 수 있는 내용들입니다. 중요한 것은 a와 b가 갖는 공통의 속성을 통해 c라는 타당한 결론을 끌어 내는 것입니다. 즉, 논술에 직접적인 도움을 얻기 위한 독서는 a와 b의 내용을 습득하기 위한 독서가 아니라 a와 b의 배열과 이를 활용한 c의 도출을 경험하는 것입니다.

문학 작품에서는 이에 대한 직접적인 확인이 어려운 경우가 많습니다. 가령 『우리들의 일그러진 영웅』의 주인공 병태는 나약하고 의존적인 현대인의 존재를 상징한다고 하지만 이에 대한 직접적인 해석이 나오지는 않습니다.

소설은 하나의 현상을 그려 내기 위해 작품을 할애하는 경우가 많고, 어떤 이념이나 이론, 경향이 깊게 깔려 있는 작품이라 하더라도 우선은 현상을 그려 내는 예술 자체의 목적에 충실합니다. 따라서 문학 작품은 생각해 볼 만한 문제나 논제를 이끌어 내기 위한 소재로는 훌륭하지만 작품 자체가 논술의 표본은 될 수 없습니다. 때문에 문학을 통해 논술을 공부하려면 읽은 작품을 바탕으로 한 서평이나 토론 등의 활동을 반드시 병행해야 합니다.

논리적 사고와 표현을 직접적으로 확인할 수 있는 책은 평론 류입니다. 비평문을 비롯해 특정 가치와 사고를 옹호하는 논집은 논술을 공부하는 사람에게 가장 핵심적인 참고서가 됩니다. 흔히 **인문, 사회, 과학** 분야의 이론서들입니다. 왜 지구는 도는지, 세금은 왜 내야 하는지, 남녀평등은 어떻게 이뤄져야 하는지 등등 각종 문제에 관한 저자의 명확한 답변과 이를 뒷받침하는 근거를 제시하고 있기 때문입니다.

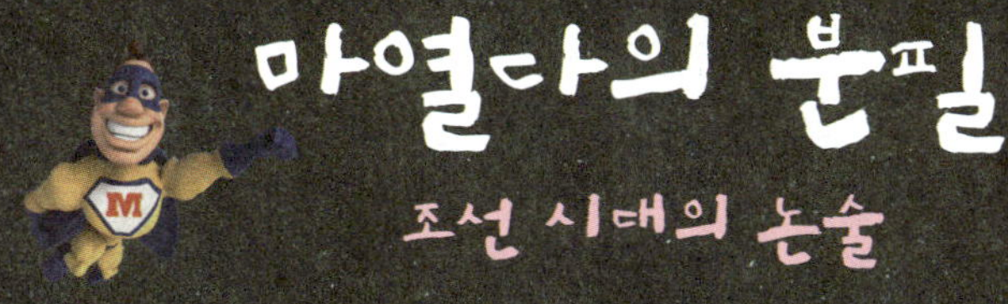

논술이 대학 입학시험의 한 요소로 자리 잡고 현대 사회에 새로이 요구되는 능력처럼 홍보되면서 마치 전에 없던 새로운 방법의 시험이 탄생한 것처럼 보입니다. 하지만 사실 논술은 조선 시대에서부터 존재했던 시험 방식입니다.

조선 시대의 과거 시험은 전형적인 논술 시험이었습니다. 조선의 과거 시험은 당나라의 관리 등용 시험인 신언서판(身言書判)의 영향을 받은 것입니다. '신'은 몸의 건강 상태와 풍채, '언'은 말하는 실력, '서'는 글 쓰는 실력, '판'은 판단력을 의미하며 당나라는 이 네 가지를 두루 살펴 관리를 뽑았습니다. 이 중 글 실력과 판단력은 과거 시험을 통해 평가했습니다. 글을 뜻하는 '서'를 통해 표현과 사고를 파악하고, 비판을 뜻하는 '판'을 통해 논증력을 파악했던 것입니다.

조선 시대에는 유교 경전에 대한 지식을 묻는 시험에 합격한 사람을 생원, 시와 문장 시험에 합격한 사람을 진사라 불렀습니다. 그리고 생원과 진사를 대상으로 또 다시 여러 번의 시험을 거쳐 마지막 최고 단계에서는 정치사회적 이슈에 관해 자신의 생각을 적는 논술 시험을 치렀습니다. 최고 단계 시험을 책문이라 합니다. 임금이 직접 책문의 과제를 제시하기도 했습니다.

중종은 '어떤 신하가 외교활동에 적합한가?'라는 과제를 낸 적이 있고 명종은 '교육을 부흥하기 위한 대안은 무엇인가?'라는 과제를 낸 적이 있다고 합니다. 정말로 우리가 배우는 논술과 매우 비슷하지요?

2장

태초에 논리가 있었다, 기초 논리학

우리는 일상에서 '논리'라는 말을 곧잘 사용합니다. 논리적인 말, 논리적인 행동을 비롯하여 논리적인 방법, 계획 등 어디에다 붙여도 어색하지 않고 자연스럽게 쓰입니다. 그런데 정작 '논리란 무엇이냐?'라고 물으면 이렇다, 저렇다 딱 꼬집어 답하기는 힘듭니다.

누군가는 말을 잘하고 글을 잘 쓰는 것이 논리라 하고, 누군가는 분명확실한 것이 논리라 하고, 누군가는 질서정연한 것이 논리라 할 것입니다. 그런데, 셋 모두 논리의 핵심은 아니랍니다. 하지만 논리와 깊은 관계가 있지요!

말을 잘한다는 것은 뭘까요? 같은 이야기라도 간결하고 분명하게, 시원시원하게 말하는 사람이 있습니다. 생각하는 수준이나 아는 것은 나와 별반 다르지 않은 것 같은데 같은 내용도 이 친구의 입을 타면 더 설득력이 있습니다. 그 비결이 뭘까요? 이 대답에 논리의 핵심이 있습니다.

우선 말 잘하는 사람, 즉 논리적으로 말하는 사람은 말하고자 하는 경계가 명확합니다. 불필요한 곁가지가 없기 때문에 아주 명료하고 강한 의미전달이 가능합니다. 두 번째, 말하는 내용들이 서로 조화를 이룹니다.

논리의 핵심은 여기에 있습니다. **경계가 명확하고 부분들끼리 조화로운 것. 이런 조화는 내용 자체보다는 내용을 어떻게 배열했는지, 형식과 과정에 의해 만들어집니다.** 이 형식이 논리입니다.

따라서 말을 잘하는 친구, 글을 잘 쓰는 친구는 이런 논리의 성질을 잘 활용한 사람이라 할 수 있습니다. 좀 더 자세히 살펴봅시다.

1. 논리란 무엇일까?

"그 애는 꽤 논리적이야"라는 말은 가리키는 사람의 말이나 행위가 이치에 맞고 합당하다는 표현입니다. 그리고 이렇게 어떤 대상에 관해 '논리적이다' 혹은 '비논리적이다'는 판단을 내린다는 것은, 우리가 논리가 무엇인지를 알고 있다는 뜻이 됩니다.

가슴이 아닌 머리에 손을 얹고 생각해 봅시다. 나는 정말로 논리가 무엇인지 제대로 알고 있을까? 타인의 행동이나 주변의 여러 현상에 대해 논리적인지 아닌지를 따질 수 있을까? 어떤 의견이 내 의견과 비슷하거나 내 희망사항과 같다는 이유만으로 '논리적'이라고 왜곡한 것은 아닐까?

사람의 논리란 자주 왜곡되기 마련입니다. 제 아무리 논리적인 말과 행위로 똘똘 뭉친 사람이라도 의견이 충돌할 때는 좋아하는 사람의 편을 들어주고 싶어지고, 마음에 들지 않는 의견을 마주하면 공격하거나 대화 자체를 피하고 싶어지기 때문입니다.

사람들이 모두 각자의 감정이나 이득에 따라 판단을 흐린다면 이 세계는 아비규환이 될 것입니다. 때문에 모든 상황에 적용될 수 있는 기준은 분명히 정의되어야 합니다. 각자 다르게 생각하고 다른 언어로 말하는 인간들에게 세계 공통의 기준이 필요한 것입니다.

논리의 출발, 동일률

0123456789라는 숫자가 있습니다. 이 중에서 가장 중요한 숫자는 무엇일까요? 단연 0입니다. 0은 아무 것도 '없다'는 뜻이죠. 그럼 이를 바탕으로 '있다'라는 개념을 만들 수도 있겠네요. '있다'가 한 번이면? 그것이 바로 1이 되겠습니다. '있다'를 한 번 더 붙이면? 그러면 2를 만들 수도 있습니다. 이렇게 하다 보면 9까지 나아갈 수 있는데요. 결국 2부터 9까지는 여러 개의 1을 표현한 것에 지나지 않습니다. 수학 시간에 배운 2진법이네요.

논리에도 0에 해당하는 것이 있습니다. 바로 동일률, 혹은 동일성의 원리입니다. 나는 나다. 너는 너다. 마열다는 마열다다. A는 A다. 지극히 뻔한 이 동일성에서 모든 논리가 출발합니다. 숫자에서 1이 가능하기 위해서는 먼저 0이 있어야 하듯 보다 복잡한 논리가 가능하기 위해서는 이 동일률이 항상 지켜지고 유지되어야 합니다.

A	=	A
(왼쪽)	(관계)	(오른쪽)

동일한 A를 왼쪽과 오른쪽에 배열하여 서로 같은 녀석인지를 확인하고 있습니다. 즉 대상을 두 개로 분리해, 이들의 관계를 파악하는 구조입니다. 그럼 다른 경우도 생각해 볼 수 있겠네요. 0에서 1을 도출하듯이 =대신 ≠를, A가 아닌 B나 C 등을 대입할 수 있습니다. **A=A**를 출발로 하여 **A≠A, A=B, A≠B** 등을 줄줄이 엮어 낼 수 있습니다.

누가 처음 생각해 낸 것인지는 모르지만 인간이 불을 사용한 것보다 더 위대한 발견이라 할 수 있습니다. 그리고 그 사례는 엉뚱하게도 성경책 첫 장에 나옵니다. 구약성서 창세기 1장 1절은 이렇게 시작합니다. '태초에 어둠이 있었다!' 모든 세계가 어둠으로 둘러싸여 있었다고 말이지요. 여기도 어둠, 저기도 어둠이니 사방 어디에든 '어둠=어둠'이라는 동일성만이 있었다는 뜻입니다. 어둠이 있기에 빛 또한 정의할 수 있는 것입니다.

이처럼 동일률은 숫자 0처럼 다른 원리가 생성될 수 있는 최초의 원리입니다. 너무나 당연한 것이기에 특별한 일이 아닌 이상 새삼스레 강조할 일이 없습니다. 자신과 자신을 비교하기보다는 서로 다른 두 대상의 관계를 확인하는 일이 더 빈번합니다. '나는 사람이고 너는 짐승이다.' 이처럼 서로 다른 것들을 대상으로 하기에 새로운 판단을 가져다줍니다.

A = B	사과는 과일이다.
	사과는 열매이다.
	사과는 빨갛다.

또 여러 낱개의 판단들을 합쳐서 새로운 판단을 만들 수도 있습니다. 가령 '사과는 과일이다'라는 판단이 있고 '과일은 식물이다'라는 판단이 있다면, 두 판단에 '과일'이 다리를 놓아 줌으로써 '사과는 식물이다'는 판단을 얻을 수 있습니다. 여기서 다리 역할을 하는 '과일'을 가리켜 **매개개념**이라고 하고, 이러한 방식의 사고 과정을 다른 매개를 통한 추리라는 뜻으로 **간접 추리**라 합니다.

A = **B**	사과는 과일이다.
B = C	과일은 식물이다.
A = C	따라서 사과는 식물이다.

이렇게 누구나 생각할 수 있는 '같다'의 개념에서 시작해 여러 가지로 파생하고 조합하면 보다 복잡한 논리로까지 발전할 수 있습니다. 문제는 인간의 삶이 이성만큼 감정에 지배를 받기 때문에 종종 논리가 무시된다는 겁니다. 따라서 논리적으로 말하고 쓰는 것은 논리에 관한 대단한 지식을 필요로 하는 것이 아닌, 평소 습관이나 태도에 의해 결정된다고도 할 수 있습니다.

그때그때 다르거나, 항상 같거나

논리의 출발은 동일률이라고 했습니다. 사과는 사과이며 배는 배이고 인간은 인간이며 나는 나라고 말입니다.

하지만 정말 그럴까요? 동의하지 않는 사람도 있지 않을까요? 화학자는 이렇게 말할 수도 있습니다. "사과는 탄수화물 덩어리고 인간은 단백질 덩어리이다." 목사님은 또 이렇게 말할 수도 있습니다. "사람이란 하느님의 뜻에 따라 잠시 만들어진 형상이다." 철학자 노자는 "내가 나인지 아닌지는 인간인 나로서는 알 수 없다"라고 했습니다.

다소 황당한 이들의 주장이 꼭 틀린 것만은 아닙니다. 그렇다고 완전히 맞는 이야기도 아닙니다.

논리를 뜻하는 영단어 logic의 어원은 logos입니다. logos는 원리, 이치, 논리, 언어, 진리 등을 뜻합니다. 논리는 곧 원리이고 진리며 언어인 셈입니다. 그래서 목사님에게는 하느님의 말씀이 논리가 되며, 화학자에게는 사물의 구성 물질에 따른 논리가 존재할 수 있습니다. 철학자에게는 자신의 철학관이 논리가 될 수도 있습니다.

여기에서 이들의 논리는 어떤 사물과 현상의 법칙성을 뜻하는 것이고 이는 특정 개인이나 집단에 따라 수시로 달라질 수 있습니다. 바로 원리를 뜻할 때의 논리죠.

하지만 우리가 이 책에서 함께 이야기할 논리는 이러한 원리를 뜻하는 논리가 아니라 형식에 관한 형식 논리입니다.

형식 논리는 목사든 화학자든 철학자든 생각하고 표현하는 행위에서는 따를 수밖에 없는 법칙을 의미합니다.

마열다가 새로운 사람을 만나 "저는 마열다입니다"라고 자기소개를 합니다. 상대는 "반갑습니다, 마열다 씨"라고 대답합니다. 그런데 다시 마열다가 "저는 마열다가 아닌데요"라고 한다면? 상대는 마열다를 이상한 사람으로 여길 것입니다.

마열다는 마열녀에게 사랑고백을 합니다. "열녀야, 나는 너를 사랑해." 열녀는 "왜 나를 사랑해?"라고 물어 볼 수도 있습니다. 그런데 열다가 대뜸 "너를 사랑하지 않아서"라고 한다면? 열다의 고백은 장난 취급만 받고 끝날 것입니다.

두 경우에서 열다의 말이 진지하게 받아들여지지 않은 것은 마열다의 말이 동일률에 어긋나 있기 때문입니다. 형식 논리란 이처럼 자신의 생각을 타인에게 전달하는 과정에서 반드시 지켜야 하는 논리입니다. 누군가의 학문적 연구로 만들어진 것이 아니라 인간이 존재함과 동시에 발생하는 절대적 진리입니다.

아울러 형식 논리는 누군가와 의견을 주고 받을 때만이 아니라 혼자 생각에 잠겨 있을 때도 작용합니다. 나는 의식적으로든 무의식적이든 '나는 마열다이다'를 전제하고 살아갑니다. 내가 지금 책상에 앉아 글을 쓸 수 있는 것은 내가 서울에 사는 논술 교사이며 하루에 커피를 다섯 잔 마시는 마열다임을 스스로 확신하기에 가능한 일입니다. 그런데 어느 날 아침에 일어나 내가 스스로를 마열다가 아니라 장동건이라 생각한다면? 여러 심각한 문제들이 발생하겠죠.

따라서 형식 논리는 내가 나로 살아가는 한, 반드시 따라야 할 사고의 기본 법칙입니다. **이 논리는 절대 변하지 않습니다.** 하느님도 따라야 할 진리입니다.

도구로써의 논리, 메타(META)란?

인터넷에서 마열다를 만나고 싶다면? 검색 사이트 검색창에 '마열다'를 입력하면 되겠습니다. 누구나 아는 이 평범한 사실에 논리의 주요한 특징인 '메타'를 알게 해 주는 단서가 있습니다. 메타(Meta)의 어원은 '사이'를 뜻하는데, 논리학에서는 내가 찾고자 하는 대상과 나를 연결해 주는 도구, 방법이라 생각하면 됩니다. 자, 마열다를 검색하면 마열다와 관련한 이런저런 사이트들이 나열됩니다. 이것이 가능한 것은 무엇 때문일까요? 여러분이 검색하는 단어와 마열다가 미리 입력해 놓은 키워드가 일치했기 때문입니다. 이러한 키워드를 가리켜 메타 정보라 합니다. 옷에 붙어 있는 **태그**, 가게의 **간판**, 책 **표지** 등도 모두 메타 정보를 포함하고 있습니다.

진짜 원하는 궁극의 정보로 가기 위해 메타 정보가 필요하듯이 궁극적인 무언가를 알기 위해 도구처럼 활용하는 학문을 가리켜 **메타 학문**이라 합니다. 논리학과 수학이 가장 대표적인 메타 학문입니다.

메타 학문으로써 논리는 인간의 여러 활동에 유용하게 쓰입니다. 병원을 한번 가 볼까요?

환자 : 선생님, 배가 아파요.

의사 : 어떻게 아프십니까?

환자 : 늘 배고프고 힘도 없고 얼굴에 버짐도 생기고요.

의사 : 열은 없나요?

환자 : 열은 없어요.

의사 : 일단 몇 가지 검사를 한 후에 진단해 봅시다.

(검사 후)

의사 : 뱃속에 기생충이 많군요!

의사는 환자와 만나면 상당히 깊이 있는 추리 과정을 거칩니다. 환자는 비정상적인 신체 현상을 설명하고 의사는 이 현상을 유발하는 원인을 찾게 됩니다. 다음으로 의사는 검사를 통해 확실한 원인만을 따로 추려 냅니다. 소변, 대변, 피 검사를 실시한 후 환자의 증상과 부합하는 원인들만 추려 냅니다. 이는 개연성에 바탕한 것으로 완전한 귀납 추리의 사례입니다. 의학적인 지식이 있어야 가능한 일이지만 **이 지식을 활용하는 과정은 의학이 아닌 논리학입니다.** 훌륭한 의사가 되기 위해서는 논리학도 잘해야겠네요!

미술 대회를 예로 들어 볼까요? 마열다는 과학 상상화 그리기 대회에 멋진 그림을 제출했습니다. 그런데 그 그림은 풍경화였습니다. 이런 경우 마열다가 아무리 멋진 그림을 그렸다 해도 대회에서 탈락할 수밖에 없습니다. 이 대회는 훌륭한 과학 상상화를 뽑는 것이 목적인 대회임을 분명히 밝혔기 때문입니다. 그러나 마열다는 풍경화라는 잘못된 수단을 이용했습니다. 대회 측에서 마련한 논리를 벗어났을 경우, 대회 측의 입장에서 보면 원하지도 않은 그림이 제출된 셈입니다.

이처럼 대회의 논리, 자본의 논리, 연애의 논리 등 어디에 갖다 붙이든 말이 되는 게 논리입니다. 메타가 있기에 가능한 것입니다. 올바른 사고와 행위를 따지는 경우라면 어느 곳에서든 적용될 수 있습니다.

마열다의 분필

모순율, 배중율, 충족이유율

앞서 살펴본 내용에서 '같다'를 기반으로 하여 '같지 않다'를 만들 수 있고 비교 대상도 A 자신이 아닌 B로 대치할 수 있다고 하였습니다. 이런 식으로 만들어진 원리가 모순율, 배중율, 충족이유율입니다.

· **모순율** A ≠ -A

사과 ≠ -사과 : 사과가 아닌 것은 사과가 아니다.

왼손에 사과를 쥐고 있고 오른손에는 사과 아닌 다른 물건을 쥐고 있습니다. 이때 둘의 관계를 **모순 관계**라고 합니다. 남자와 여자, 삶과 죽음 등이 모두 이에 해당합니다. 흔히 반대 관계와 헷갈리는데요. 모순은 중간의 형태를 인정하지 않는 상호 배타적인 관계입니다. 남자 아니면 여자이고 삶 아니면 죽음일 뿐 그 가운데에 존재하는 것은 없으니까요. 반면 반대는 중간을 허용합니다. 높고 낮은 것, 기쁨과 슬픔은 서로 반대되면서도 얼마든지 중간 단계가 가능합니다.

· **배중율** A = B 와 A ≠ B 중 하나만 가능하다

사과는 사과이면서 동시에 사과가 아닐 수 없다.

사과는 사과이면서 동시에 다른 무엇일 수 없고, 과일이면서 동시에 과일이 아

닐 수는 없습니다. 즉 동일과 모순이 동시에 성립될 수는 없다는 뜻입니다. 가운데를 허락하지 않는 것이지요. 우리가 흔히 하는 말에 비유하자면 '모 아니면 도'라는 것입니다. 둘을 함께 만족하는 것은 불가능합니다.

· **충족이유율** A → B

사과나무가 있기에 사과가 있다.

지금 나는 사과를 손에 쥐고 있습니다. 이러한 현상이 있기 위해서는 이를 가능하게 한 원인이 먼저 있었겠지요? 이 사과는 하늘에서 떨어졌을 수도 있고 가게에서 산 것일 수도 있습니다. 즉 모든 결과는 이에 앞선 원인을 필요로 합니다. '콩 심은 데 콩 난다'와 같은 인과 관계로 보아도 무방합니다.

이런 원리를 아는 것이 글을 쓸 때에 쓸모가 있냐고요? 있습니다! 그것도 아주 많이요. 실제로 우리는 일상에서 매일 이러한 원리를 사용하고 있답니다.

가령 열다가 식당에서 신발을 잃어버렸습니다. 여기저기 흩어진 신발을 보면서 우선 자기 신발을 찾아다닐 것입니다. 이때 열다는 이 신발이 내 신발이 맞는지를 확인할 것입니다.(동일률) 그런데 내 신발처럼 보이는 것이 하나가 아닌 여럿입니다. 내 신발이거나 아니거나 둘 중 하나여야 합니다. 중간은 있을 수 없습니다.(배중율) 열다는 자기가 신발을 벗기 전의 일을 곰곰이 생각해봅니다. 생각해보니 신발을 벗은 곳이 여기가 아니고 다른 곳이었습니다. 당연히 여기에 신발이 있을 리 없습니다.(충족이유율) 둘러보니 과연 다른 출입구 쪽에 신발이 놓여 있습니다!

비슷한 경우를 겪어 봤다면 여러분은 이미 충분히 논리적으로 사고하는 사람입니다. 앞에 정리된 논리학의 원리들을 터득하고 있는 셈입니다.

2. 개념 없는 놈, 개념 있는 학생

한 학생이 열다의 수업 시간에 몰래 컵라면을 먹었습니다. 교실 안에 라면 냄새가 진동하면서 들켜 버렸습니다. 열다는 그 학생을 "이 개념 없는 녀석아"라고 나무랄 것입니다. 수업 시간은 공부하는 시간인데 그 학생은 목적에 일치하지 않은 행위를 했기 때문입니다. 열다의 말을 다음처럼 풀이할 수 있습니다.

"이 개념에 일치하지 않는 행동을 한 녀석아."

논리는 개념을 활용해 판단을 이끌어 내는 사고입니다. 열다는 '수업 시간 = 공부 시간' 혹은 '수업 시간 ≠ 식사 시간'과 같은 개념에 따라 학생의 행위를 판단했습니다.

또 다른 학생이 있습니다. 이 학생은 열다가 수업할 때면 조용히 경청하고 간간히 고개를 끄덕이며 적절한 반응을 보여줍니다. 궁금한 게 있으면 적극적으로 질문하며 수업을 알차게 듣습니다. 열다는 그 학생을 "넌 참 개념 있는 학생이야"라고 칭찬할 것입니다. 이 말은 다음처럼 풀이할 수 있습니다.

"넌 참 개념에 일치하는 행동을 한 학생이야."

만약 몰래 라면을 먹은 '개념 없는 놈'이 전교 1등이고 수업을 열심히 들은 '참 개념 있는 학생'이 전교 꼴찌라고 해도 이는 변하지 않습니다. 성적의 논리가 아니라 수업의 논리로 봤을 때는 전교 꼴찌가 수업의 논리에 일치하는 우등생입니다.

이쯤에서 드는 의문이 있습니다. 바로 가든 모로 가든 서울만 가면 되지 않나?

논리에서는 아닙니다. 논리는 어떤 식으로든 목적지에 빨리 가는 것을 목표로 하지 않습니다. 처음부터 계획한 것, 처음부터 전제한 것, 즉 계획과 전제로 설정한 개념에 부합하는 것이 논리적인 것입니다. 결국 논리적이냐 그렇지 않느냐의 문제는 개념에 일치하느냐 불일치하느냐의 문제라 할 수 있습니다.

개념은 판단의 기준

개념이란 대상에 대한 가장 핵심적인 이해입니다. 그래서 '개념'이 명확하지 않을 때 대상에 대한 판단도 모호해집니다. 가령 과일 가게에 가 "맛있는 과일 주세요"라고 하면 지칭하는 대상이 너무 많기 때문에 과일 가게 주인은 당황할 것입니다. 또 "먹으면 기분 좋아지는 과일 주세요"라고 하면 개념이 불분명하기 때문에 판단이 힘들어집니다. 대신 "값싸고, 많은 사람들이 사는 국내산 과일을 주세요"라고 하면 판단은 아까보다는 쉬워집니다. "제주도에서 많이 나는 새콤달콤한 과일 주세요"라고 하면 더더욱 개념이 명료해집니다.

결국 표현을 정확히 하면 개념은 명확해질 수 있습니다. 그런데 간혹 어떤 경험이나 지식을 서로 공유하고 있을 때만 개념 이해가 가능한 경우도 있습니다. 빵의 사전적 의미는 '밀가루 반죽을 구워서 만든 음식'입니다. 그런데 상황에 따라서는 이것만으로는 개념을 공유하기 어렵습니다. 18세기 프랑스로 가 봅시다.

대중들 : 빵을 주시오.

왕비 : 빵이 없으면 고기를 먹어라.

대중들이 가리키는 빵은 '먹을 것'을 가리키고 그래서 빵을 달라는 것은 이들의 생활고를 보살펴 달라는 애원입니다. 그러나 왕비에게 빵은 여전히 '밀가루 반죽을 구워서 만든 음식'으로 여러 먹을 것 중 하나이며 다른 개념으로 확대되지 못하고 있습니다. 왕비가 개념을 정확하게 이해하기 위해서는 시민들의 고통에 대한 이해가 전제되어야 합니다.

이처럼 서로 떠올리는 개념이 같을 때 원활한 대화가 가능하며 그렇지 않을 경우 심각한 갈등을 불러일으킬 수도 있습니다.

개념을 만드는 것은? 내포!

보통 말이나 글을 쓸 때에 곧바로 본론으로 들어가지 않고 서론의 과정을 거칩니다. 서론은 앞으로 어떤 이야기를 하려는지 설명하고 주위를 환기시키는 역할을 하는데요. 굳이 이 과정을 거치는 이유는 말하는 대상에 관하여 듣는 사람도 같은 개념을 갖고 있어야만 원활한 소통이 가능하기 때문입니다. 앞의 예에서 대중들이 '지금부터 우리들이 가리키는 빵이란 음식물 혹은 생계를 가리킵니다'라고 미리 말했다면 여왕과 대중들의 개념은 통일될 수 있었겠지요.

이렇게 상대가 개념을 똑같이 하려고 시도할 때, 우리는 무엇을 기준으로 그 개념에 동의해 주어야 할까요? 논리학에서는 이를 가리켜 **내포(內包)**라 합니다. 내포는 '안에 포함되어 있다'는 뜻으로 대상이 갖고 있는 고유하고 핵심적인 속성을 가리킵니다.

가령 빵을 '밀가루 반죽을 굽거나 쪄서 만든 음식'이라 정의하면 모든 사람들이 동의할 것입니다. 이보다 더 핵심적인 속성은 없기 때문입니다. 또 '서양에서 유래한 음식물로 모든 식사의 주식이 되는 것'이라 해도 대부분 동의해 줄 것입니다. 그러나 '18세기 프랑스 대중들이 여왕에게 달라고 했던 것'이라고 하면 모르는 사람이 있을 수 있고 이들은 그 정의에 쉽게 동의하지 않을 것입니다. 이들의 동의를 얻기 위해서는 부연 설명이 필요하겠죠. 또 '마열다가 개념을 설명하기 위해 그의 책에서 여러 번 예로 사용한 음식물'이라고 하면 이 책을 읽은 독자 외에는 아무도 이해하지 못해 엄청난 저항에 부딪히게 될 겁니다. 즉 내포가 보다 일반적이고 보편적일수록 개념을 하나로 통일하기가 쉬워집니다.

특수화와 일반화가 벌이는 시소게임

보편적이고 일반적인 내포로 대상을 설명하는 방식은 개념을 빨리 동일화하는 대신 놓치는 점도 많습니다.

가령 '학생은 공부하는 사람'이라고만 한다면 대부분의 학생들은 가슴이 답답해질 겁니다. 학생은 공부를 하기도 하지만 공부만 하고 살 수는 없으며 다양한 개성과 관심사를 가지고 있으니까요.

'세 변의 도형'은 이 세계에 존재하는 모든 삼각형들의 공통점을 가리키긴 하지만 다양한 삼각형들의 모양을 설명할 수는 없습니다. 범위가 넓은 만큼 구체적이고 개별적인 표현에는 한계가 있는 것입니다.

이처럼 보편적 내포는 대상에 대한 기본적인 개념으로서 의의를 가질 뿐, 다양한 사고와 행위를 담을 수는 없습니다.

그렇다면 보편적이지 않은 내포로 대상을 설명하면 어떨까요?

'세 변을 가진 도형으로, 한 변의 길이가 1센티미터, 두 변의 길이가 10미터인 삼각형'이라는 설명을 생각해 봅시다. 한 변은 1센티미터인데 두 변이 10미터이니 그 모양이 거의 일직선에 가깝겠습니다. 이는 삼각형의 일반적인 내포를 갖고 있긴 하지만 우리가 쉽게 떠올리는 삼각형과는 다릅니다. 이런 특이한 삼각형을 바탕으로 삼각형의 속성을 설명하기란 여러모로 힘들 것입니다.

A : 지금부터 신맛이 나는 장미과 나무 열매에 대해 논의하고자 합니다.

B : 지금부터 경북 상주에서 많이 생산하며 신맛이 나는 장미과 나무 열매에 대해 논의하고자 합니다.

B의 발화는 경북 상주와 먼 곳에서 일어날수록 보편성을 가지기 어려워집니다. 많은 사람들이 옳다고 인식하고 지지하는 내포일수록 보다 일반적이고 보편적입니다.

따지고 보면 **'일반적인가'와 '특수한가'는 단순히 수적으로 많은가 적은가에 불과합니다.** 그런데 우리는 삶을 살아가면서 많은 사람들이 지지하던 무엇이 하루아침에 무너지는 경우도 보게 되고, 반대로 지극히 소수의 사람들끼리 공유하던 것이 확대되어 대부분의 사람에게 영향을 미치는 경우도 보게 됩니다.

대표적인 사례가 유행입니다. 힙합은 뉴욕의 하류층이 모여 사는 할렘에서 아프리카 민속리듬과 미국 팝 음악이 결합되어 탄생했습니다. 처음에는 소수의 음악이었던 힙합은 이제 세계적인 음악 문화가 되었습니다. 이것은 특수하던 것이 일반적인 것으로 변화한 경우입니다.

그런가 하면 80년대에 유행했던 디스코 바지는 이제 거의 아무도 입지 않습니다.

일반적이던 것이 특수한 것으로 변화한 경우입니다.

특수와 일반은 시소게임처럼 늘 변합니다. 그래서 지금 일반적으로 통용되던 것도 한때는 특수한 것이었을 수 있으며, 또 언제든 특수한 것이 될 수 있습니다. 많은 사람들이 믿고 지지하는 것은 지금 현재의 **'상황'**일 뿐 절대적 **'속성'**은 아닌 것입니다.

특수한 것이 일반적인 것으로 바뀌는 과정 및 시도가 일반화이고, 일반적인 것이 특수한 것으로 바뀌는 과정 및 시도가 특수화입니다.

지나치게 적은 수의 경우를 가지고 일반화를 시도할 때는 '일반화의 오류가 발생합니다. 엄마가 "옆집 애들은 공부도 잘하고 말도 잘 듣는데 너는 왜 그러니?"라고 했을 때 어머니는 일반화를 시도하고 있지만 이는 명백한 일반화의 오류입니다. 옆집 애들이라고 해봤자 몇 명 되지 않기 때문입니다. 앞으로는 엄마가 다른 집 아이와 나를 비교할 때 이렇게 논리적으로 반박해 볼 수도 있겠지요. 부디 좋은 결과가 있기를!

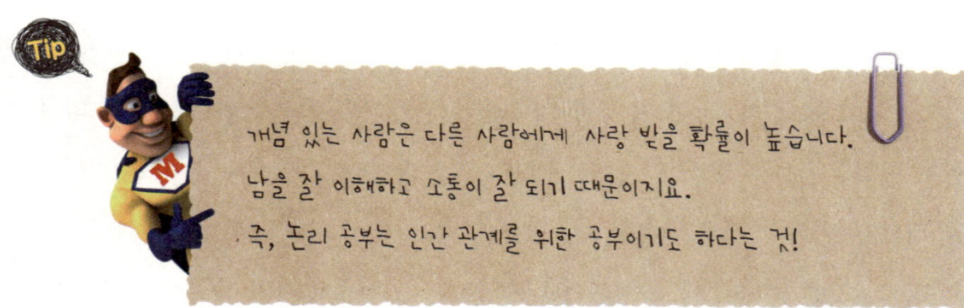

Tip
개념 있는 사람은 다른 사람에게 사랑 받을 확률이 높습니다.
남을 잘 이해하고 소통이 잘 되기 때문이지요.
즉, 논리 공부는 인간 관계를 위한 공부이기도 하다는 것!

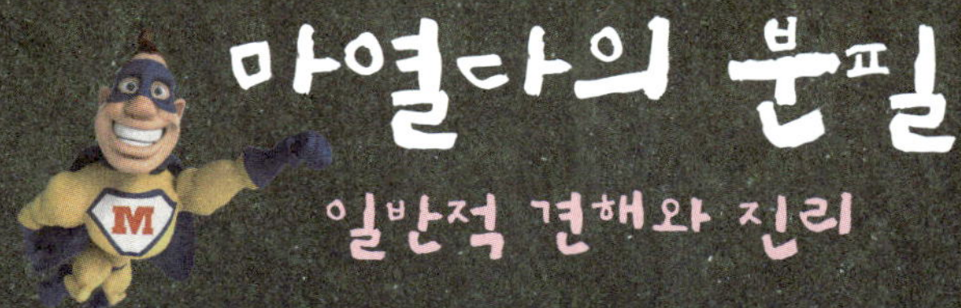

많은 사람들이 믿는 일반적 견해는 진리일까요? '일반적 견해'는 많은 사람들이 지지하는 것이며 '진리'는 지지자 수에 상관없이 흔들리지 않는 것입니다.

그러나 곰곰이 생각해 보면 그러한 진리란 몇 개 되지 않습니다. 가령 '부모는 자식을 사랑한다', '중력은 있다', 혹은 앞에서 가장 기초적인 진리라 했던 '나는 나다'의 동일률까지도 우주라는 큰 범위에서 보면 특수한 상황에서만 통하는 논리입니다.

우리가 진리라 여기는 것이 사실은 많은 사람들에 의한 오랜 믿음인 경우가 대부분입니다. 만약 많은 사람들을 움직일 수 있는 힘이 있을 경우 진리도 바꿀 수 있겠죠. 또 이것인지 저것인지 애매한 상황에서 보다 자신에게 유리한 것을 진리라 여길 수도 있을 겁니다. 그리고 이러한 일이 자주 발생한다면 세상은 혼탁해질 수밖에 없습니다. 진리는 우리가 생각하고 행동하는 기준이니까요.

고대 그리스의 철학자 소크라테스도 이것을 고민했답니다. 당시에 '팥으로 메주를 쑨다 해도 설득만 할 수 있으면 진리가 될 수 있다'는 소피스트들의 생각에 반발하여 그는 진리는 인간이 함부로 바꿀 수 없는 절대적인 것이며, 또 아무나 진리를 볼 수 있는 것은 아니라고 주장하였습니다. 소크라테스가 죽기 전에 남겼다는 '악법도 법이다'라는 말 아시죠? 그는 법이 그러한 절대적 진리에서 파생된 것이기에 지켜야 한다고 주장한 것입니다. 그러나 악법임에도 그것을 고수하는 것은 분명히 문제가 있고, 또 변하지 않는 절대적 진리를 고집할 경우 하나의 가치만을 강요하는 사회가 될 수도 있습니다. 쉽지 않은 문제죠?

바름, 잘못됨, 모순의 차이는?

개념은 문장과 말을 통해 표현됩니다. 이때 표현은 반드시 특정 개념을 계속 유지해야 합니다.

가령 '빠른 정보화 사회'라는 표현에서 '정보화 사회'의 개념에는 '빠른'이라는 내포가 포함되어 있기에 '빠른'이라는 수식을 붙여도 어색하거나 틀리지 않습니다. 그러나 '느린 정보화 사회'라고 한다면 '느린'이라는 표현과 '정보화 사회'라는 개념의 속성이 반대되기 때문에 모순을 느끼게 될 것입니다.

즉, **어떤 개념을 표현할 때 그 개념의 속성이 그대로 나타나면 '바르다'**라고 하고, **틀릴 경우에는 '잘못되었다'**고 하며, **반대의 속성이 나타나는 경우 '모순'**이라고 합니다.

가장 빈번한 것이 '잘못'된 경우인데요. 주로 특정 어휘가 여러 개의 의미를 지칭할 때 일어나는 오류입니다. 가령 '길'이라는 말은 도로(road)를 의미하기도 하고 과정(process), 인생(life)을 의미하기도 합니다. 만약 내가 걷기가 힘들어서 '길이 험하네!'라고 했는데 이를 인생살이가 힘들다는 뜻으로 받아들인다면 개념이 '잘못' 적용된 것입니다.

개념이라고 다 같은 개념이 아니야

친구와 친구, 부모와 자식, 선배와 후배 등 인간관계가 여러 가지이듯 개념과 개념 간에도 여러 종류의 관계가 있습니다.

개념 관계는 각각의 개념들이 서로 일치하는지(일치 관계), 하나가 다른 하나에 종속되는지(종속 관계), 그리고 의미적으로 동등한 지위에 있는지(동위 관계)에 따라 세 가지로 분류할 수 있습니다. 이러한 관계 파악이 중요한 이유는 대상 A와 어떤 관계에 놓인 B를 언급함으로써 A의 특성을 보다 쉽게 파악할 수 있기 때문입니다.

일치 관계 : 샛별–금성, 서울–한국의 수도, 마열다–슈퍼 논술의 저자

종속 관계 : 태양계–지구, 생물–식물/동물, 한국인–마열다

동위 관계 : 지구–금성, 남자–여자, 식물–동물

만약 어떤 별이 금성이 갖고 있는 개념과 **완전 일치**한다면 이것은 분명 금성입니다. 개념이 일치한다면 금성이라 부르건 샛별이라 부르건 비너스라 부르건 모두 동일한 일치 관계를 형성하고, 부르는 대상은 금성입니다.

지구는 태양계에 포함되어 있고 태양계는 은하계에 포함되어 있습니다. 달리 표현하면 은하계는 태양계를 포함하고 태양계는 지구를 포함합니다. **개념의 상하**가 나뉘는 관계는 종속 관계입니다.

동위 관계는 말 그대로 **동등한 지위**를 갖고 있는 대상들을 가리킵니다. 지구와 금성은 둘 모두 태양계에 속한 행성이며, 남자와 여자는 모두 인간입니다. 식물과 동물은 모두 생물입니다.

개념들의 울타리, 범주(Category)

개념 관계 중에서도 종속 관계는 대상을 분류할 때 유용합니다. 음악을 분류할 때 댄스 음악, 발라드, 트로트 등으로 분류하는 게 가장 기본적이고 보편적이라 할 수 있겠지요? 이들을 **유개념** 혹은 **범주**라 합니다. 그리고 댄스 음악은 다시 힙합, 레게, 테크노로 나눌 수 있습니다. 그렇다면 이들은 댄스 음악에 종속되니까 종개념이 되겠습니다. 즉 어떤 대상을 분류할 때에 가장 큰 단위를 **유개념**, 각각의 유개

념에 포함되는 작은 단위를 **종개념**이라 합니다.

유개념, 즉 범주는 고대 철학자 아리스토텔레스를 거쳐 칸트에 의해 발전되었는데요. 칸트에 의하면 인간은 무엇인가를 경험하고 그것을 판단할 때에 자동적으로 범주를 활용한다고 합니다. 가령 우리가 새로운 친구를 만났다고 칩시다. 새로운 친구를 만나는 일 역시 경험입니다. 이 친구와 앞으로 계속 친하게 지낼지 아닐지는 친구의 성격, 배려심, 교양 등을 통해 결정짓게 됩니다. 이런 세 가지 분류는 친구를 판단하는 세 가지 관점이 될 수도 있겠네요. 보세요. 이미 자동으로 세 개의 범주를 만들었습니다.

범주는 말을 할 때나 글을 쓸 때에도 꽤 유용합니다. 내가 말하고자 하는 대상을 몇 가지 관점으로 분류해서 전달할 경우 다양하면서도 깊이 있는 서술이 가능하니까요.

아울러 큰 단위와 작은 단위가 있을 경우 각각의 작은 단위를 구분 짓는 기준이 필요합니다. 가령 '대중음악'이라는 유개념이 있다면 '락', '발라드', '힙합'과 같은 종개념을 낳는 기준이 있어야 하겠지요.

이때의 구분 기준이 '종차'입니다. 아래의 예시에서 '대중음악'이라는 유개념에 속하는 종개념은 '장르'라는 종차를 적용해 나눈 것입니다. 아이돌은 장르라는 종차를 적용할 수 없기 때문에 이 유개념에 속하기에는 부적절합니다.

대중음악 → 락(o), 발라드(o), 힙합(o), 아이돌(x) 종차 : 장르

대학 → 2년제, 4년제, 6년제 종차: 기간

대학 → 서울 시내, 수도권, 지방 종차: 지역

이상과 같이 논리는 사고의 형식에 관한 학문입니다. 형식이 뭐가 중요하냐고요? 모로 가도 서울만 가면 되는 것은 논리가 아니라고 아까 말씀 드렸습니다.

형식이 새로운 지식을 가져다주지는 않지만 새로운 지식으로 쉽게 접근할 수 있는 '길'은 제시해 줍니다. 또한 불필요한 시간 낭비와 오해의 여지를 줄이고, 잘못된 습관으로 인해 미처 고려하지 못했던 부분을 살펴보게 해 줍니다.

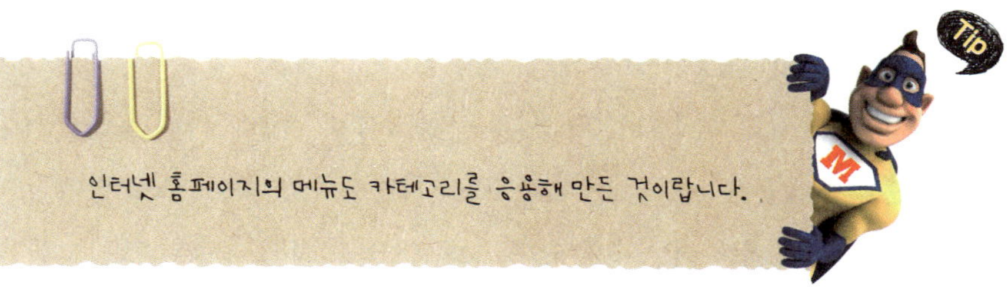

Tip
인터넷 홈페이지의 메뉴도 카테고리를 응용해 만든 것이랍니다.

3. 논리적으로 서술해 보자

논술의 또 다른 이름, 논증

우리는 다른 사람의 사고 과정을 직접적으로 관찰할 수 없기 때문에 상대방이 말하는 단편적인 지식이나 주장 등을 단번에 논리적인지 아닌지를 따지기는 힘듭니다.

예를 들어 어떤 사람이 "화성인은 있다"고 주장했습니다. 이 말이 논리적인지 아닌지를 곧장 따질 수 있을까요? 이 사람이 어떤 근거를 가지고 어떤 사고 과정을 거쳐 화성인이 있다고 주장하는지는 아직 알 수가 없습니다. 이 과정의 올바름을 확인한 뒤에야 논리성도 확인할 수 있습니다.

화성인이 있다는 주장이 논리적인 사고 과정을 거쳐 나온 결론이라면 사실은 화성인이 없더라도 그 사람의 주장은 논리적이라 할 수 있습니다. 하지만 그 사람이 화성인이 있다는 것을 증명할 논리적인 과정을 밟지 못한다면, 정말 화성인이 있더라도 우리는 그것을 진리로 받아들일 수 없습니다.

이렇게 지식이나 주장을 증명하는 과정, 혹은 논리적인 서술을 가리켜 **논증**이라 합니다. 대부분의 논술문은 논증의 성격이 두드러지기에 '논술=논증'으로 받아들여도 무방합니다. 논증은 어떤 결론이나 진리, 사실, 대안, 방법 등에 **'왜'** 그런지 물음을 던지고 이에 답함으로써 나름의 타당성을 밝히는 행위입니다.

논증의 핵심, 논지와 논거

논증 과정의 핵심은 논지와 논거입니다. **논지**는 논술을 통해 드러내고자 하는 대상입니다. 실제 내용에 있어 진리, 사실, 대안 등이 이 논지에 해당합니다.

예를 들어 '바닷물에는 소금이 있다', '전교 1등을 하기 위해서는 열심히 공부해야 한다' 등은 모두 논술의 주체(저자, 화자)가 궁극적으로 드러내고자 하는 내용입니다. 그리고 그러한 결론을 뒷받침해 주는 근거나 내용이 바로 **논거**입니다. 논지가 목적이라면 논거는 결론을 위해 쓰이는 수단인 것입니다.

논지 : 바닷물에는 소금 성분이 있다.
논거 : 바닷물에서는 짠 맛이 난다.
물이 증발하면 소금이 남는다.

위 논지에 대한 두 개의 논거는 분명한 사실이기에 참이면서 또한 논지에 부합하는 내용이기에 타당하다 할 수 있습니다. 논거의 선택이 타당할 때만 전체적인 논증도 타당해집니다. 결국 논증의 핵심은 논거의 타당성에 있습니다.

타당과 참, Right and True

'바닷물에 소금 성분이 있는가?'라는 질문을 제기했을 때 필요한 것은 이를 증명하기 위한 근거들이고, 이 근거들은 타당성에 의해 선택됩니다. '바닷물에 소금이 없으면 물고기는 죽는다'라는 근거의 내용은 참이지만 질문에 대한 타당성을 갖고 있지 않기에 선택될 수 없습니다. 그럼 '소금은 바닷물에만 있다'라는 근거는 선택해야 할까요, 말아야 할까요?

타당성으로만 따지자면 충분히 고려될 수 있습니다. 단, 논리적으로 말하고자 한다면 이것이 참인지 거짓인지 스스로 결정하지 말고 자연과학에 물어야 합니다. 과학이 Yes, 참이라고 할 때에라야 논거에 포함할 수 있습니다. 한마디로 논거로 활용되기 위해서는 타당성과 참을 모두 포함하여야 합니다. 하지만 논리는 타당성만을 책임질 수 있습니다. 대상의 참, 거짓을 판단하기 위해서는 논리가 아닌 다른 학문의 도움을 받아야 합니다.

다소 엉뚱한 이야기인데요. 가끔 TV 토론을 시청하다 보면 말을 잘하는 출연자가 토론 분야의 전문가(토론 주제에 대해 많은 지식을 갖고 있는 사람)에게 밀리는 경우를 종종 볼 수 있습니다. 이는 너무나 당연한 것입니다. 논리적으로 우수한 것과 특정 분야의 지식을 많이 아는 전혀 별개의 사안이니까요.

논제와 논점

논제란 논술하는 주제를 뜻합니다. 일반적으로 질문 내용이 논제에 해당하는데, 논제가 담는 개념의 범위에 따라 서술의 범위도 정해집니다.

가령 '인생은 무엇이냐'라는 문제는 광범위한 인간의 삶에 대해 묻고 있기 때문에 이에 답하는 논술문 역시 다양한 소재와 관점에서 출발할 수 있습니다. 반면 '10대 청소년에게 대학은 무엇인가'라는 논제는 앞의 논제보다 훨씬 좁은 범위를 다루고 있기 때문에 답 역시 보다 좁은 범위에서 결정될 것입니다.

논점은 논술에서 중심축을 이루는 내용을 뜻합니다. 가령 '인생은 무엇이냐'라는 논제에 답하려면 너무 많은 내용들이 거론될 수 있기에 저자는 하나의 논점을 선택해 선택한 방향에서 논지와 논거를 취해야 합니다. 가령 '자아 실현'을 논점으로 정한 경우 논지와 논거도 자아실현과 관련한 내용으로 그 범위를 제한 받게 됩니다. 따라서 논점은 논제의 요구 조건을 반영하고 일관된 서술을 위해 필요한 일종의 '방향' 역할을 합니다.

명제

명제란 주장이나 판단, 사실 등이 하나의 문장으로 서술되는 것을 의미합니다.

논지는 하나의 명제이고, 논거는 하나 이상의 명제이며, 논증은 이들의 조합입니다. 아래의 예시처럼 두 개의 명제를 통해 새로운 결론을 얻어내는 논증 과정을 **삼단논법**이라고 합니다.

모든 사람은 죽는다.

마열다는 사람이다.

→

마열다는 죽는다.

그런데 앞에서 논술=논증이라고 했던 것을 떠올려 봤을 때, 논술문도 이런 과정으로 쓸 수 있지 않을까요? 네, 가능합니다. 특히 개요를 작성할 때 미리 반영해 놓을 경우 자연스레 논술문은 삼단논법의 흐름을 따르게 됩니다. 이렇게 말이죠.

본론 1 : 죽지 않은 사람은 없다는 보편적 진리

본론 2 : 마열다를 해부해 본 결과 사람이 분명함

결론　: 앞으로 마열다는 죽을 것이 확실함

결국 위의 논술문은 세 명제의 조합이라 할 수 있습니다. 또 하나의 단락은 여러 문장으로 구성되어 있으니까 각각의 명제는 자기보다 작은 단위의 명제를 포함하게 됩니다. 그렇다면 이렇게 정리할 수 있겠습니다. 작은 명제를 큰 명제로 묶고, 명제들을 어떻게 배열하느냐에 따라 논증 혹은 논술의 성패가 좌우된다고. 맞습니다. 논리는 어렸을 때 갖고 놀던 큐브 게임과 별반 다르지 않답니다.

연습문제

아래에 있는 개념의 뜻을 써 보시오.

논술 :

논제 :

논지 :

논거 :

논점 :

명제 :

길잡이

논술 : 자신이 알고 있는 사실이나 가진 의견 등을 논리적으로 질서 있게 명확한 말이나 글로 표현하는 것

논제 : 논술하는 주제

논지 : 논술을 통해 드러내고자 하는 대상

논거 : 결론을 뒷받침해 주는 근거나 내용

논점 : 논술에서 중심축을 이루는 내용. 논술의 일관성을 지키는 서술 방향

명제 : 주장이나 판단, 사실 등이 하나의 문장으로 서술되는 것

3장

논술의 비빌 언덕, 논술 플랫폼

전세계 방방곡곡에 친한 친구가 있으면 얼마나 좋을까요? 비행기 표 하나만 사서 친구 집에서 신세를 질 수도 있고 함께 동행하며 돌아다닐 수도 있으니 낯선 곳이라 해도 든든할 겁니다.

우리말에 '비빌 언덕'이라는 게 있죠. 일이나 인간 관계 등에서 버팀목 역할을 해주는 것을 가리킵니다. 어디로 여행을 갈까 고민하는 나에게 뉴욕, 일본, 프랑스에 사는 친구들은 그야말로 짱짱한 비빌 언덕이 되어 줍니다.

글을 쓸 때도 마찬가지입니다. 아는 것이 많은 사람은 끌어올 수 있는 내용이 많아 글을 잘 쓸 확률이 높습니다. 그럼, 아는 것은 서로 비슷비슷한데 나보다 글을 잘 쓰는 친구는 무슨 비결을 갖고 있는 걸까요? 사실 아는 것이 많다고 무조건 글을 잘 쓰는 것은 아닙니다. 친한 친구가 많다고 해도 무조건 신세를 질 수는 없듯이요.

하지만! 만약 적당한 때에, 적당한 곳에서 활용만 잘한다면 몇 개 되지 않는 지식으로 전문가 못지않은 글을 쓸 수도 있습니다. 비결은 **자신의 지식을 글에 효율적으로 반영하는 것입니다.** 글을 쓰기 전에 미리 필요한 것들을 잘 정리해 놓으면 됩니다. 이렇게 정리해 놓은 것을 글쓰기의 플랫폼이라 부릅니다. 많은 사람들이 논술을 포함한 글쓰기를 어려워하는 이유는 이러한 플랫폼이 완성되지 않은 상태에서 성급히 문장 표현부터 시도하기 때문입니다.

생각만 할 때는 완벽한 것 같았는데 말을 하거나 글을 쓰려고 하면 그저 막막해지지 않던가요? 혹은 어떤 문장, 어떤 단어를 고를지 고민하다가 말하려던 주제가 뒷전으로 밀려 나간 적은 없었나요? 플랫폼을 먼저 만들면 이런 상황을 예방할 수 있습니다.

플랫폼은 완전한 글은 아니지만 그렇다고 막연히 머릿속에서 맴도는 생각도 아닌, 문자를 통해 대충의 얼개가 구현된 상태라 할 수 있습니다.

플랫폼을 통해서 어떤 내용을 어떻게 구성할지, 무엇을 강조하고 무엇으로 뒷받침할지, 이 모든 고민을 해결한 뒤에라야 문장을 쓸 수 있습니다. 즉 문장은 이러한 플랫폼이 완료된 상태에서 하는 2차적인 작업에 불과합니다.

1. 머리를 팽팽 굴려! 브레인스토밍

글에도 여러 종류가 있습니다. 특정 사건을 시간 순서대로 기록하면 서사가 되고, 느꼈던 감정이나 정서에 운율을 얹어 표현하면 시가 됩니다. 대상에 대해 객관적으로 표현·전달하는 것을 목적으로 하면 설명이나 보도가 됩니다.

그런데 무슨 종류의 글이든 쓰는 이의 관념을 표현한다는 점은 모두 같습니다. 결국 논술을 포함한 모든 글에서 궁극적으로 해야 하는 일은 머릿속에서 이미지, 견해, 감정 등 여러 형태로 자리하고 있는 관념을 적절히 뽑아내는 것입니다.

하지만 생각을 뽑아내는 데는 여러 방해 요소가 있습니다. 우리는 세상 사람들의 눈을 의식해 생각한 바를 말로 꺼내지 않고 접어 버리기도 하고, 깊이 생각해 보지 않은 불분명한 것을 진리인 양 말할 때도 있습니다. 또 단어나 문법 때문에 고민하다 보면 정작 중요한 사고가 뒷전으로 밀려 나는 경우도 생깁니다.

따라서 글을 쓰기 전, 우선은 자유롭게 사고하고 그 사고를 최대한 생생한 날 것 상태로 드러내는 일이 필요합니다. 이것이 **브레인스토밍**의 목적입니다.

Storm : 태풍, 몰아치다

Brain Storming : 머릿속 생각들을 폭풍처럼 기술하다 브레인스토밍은 말 그대로 떠오르는 생각을 형식에 얽매이지 않고 자유롭게 기술하는 것을 말합니다.

브레인스토밍은 창의적인 작업을 할 때에 폭넓게 활용됩니다. 새로운 상품이나 서비스 등을 개발할 때에 직급이나 담당 업무를 초월한 브레인스토밍 회의를 진행하는 기업도 있습니다. 이때, 회의에 참여한 사람들은 다른 사람의 의견을 일절 비판해서는 안 됩니다. 우선은 무조건 긍정해야 합니다.

학교에서 선생님이 학생들에게 질문을 해도 학생들이 좀처럼 대답하지 않는 이유는 뭘까요? 다른 친구들에게 비웃음을 살까 봐 걱정되기 때문입니다. 이처럼 비판을 받을 염려가 있는 한, 사람들은 다른 사람을 의식해 의견을 내놓지 않거나 의견을 선택해 내놓습니다. 하지만 그래서는 자유롭게 의견을 펼치자는 브레인스토밍의 의의가 사라집니다.

혼자 하는 브레인스토밍도 마찬가지입니다. 사람은 혼자 있을 때도 다른 사람의 평가, 가치의 우열, 상식과 논리 등에서 자유롭지 못합니다. 이 모든 것을 잊고, 떠오르는 생각은 무엇이든 긍정하는 것이 중요합니다.

브레인스토밍을 할 때는 제시된 사고나 의견에 거듭 생각을 덧붙여 갑니다. 어떤 제약도 없는 상황에서 생각은 꼬리에 꼬리를 물듯이 떠오를 것입니다. 이 과정에서 자신이 갖고 있는 지식과 경험을 모두 표출할 수 있으며, 당연한 것으로 여겨 미처 파악하지 못했던 것들을 새로이 발견할 수도 있습니다.

로 스케치(Raw Sketch)를 연습하자

로 스케치는 순수한 생각 덩어리를 나열해 사고를 깊고 다양하게 키워 나가는 훈련입니다. 어떤 주제의 글을 써야겠다는 목적이나 의도를 접어 놓고, '~하다 보니,

나도 모르게' 식으로 얼핏얼핏 스치는 생각들을 쓰면 됩니다.

로 스케치를 할 때는 띄어쓰기나 맞춤법 등 일반적인 어법 체계에서 벗어나도 좋습니다. 기호를 써도 좋습니다. 처음에 생각했던 것과 상관없어 보이는 내용이라도 좋습니다. 안 되는 게 없다고 생각하세요. 짧은 시간 동안 하나의 대상에 푹 빠져서 집중해야 합니다. 꼬리에 꼬리를 문 자유롭고 연쇄적인 사고방식이 중요합니다.

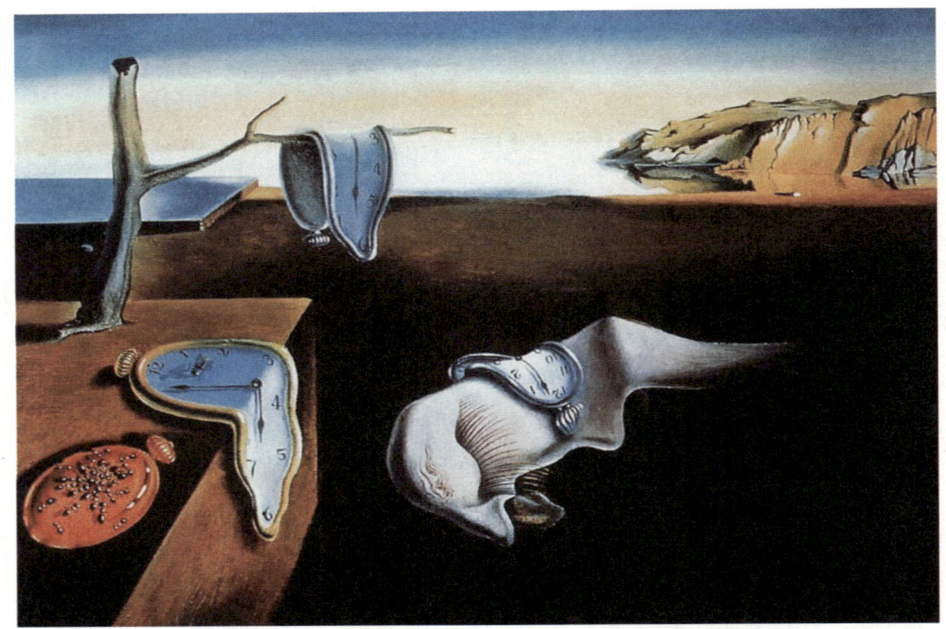

〈기억의 지속〉, 살바도르 달리, 1931년 작

시계, 나무, 바다, 시간의 연장, 시간과 공간에 대한 제약, 절벽, 산, 생명체, 결코 지워지지 않는 기억의 상처, 어두움, 공간, 하늘, 앙상한 나무, 새, 물고기, 사람, 인간 존재의 불안, 모든 존재는 불안하다, 공간, 공간 개념의 주관성, 나의 내부, 내부와 외부의 괴리, 인간의 굴레, 의지와 행동의 불일치, 궁극적인 한계성

〈기억의 지속〉이라는 그림을 보고 한 학생이 5분 동안 브레인스토밍해 작성한 로스케치입니다.

시계, 나무, 바다, 절벽, 산, 어두움, 하늘(분홍 글씨)은 화면에 보이는 것들입니다.

시간의 연장, 생명체, 공간, 앙상한 나무, 새, 물고기, 사람(녹색 글씨)은 화면에 나타나 있지는 않지만 그림과 관련되거나 연상, 추측할 수 있는 것들입니다.

시간과 공간에 대한 제약, 결코 지워지지 않는 기억의 상처, 인간 존재의 불안, 모든 존재는 불안하다 등(검은 글씨)은 그림 자체보다는 위의 두 요소들을 통해 생각한 여러 사고의 내용으로 '해석'의 성격이 강합니다. 이를 정리해 보면,

대상에 대한 1차적인 관찰 ex) 시계

↓

대상과 관련된 부수적인 연상 및 추측 ex) 시간의 연장

↓

대상이 환기시키는 의미 있는 주제 ex) 시간과 공간에 대한 제약

로 스케치를 통해 그림을 보는 이의 사고가 관찰에서 해석으로, 정보에서 나의 생각으로 이동한 것을 확인할 수 있습니다.

왜 그런 생각이 들었는지, 왜 그렇게 해석했는지는 물을 필요가 없습니다. 대상을 보는 나는 대상과 관련한 어떤 기억이나 이미지, 관념을 무의식 속에 가지고 있었던 것입니다. 그리고 이는 궁극적으로 대상을 바라보는 나의 관점이 됩니다.

로 스케치 _ 소설 〈나무를 심은 사람〉을 읽은 후의 브레인스토밍

황무지, 길을 잃음, 황폐화된 마을, 거센 모래바람, 무너진집
끝없이펼쳐진사막, 양치기, 양30마리, 개, 목마름, 목을 축일 우물
양떼, 물, 양치기의 집, 정리잘 됨, 깨끗함, 뒷정리잘 됨
잠자고 감, 돌로 된집, 등잔불, 도토리가 든 자루 100개, 양치기
지팡이, 황무지, 구멍, 도토리1개, 10만개 중 2만개, 5년 후 세계 전쟁
방문, 나무 심기, 큰 나무, 10킬로미터, 참나무
어두컴컴 -> 빛이 생김
물소리, 새소리, 동물소리, 20년 후, 정부 숲을 찾음, 넓은 숲 감탄
황무지->푸른숲, 양치기 30킬로미터 나무 심기, 2차 세계대전
벌목, 사냥꾼, 친구, 사실, 양치기의 노력, 죽음, 34년, 행복

작품을 읽고 난 후 기억에 남는 배경이나 사건 등을 나열하고 중간 중간에 감상을 정리하고 있습니다. 작품에 대한 이해가 충실히 반영되었기에 이를 바탕으로 글을 쓸 경우 자신의 감상이나 견해에 대해 폭 넓은 근거를 확보할 수 있습니다.

로 스케치 _ 자신이 거주하는 '강남구 대치동'을 소재로 브레인스토밍

안개, 밤기운, 학원에가는 꼬마아이
섬뜩한 웃음소리, 사이렌 소리, 짙은 스모그 속을 걸어가는 사람들
콜록거리는 아이들, 먼지
포르말린냄새, 암모니아 냄새, 쓸쓸한밤길, 오존

마스크, 황사하늘, 굳게 잠겨 있는 대문들, 검붉은 하늘

가로등 밑에서 있는 두 연인의 키스, 앙상한 가지의 가로수들

김밥, 양재천, 뉴욕, 재수생들

민들레꽃, 봄비, 석탄

어둠, 복사기, 뾰족뾰족

희미한 아파트의 불빛, 웃음을 잃어 버린 어른들

태어나서 줄곧 살아온 대치동에 대한 한 고등학생의 브레인스토밍입니다. '안개'로 시작한 브레인스토밍은 '웃음을 잃어 버린 어른들'로 끝을 맺고 있습니다. 처음에는 단순히 감각적인 것들을 바탕으로 시작해 점차 어떤 의미를 가진 대상들이 섞이고 있습니다. 전형적인 브레인스토밍으로, 특별한 규칙이나 제약 없이 자유롭게 대상을 바라보고 있습니다.

좋은 브레인스토밍에서 좋은 논술이 나온다

한참 글을 쓰는 도중에 생각이 바뀌거나, 자기도 모르게 삼천포로 빠지는 경우를 겪어 본 적이 있을 것입니다. 비교적 자유롭게 쓰는 문학 작품이면 모르겠지만, 논술에서는 **논점에서 이탈하는 치명적 실수**로 이어지게 됩니다.

논술문을 쓰는 도중에는 더 좋은 생각, 더 좋은 논거가 떠올랐다고 해도 함부로 그것을 글에 끼워 넣으면 안 됩니다. 서론에서 결론까지 치밀한 의미 관계로 엮인 서술이기에 부분적인 변화에도 전체적인 논리 흐름이 흔들릴 수 있기 때문입니다.

논술 과정을 거꾸로 되짚어 봅시다. 글의 첫 문장을 쓰기 위해선 개요를 작성해야 하고, 개요를 작성하려면 논지와 논거가 수립되어야 합니다. 논지와 논거는 브레인스

토밍에서 비롯됩니다. 이처럼 브레인스토밍은 글에 담을 생각이 가장 먼저 시작되는 곳입니다. 일관된 서술을 중요시하는 논술에서는 서술 과정을 올바르게 이끄는 가이드 역할도 담당합니다.

음악을 이용해 브레인스토밍을 하는 것도 좋습니다.
가사가 없는 음악을 들으면서 음성, 박자, 악기 소리가 주는 이미지를 떠올려 보고 옮겨 적어 봅시다.

연습문제

1. 다음 그림을 보고 감상글을 쓰려고 한다. 자유롭게 브레인스토밍을 해 보자.

2. 다음 글을 읽고 '올바른 인간관계'에 관해 논술하려고 한다. 자유롭게 브레인스토밍을 해 보자.

"저기 밀밭이 보이지? 난 빵을 안 먹으니까 밀은 나한테는 소용이 없고, 밀밭을 보아도 내 머리에는 떠오르는 게 없어. 그게 참 안타깝단 말이야. 그런데 너는 금발이잖니. 그러니까 네가 나를 길들여 놓으면 정말 기막힐 거란 말이야. 금빛깔이 도는 밀밭을 보면 네 생각이 날 테니까. 그리고 나는 밀밭을 스치는 바람 소리까지도 좋아질 거야."

-생텍쥐베리, 『어린 왕자』 중에서 (서울대 기출 응용)

길잡이

1.

– 당장 눈에 보이는 것들을 나열해 보세요.

– 그중에서 특히 와닿은 '대상'에 대해 다시 한 번 깊게 생각해 떠오르는 내용을 써 보세요. 혹은 부수적인 내용을 보충해도 좋습니다.

– 그림이 의도하는 내용을 비롯하여 기타 나의 견해를 나열합니다.

학원가, 사교육, 하교길, 쓸쓸하다, 황량하다, 밤, 입시 지옥, 대학
입시 위주 교육, 치열한 경쟁 사회, 사교육 의존, 미래에 대한 불안, 10대의 삶
대학만이 최고는 아니다, 변하지 않는 한국의 교육 제도, 대한민국은 학벌 위주 사회, 사교육 줄이기 위해서는 먼저 학벌에 대한 집착을 버려야 한다……

2.

– 이 글에 등장하는 요소들을 나열해 보세요.

– 논제와 직간접적으로 연관된 요소들을 나열해 보세요.

– 논제와 관련해 이 글에서 생각해 볼 만한 내용들을 나열해 보세요.

어린 왕자, 여우, 금발, 밀밭, 바람 소리, 길들여지기
인간 관계, 약속, 상대에 대한 배려, 서로 알아 가기, 환경의 차이
인간 관계에 올바른 방법은 존재하는가? 타인에 대한 배려는 어느 정도까지여야 하는가? 길들여진다는 것의 의미는 무엇인가?

2. 카테고리를 만들자

자, 브레인스토밍을 마쳤으니 이제 글만 쓰면 될 것 같죠? 하지만 안타깝게도 로 스케치 형태의 브레인스토밍을 가지고 당장 글을 쓰기는 어렵답니다. 로 스케치는 여기저기 흩어진 파편 같은 생각 조각들이기 때문에 구체적인 글감과 전개 방식을 구성하는 데 직접적인 도움을 주지는 않기 때문이지요. 글을 쓰기 위해서는 이 **생각 조각들을 한 묶음, 한 덩어리로 '정렬'**할 필요가 있습니다. 이 과정을 통해 주제와 관련한 나의 지식과 생각이 큰 가닥을 잡아가는 것입니다.

앞에서도 살펴봤듯이, 카테고리란 특정한 기준에 따라 대상의 특징들을 분류하는 것입니다. 여러 흩어진 생각들에서 어떤 공통점을 찾아 하나로 묶을 때, 혹은 특정 생각을 확대해 구체적으로 정리할 때 첫 번째 카테고리가 만들어집니다. '우리 집'을 소재로 카테고리를 만들어 봅시다.

로 스케치 – 우리 집

화목, 따뜻, 건강, 웃음, 즐거운 거실, 큰방, 작은방, 부엌, 베란다…

카테고리 만들기 – 우리 집

카테고리 1 : 우리 집의 분위기

카테고리 2 : 우리 집의 구조

위의 로 스케치에 나타난 생각 조각들을 살펴보고 추출한 카테고리입니다. 카테고리는 서로 명확한 구분이 가능해야 합니다.

카테고리는 명제 형태로 쓰여야 합니다. '주체'와 '주체의 속성'이 구분되어야 하고 명확하고 간결하게 표현합니다.

우리 집은 온 가족이 화목하게 어우러지는 곳이다. (X)

우리 집의 분위기는 화목하다. (O)

무작위 카테고리 만들기

카테고리는 시간이 허락하는 한 최대한 많이 만들어 보는 것이 좋습니다. 실제 글에 쓰일 수 있는 글감만 찾겠다는 의도를 버리고, 대상을 다양한 관점에서 관찰하겠다는 태도로 만들어 봅시다. 단, 카테고리가 중복되지 않도록 주의하세요.

우리 집의 분위기는 화목하다

우리 집의 경제적 위치는 중산층이다.

우리 집의 종교는 기독교이다.

아버지의 직업은 변호사이다.

어머니의 직업은 전업 주부이다.

우리 집의 건물 형태는 아파트이다.

아버지의 고향은 광주이다.

어머니의 고향은 부산이다.

할아버지와 할머니는 대전에 사신다.

이 과정에서는 새로운 생각이나 지식이 떠오른다면 얼마든지 써 넣을 수 있습니다. 추가적인 브레인스토밍이 가능한 단계입니다.

대(大)카테고리, 소(小)카테고리

카테고리에도 크고 작음과 위아래가 있습니다. 많이들 이용하는 쇼핑몰을 생각해 봅시다. 일단 큰 메뉴에는 '의류, 가전, 농산품' 등의 서로 수평적인 대카테고리가 있습니다. 이들은 다시 각각 소카테고리를 거느립니다. 가령 의류라는 대카테고리 아래에는 '상의, 하의'와 같은 소카테리가 있지요.

만일 대카테고리와 소카테고리의 구분이 없다면 우리는 마음에 드는 티셔츠 한 벌을 찾기 위해 필요 없는 바지나 치마까지도 모두 구경해야 할 것입니다. 논술에서도 마찬가지입니다. 대카테고리와 소카테고리로 정리하면 부분과 전체, 부분과 부분끼리의 관계를 알 수 있고 이를 통해 내가 집중하고 싶은 생각과 버려야 할 생각을 구분할 수 있습니다. 그래서 대카테고리와 소카테고리를 만들어야 합니다. 아래 주제를 달리한 두 개의 예문을 보고 배워 봅시다.

대카테고리 : 우리 집의 분위기는 화목하다.

소카테고리 1 : 아버지의 안정적인 경제적 소득은 화목함의 한 원인이다.

소카테고리 2 : 나는 집에 있을 때 가장 평화롭고 안락하다.

소카테고리 3 : 내가 희망하는 미래의 가정은 현재의 우리 집과 비슷하다.

대카테고리 : 아버지의 권위 상실

소카테고리 1 : 우리 가족이 아버지를 대하는 태도

소카테고리 2 : 가족과 대화 시간이 부족한 아버지

소카테고리 3 : 돈 버는 기계로 전락한 아버지

논제를 반영한 카테고리 만들기

논제의 요구에 맞춰 카테고리를 만들면 브레인스토밍을 구체적으로 할 수 있고, 시간 또한 절약될 것입니다. 가령 '환경 파괴의 원인과 대안에 관해 논술하라'는 논제가 주어진다면 대카테고리와 소카테고리는 다음과 같이 만들 수 있습니다.

대카테고리 : 환경이 파괴되는 것은 인간의 이기심 때문이다.

소카테고리 1 : 인간의 이기심에 의한 환경 파괴는 사회 문화적 재앙을 가져온다.

소카테고리 2 : 자연은 공공재화라는 점에서 올바른 공동체관이 필요하다.

소카테고리 3 : 경제적 가치를 우선하는 현대인의 가치 방식이 바뀌어야 한다.

인간의 이기심을 환경 파괴의 원인으로 삼으면서, 그러한 이기심이 경제적 가치를 우선하는 현대인의 사고방식 때문임을 도출하고 있습니다. 두 번째 카테고리에서는 자연을 공공재화로 보고 이기심이라는 요소를 공동체관에 연결시켜 세 번째 카테고리에 대한 근거로 활용했습니다. 논리적 연결성이 뛰어난 카테고리입니다. 1차 개요로 활용하여도 손색이 없습니다.

다른 논제로 한 번 더 살펴봅시다. '우리 회사가 더욱 성장하기 위해 필요한 사업은 무엇인가?'라는 논제를 받고 대카테고리를 다음처럼 설정했습니다.

대카테고리 : 우리 회사 성장을 위한 새로운 사업 분야

논제에 대해 회사 직원들이 각자 머리 싸매고 고민하는 것도 중요하겠지만, 기왕 할 고민이면 효율적으로 하면 더 좋겠지요. 큰 고민을 몇 개로 나누면 직원들은 각자 자신이 잘 아는 부분에 집중할 것이고, 다시 이것들을 모으면 좋은 해답을 얻을 수 있을 것입니다.

소카테고리 1 : 회사의 현재 상황

소카테고리 2 : 우리 회사에 적합한 주요 사업들

소카테고리 3 : 기대 효과 및 진출 방법

자기가 다니는 회사라고 해도 회사의 상황을 모두 아는 것은 아닙니다. 소카테고리 1에 대한 답 도출은 회사의 살림살이를 도맡아 하는 총무부서에서 담당하면 좋겠고, 소카테고리 2에 대한 답 도출은 기획부서에서 담당하면 좋을 것 같습니다. 이런 식으로 각자 잘 알고 익숙한 분야에서 고민한다면 짧은 시간 내에 좋은 의견들을 제시할 수 있을 것입니다.

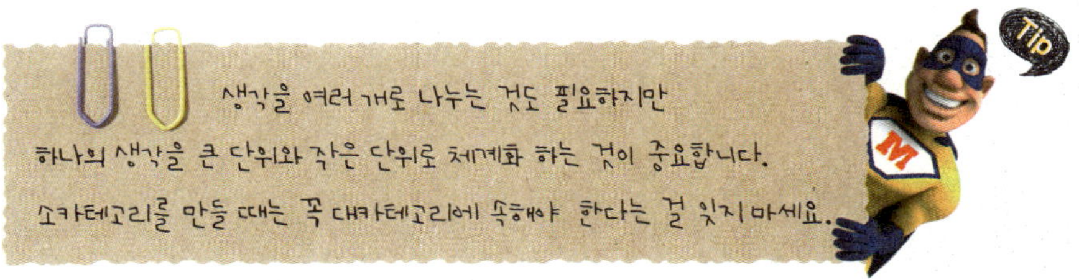

Tip
생각을 여러 개로 나누는 것도 필요하지만
하나의 생각을 큰 단위와 작은 단위로 체계화 하는 것이 중요합니다.
소카테고리를 만들 때는 꼭 대카테고리에 속해야 한다는 걸 잊지 마세요.
M

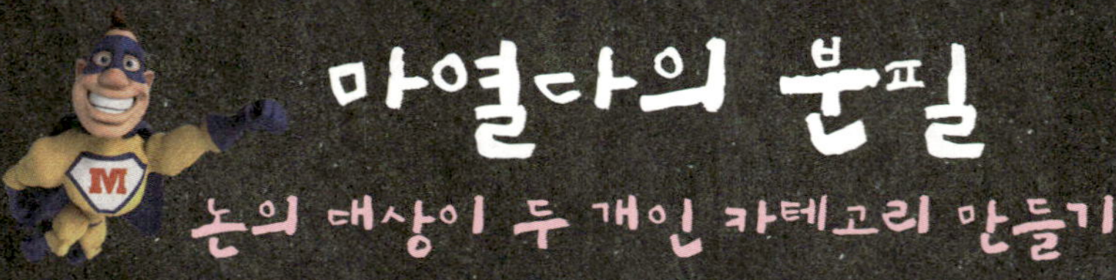

마열다의 분필
논의 대상이 두 개인 카테고리 만들기

'우리 집을 사례로 해 가정의 중요성을 논하시오'라는 논제를 받았다면?

언뜻 보면 간단해 보이지만 '우리 집'과 '가정의 중요성', 두 대상을 모두 포함하는 카테고리는 만들기가 생각보다 쉽지 않습니다.

이렇게 A와 B라는 두 대상이 하나의 논제에 포함 되어 있을 때는 반드시 둘 사이를 이어주는 고리가 필요합니다. 따라서 카테고리의 핵심도 A와 B의 관계를 드러내는 형태여야 합니다.

대카테고리 : 우리 집은 최초의 사회이다.
소카테고리 1 : 사회는 자유와 통제가 타협하는 곳이다.
소카테고리 2 : 개인의 사회화는 가정에서 시작된다.
소카테고리 3 : 우리 집은 어머니의 통제와 아버지의 관망으로 화목하다.

'우리 집은 최초의 사회이다'라는 대카테고리가 '가정은 최초로 사회화가 시작되는 곳이며 우리 집은 거기에 부합한다'는 의미를 포함하고 있습니다. 소카테고리 역시 이러한 의미 관계를 몇 가지로 구분해 보여줍니다. 즉 복수의 논의 대상 A와 B가 서로 어떤 관계에 있는지를 보여주는 것이 핵심입니다.

1. '우정'에 관해 글을 쓰려고 한다. 무작위 카테고리를 만들어 보시오.

카테고리 :

카테고리 :

카테고리 :

카테고리 :

카테고리 :

2. 무작위 카테고리에 바탕해 대카테고리와 소카테고리를 만들어 보시오.

대카테고리 :

소카테고리 1 :

소카테고리 2 :

소카테고리 3 :

길잡이

1. 우정에 관해 생각할 수 있는 여러 내용들을 자유롭게 도출합니다.

카테고리 : 사전적 정의는 무엇인가?

카테고리 : 나의 정의는 무엇인가?

카테고리 : 우정의 동기나 계기가 있는가?

카테고리 : 우정과 관련한 특별한 일이 있었는가?

카테고리 : 우정과 비슷한 다른 대상이 있는가?

카테고리 : 우정의 속성을 비유로 나타낼 수 있는가?

2. 자신의 생각을 가장 포괄적으로 나타낼 수 있는 대카테고리를 선택합니다. 그리고 이와 관련해 보다 구체적이고 부수적인 내용을 소카테고리로 설정합니다. 아래의 예시에서 대카테고리는 '우정은 존중'이라고 정의하고 있습니다. 소카테고리는 이에 대한 근거 위주로 나열되어 있습니다. 소카테고리 3은 꽤 재미있고 관찰력이 높은 발상입니다. 카테고리로 세분화하는 과정에서 얻은 인식이라고 할 수 있겠지요.

대카테고리 : 우정은 존중이다. (우정에 관한 나의 정의)

소카테고리 1 : 친구 사이는 서로 동등한 관계이다.

소카테고리 2 : 동등한 관계가 지속되기 위해서는 존중이 필요하다.

소카테고리 3 : 존중하지 않을 경우에는 사랑이 되거나 남남이 된다.

3. 논술의 핵심, 논거

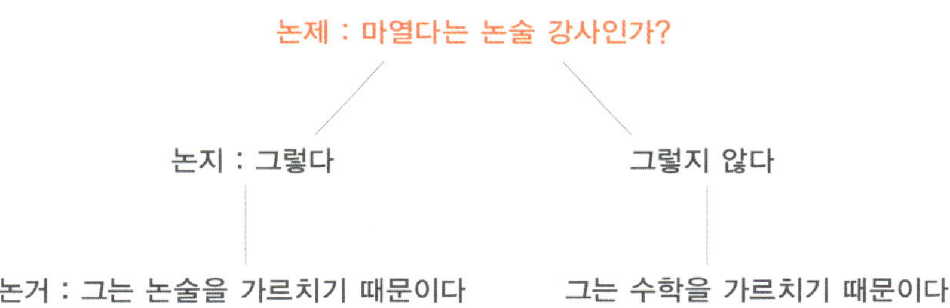
논제 : 마열다는 논술 강사인가?
논지 : 그렇다
그렇지 않다
논거 : 그는 논술을 가르치기 때문이다
그는 수학을 가르치기 때문이다

논지는 선택의 문제입니다. 무엇을 선택하느냐는 자유이지만 일단 선택하면 선택을 증명해야 할 의무가 생깁니다. '그렇다'를 선택한 경우 '왜 그는 논술 강사인지'를 증명해야 하겠습니다.

중요한 것은 논지가 아니라 논거입니다. 판단의 근거가 명확하다면 논지는 당연한 결론으로 따라오기 때문입니다. 구태여 논지를 강조할 필요가 없습니다. 따라서 글의 상당 부분은 '그는 논술을 가르친다'는 논거를 기술하는 데에 집중해야 합니다.

논술 시험에서는 수험자가 기술한 논거를 통해 그의 전반적인 교양을 측정할 수 있습니다. 학문 연구를 위한 논술을 할 때는 새로운 논거를 확보하는 데 주력합니다. 결국 논술=논거라고 할 수 있습니다.

논거의 구성

논거의 선택은 단순하지 않습니다. 논지를 뒷받침해 주면서 논제가 요구하는 사항들을 동시에 만족해야 하기 때문입니다. 내용적으로는 논지에 지배를 받고 형식적으로는 논제의 지배를 받습니다.

> 논제 : 환경 오염의 원인과 대안은 무엇인가
>
> 논지 : 이기심과 이기심의 극복
>
> 논거 1 : 무분별한 자연 개발과 생태계 파괴
>
> 논거 2 : 이기심에 의한 환경 오염의 심각성
>
> 논거 3 : 공동체 의식에 의한 환경 보호

가장 일반적으로 생각할 수 있는 논거입니다. 논거 1은 현상을 제시하고, 논거 2는 원인을 규명하고, 논거 3은 대안을 제시하고 있습니다. 하지만 이들은 논제의 요구 사항을 반영하고 있을 뿐, 논거 1에서 논거 3까지 이르는 과정에서 논리의 흐름을 찾아보기 힘듭니다. 때문에 단락과 단락 간의 긴밀한 '관계성'을 확인하기도 어렵습니다. 하나의 단락을 삭제하거나 다른 내용으로 대치해도 글 전체에 큰 영향을 주지 않습니다.

논제를 다시 살펴봅시다. 올바르지 않은 현상에 관해 원인을 분석하고 이를 극복할 수 있는 대안을 제시하라는 논제입니다. 이때 규명한 원인은 대안을 내놓을 때 근거로 활용되어야 합니다. 환경 오염의 원인이 '이기심'이라면, 대안으로는 '이기심의 극복'이 활용되어야 하겠습니다.

> 논거 1 : 이기심에 의한 환경 오염

논거 2 : 공동체 의식에 의한 이기심의 극복

그런데 이렇게 설정해 놓고 보니 논거 1이 부자연스럽습니다. 이기심이 환경 오염으로 바로 연결되기에는 무리가 있지 않을까요? 또 이기심이라는 말에서 사람마다 여러 가지 관념을 떠올릴 수 있기 때문에 단어의 의미와 범위를 한계지어 줄 필요가 있습니다.

논거 1 : 인간 이기심에 관한 고찰

논거 2 : 이기심에 의한 경제활동 → 환경 오염

논거 3 : 공동체 의식에 의한 이기심의 극복

논거 1은 이기심의 속성을 포함합니다. 이 속성은 경제활동에 적용되어 환경 오염을 초래하는 원인으로 작용합니다. 둘은 인과적 관계로 묶입니다. 그리고 논거 1과 논거 2의 묶음은 다시 논거 3에 관한 근거를 제시해 줍니다. 마치 세 개의 원자로 구성된 하나의 분자처럼 유기적 연결 고리를 형성하는 것입니다. 따라서 글로 썼을 때 단락과 단락 간에 긴밀한 의미적 관계를 확인할 수 있습니다.

아래의 사례를 봅시다.

논제 : 영어 공용화(영어를 한글과 함께 공식어로 사용하는 것)에 대해 찬성하는가, 반대하는가?

논지 : 찬성한다.

논거 1 : 영어는 정보화 사회의 도구이다.

논거 2 : 한국은 수출 의존 경제 구조이다.

논거 3 : 영어는 배우기 쉽고 과학적이다.

이 구성대로 글을 쓸 경우 논거 1은 정보화 사회에서 영어의 가치가 크다는 내용을 말하게 됩니다. 논거 2는 수출 의존적인 한국의 경제 구조로 인해 외국과의 무역에서 영어가 필수라는 점을 강조하게 되고요. 논거 3은 언어적 특성상 쉽고 과학적이라는 점을 내세우고 되겠습니다. 세 가지 모두 논거로서 타당하고 또 서로 중첩되지 않는다는 점에서 우수합니다. 그런데 논거 1, 2는 모두 '사회적 가치'라는 논점에서 말하고 있는데 논거 3만 '언어적 특성'이라는 논점에서 말하고 있습니다. 앞의 논거들과 다소 연관성이 떨어집니다.

만약 이 순서대로 글을 쓴다면, 중간에 갑자기 흐름이 바뀌어 생뚱맞은 느낌이 들 수 있습니다.

논거 1 : 영어는 정보화 사회의 도구이다.

논거 2 : 한국은 수출 의존 경제 구조이다. → 영어 공용화의 사회적 가치

논거 3 : 영어는 다양성 확보의 도구이다.

이렇게 바꾸면 통일된 흐름을 유지할 수 있습니다. 다양성 확보는 살기 좋은 사회를 위한 거니까요.

논지에 대한 논거는 한두 가지가 아닙니다. 경우에 따라서는 수십, 수백 개까지 만들 수 있는데요. 하지만 단순히 줄줄이 늘어놓는다고 좋은 것은 아닙니다. 중요한 것은 논거들의 개수가 아니라 논거들 사이의 논리적 연관성입니다. 연관성을 유지하는 쉬운 방법은 하나의 논점, 하나의 방향에서 논거들을 형성하는 것입니다.

또 다른 사례로 한 번 더 확인합시다.

논제 : 논술을 학교에서 배우는 것에 찬성하는가, 반대하는가?

논지 : 찬성한다.

논거 1 : 대학 입시에 논술이 중요한 만큼 학교에서 가르쳐야 한다.

논거 2 : 학원을 다닐 필요가 없어 사교육비를 절감한다.

논거 3 : 대입뿐만 아니라 일상 생활에서도 논술은 필요하다.

모두 논거로 타당한 내용들입니다. 그러나 논거들 간에 특별한 관계를 형성하지는 않습니다. 논거들 중 하나를 빼고 다른 것으로 대치한다 해도 크게 지장을 주지 않기에 좋은 논거 설정이라 할 수 없습니다.

논지 : 반대한다.

논거 1 : 논술은 충분한 지식과 이성능력을 바탕으로 한다.

논거 2 : 어린 시기의 비판 의식은 부작용을 일으킨다.

→ 교육적 측면에서 부정적 효과

논거 3 : 감성이 더 중요한 시기이기에 이는 제한되어야 한다.

세 개의 논거들이 '교육적 측면에서 부정적 효과'라는 방향으로 수렴되고 있습니다. 또 논거 1을 바탕으로 논거 2가, 논거 2를 바탕으로 논거 3이 도출되고 있습니다. 서로 긴밀한 연관성을 갖고 있기 때문에 우수한 관계 설정이라 할 수 있습니다.

연습문제

논제 : 왜 나는 '나'인가를 논술하라. (옥스퍼드대학 기출 응용)

논지 :

논거 1 :

논거 2 :

논거 3 :

길잡이

내가 나일 수 있는 원인을 브레인스토밍 해 보고 그 원인을 뒷받침하는, 원인의 원인들을 추려 내는 문제입니다. 아래 예처럼 '나와 동일한 대상은 존재하지 않기 때문이다'를 논지로 설정할 경우 다시 이 명제를 증명하는 세 가지 방법이 각각의 논거가 됩니다. 논거 3은 데카르트의 유명한 명제 cogito ergo sum, '나는 생각한다 고로 존재한다'를 응용하고 있습니다. 나의 생각이든 남의 생각이든 논지에 부합하는 것이라면 주저할 필요가 없습니다.

논지 : 나와 동일한 대상은 존재하지 않기 때문이다.

논거 1 : 나를 제외한 모든 사람은 '나'가 아니다.

논거 2 : 각각의 사람들은 모든 시공간에서 각각 독립적으로 존재한다.

논거 3 : 나는 생각하고 이 생각은 오로지 나에 의한 것이다.

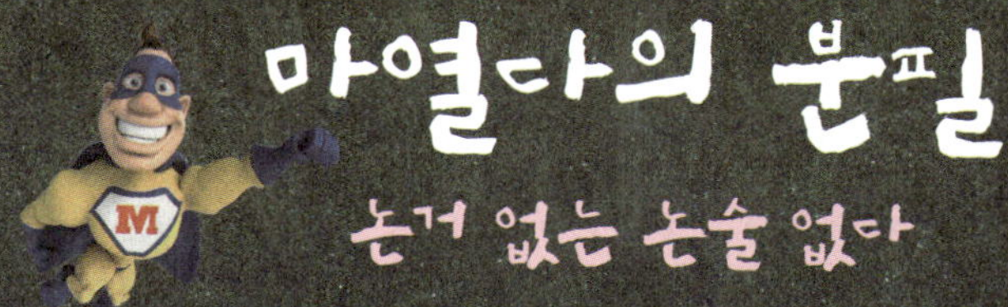

마열다의 분필

논거 없는 논술 없다

논술에서 가장 중요한 것은 논거입니다. 논술은 어떤 사실이나 정보의 진실과 거짓까지 밝힐 수는 없습니다. 여러분이 볼 논술 시험은 논제가 참인가 거짓인가를 가리는 실력을 살피는 시험이 아닙니다. 논술은 어떤 논제에 대해 '얼마나 논리적으로' 잘 설명하느냐를 기준으로 평가 받습니다. 그리고 논제에 대해 설득력 있는 설명을 하기 위해서는 뒷받침할 근거, 즉 논거가 필요합니다. 그래서 논술에서 논거가 가장 중요하다는 것입니다.

논제 : 마열다와 탤런트 장동건 중 누가 더 잘생겼는가?
마열다의 논지 : 마열다가 잘생겼다.
장동건의 논지 : 장동건이 잘생겼다.

여러분은 마열다의 논지에 선뜻 동의할 수 있습니까? 하지만 이 논제에 대해 마열다는 그럴싸한 논거를 제시했고, 장동건은 제시하지 못했다면 마열다가 잘생겼다는 사실에 이의를 제기할 수 없습니다. 이것이 바로 논술입니다.

4장

제 2 의 논술 플랫폼,
논술의 뼈대 '개요' 만들기

오늘 열다는 큰맘 먹고 호텔 뷔페에 갔습니다. 비싼 값을 치르고 먹는 만큼 맛있고 배부르게 잘 먹어야겠죠. 그런데 너무 배가 고팠던 나머지 가자마자 김밥부터 먹어 버렸습니다! 몇 접시 먹지도 않았는데 곧 배가 터질 듯 불러 와 다른 음식들에 흥미를 잃고 맙니다. 분식집에서 몇 천 원이면 먹을 수 있는 김밥을 굳이 수십 배 비싼 돈을 내고 먹을 필요는 없었는데 말입니다.

반면 열녀는 먼저 가벼운 샐러드로 식감을 돋운 후, 게나 로브스터 등 빨리 배가 부르지 않으면서도 평소에 먹기 힘든 귀한 음식부터 먹습니다. 고기나 튀김, 밥처럼 포만감을 많이 주는 음식은 나중에 먹습니다. 마지막에는 아이스크림이나 케이크 같은 디저트를 먹고 커피를 마시는 것도 잊지 않습니다. 어떻습니까? 열다에 비해 열녀의 뷔페 식사는 돈이 아깝지 않은 알찬 식사가 되었습니다.

2장에서 논리는 과정이자 배열에 관한 형식이라고 했습니다. 열녀의 행동은 이러한 형식이 잘 적용된 경우입니다. 말과 글에서도 마찬가지입니다. 어떠한 과정으로 진행해 나갈 것인지, 어떻게 내용을 배열할 것인지가 미리 궁리되어야 합니다. 그렇지 않으면 마구잡이로 내용을 늘어놓게 되어 정확한 의미 전달, 설득력 있는 의견 제시가 불가능해집니다.

앞에서는 브레인스토밍과 카테고리 만들기를 통해 사고를 도출하고 내용을 정리하는 방법을 배워 보았습니다. 이제 정리한 내용을 어떻게 배열할지 결정하는 방법을 배워 봅시다.

1. 개요를 통해 먼저 검증하자!

논술의 특성상 글을 모두 작성한 후에는 수정 및 가감이 쉽지 않다고 앞에서 말했습니다. 또 개요 단계에서 생각이 모두 정리되어야 하고, 문장은 이를 구현하는 부차적인 행위라고 했습니다.

하나 더 추가합니다. 개요 단계에서 내용의 구성과 전개 형식에 대한 검증까지 이뤄져야 합니다.

논리적 결함이나 진부한 내용이 있다면 개요 단계에서 다른 내용으로 바꾸어야 합니다. 바꾸는 과정에 다른 항목이 영향을 받아도 상관없습니다. 개요 단계에서 이의 수정은 어렵지 않기 때문입니다.

자세히 정리된 상세 개요만 되어도 수정하기가 만만치 않습니다. 때문에 개요 작성을 2~3단계로 나누어 1차적으로 완료한 개요를 검증·수정한 후 2차 개요를 작성해야 합니다. 그러면 비교적 작은 몸집 상태에서 결함을 찾고 수정할 수 있습니다.

1차 개요는 앞에서 설정한 논지와 논거를 바탕으로 서론, 본론, 결론에 맞게 수정·배치합니다. 이때 논제가 요구하는 원고 분량에 맞게 본론의 개수와 크기가 결정되어야 합니다. 논제가 특별히 요구하는 형식적 제한 사항이 있다면 서론과 결론이 필요 없을 수도 있습니다. 주어진 형식에 맞게 정리합니다. 아래 개요는 최소

1,000자 이상의 글을 쓸 수 있는 개요입니다. 전체 분량에 대비해 각 단락의 분량을 배분해야 합니다.

가령, 학교에서 보충 수업을 의무화한다고 해 봅시다. 이로 인한 장점도 많지만 단점도 많을 것입니다. 다음과 같은 논제와 개요를 도출할 수 있습니다.

논제 : 보충 수업의 문제와 해결 방안을 논하시오.

서론 : 보충 수업 의무화로 인한 여러 문제점

본론 1 : 보충 수업 의무화의 잘못된 동기

본론 2 : 이로 인한 불편 사항

본론 3 : 교사와 학생 간의 갈등

결론 : 의무가 아닌 자율 선택으로 변경

이 상태에서 먼저 해야 할 일은 단락과 단락 간의 관계를 살피는 것입니다. 본론 1과 본론 2가 인과 관계로 형성되어 있어서 흐름에는 큰 지장이 없습니다. 하지만 본론 3과의 관계가 다소 모호합니다. 교사와 학생 간의 갈등은 서론에서 보충 수업으로 인한 여러 문제점의 사례로 쓰일 수 있으나 궁극의 문제점과 해결 방안의 논의로는 부적당합니다.

다음과 같이 수정할 경우 본론 1, 2의 내용과 관계를 맺으면서 흘러갈 수 있습니다. 아울러 서론도 '여러 문제점'이라 할 경우 처음부터 한쪽으로 치우친 경향이 강하기 때문에 다음처럼 수정하는 것이 좋습니다.

서론 : 보충 수업 의무화의 장점과 단점

본론 1 : 보충 수업 의무화의 잘못된 동기

본론 2 : 이로 인한 불편사항

본론 3 : 전반적인 학습 활동에 지장

결론 : 의무가 아닌 자율 선택으로 변경

그런데 위의 개요로는 형식적 관계와 전개 흐름만 알 수 있습니다. 구체적으로 무슨 내용을 논하는지 알 수가 없습니다. 여기에 구체적인 내용을 대입해야 비로소 형식과 내용이 모두 포함된 완전한 개요가 탄생합니다.

본론 1 : 보충 수업의 잘못된 동기

– 많은 학생들이 참여해야 수업료를 줄일 수 있기 때문에 의무화하게 됨

본론 2 : 이로 인한 불편 사항

– 저녁 식사, 취미 활동, 병원 치료 등 여러 불편 사항 발생

본론 3 : 전반적인 학습 활동에 지장

– 적절한 휴식이 없어 전체적인 학습 효율성이 떨어질 수 있음

개요를 작성할 때는 이 부분을 조심해!

막상 개요는 썼지만 글로 옮기다 보면 잘 모르는 영역이나 글로 표현할 수 없는 영역이 있을 수 있습니다. 이럴 때는 빨리 판단을 내려야 합니다. 쓸 자신이 없다면 개요를 수정해서 확실하게 알고 있거나 확실하게 기술할 수 있는 영역으로 옮겨 가야 합니다.

논제 : 영어 공용화에 찬성하는가, 반대하는가?

본론 1 : 영어 공용화가 가져다는 주는 사회적 이점

- 국제화 시대에서 영어의 쓰임

- 정보화 사회에서 인터넷에서 영어 사용 비율

본론 2 : 영어 공용화의 부작용과 그에 대한 대안

- 예상 되는 사회적 부작용 예시 : 정보에 의한 새로운 계층 형성

- 정책적 대안 단계적 실행 및 장기 플랜 마련

위 개요는 언뜻 보았을 때는 문제가 없어 보입니다. 본론 1과 본론 2의 논거들이 구체적이면서도 그 범위가 넓어서 충분한 공감대를 형성할 수 있습니다.

그런데 정작 글을 쓰기 시작하면 어떨까요? 본론 1에서 국제화 시대에 영어의 쓰임이 어떠한지를 구체적으로 제시해야 하는데, 분명한 자료가 머릿속에 있지 않다면 국제화나 세계화 같은 막연한 단어로만 상황을 설명하게 될 것입니다. 또한 인터넷에서의 영어 사용 비율을 정확히 알고 있지 않으면 많은 인터넷 페이지가 영어로 되어 있다는 문장 하나로 기술이 끝나 버릴 것입니다. 전체적으로 논리의 흐름은 좋지만 구체적인 자료가 부족해 쓰다가 막힐 수 있는, 개요만 좋은 경우입니다.

본론 1 : 영어 공용화가 가져다주는 사회적 이점

- 사교육비 감소

- 수출 중심의 경제 구조에서 필수적

본론 2 : 영어 공용화의 부작용과 그에 대한 대안

- 예상되는 사회적 부작용 사례 : 국어 경시 풍조

- 정책적 대안 : 한글 간판 의무화 등

이 개요는 흐름은 같되 비교적 쉬운 예를 논거로 삼았기 때문에 글로 쓰는 데 무리가 없어 보입니다. 어려운 내용을 논거로 들어 구체적으로 제시하지 못하는 것보다 자신 있는 내용을 논거로 들어 사람들이 미처 생각지 못한 부분을 캐내는 것이 훨씬 권장할 만한 방법입니다. 소화할 수도 없는 어려운 내용, 책에서 한두 번 읽었을 뿐 명확하게 정리되지 않은 내용을 함부로 사용하다가는 논리적으로도 맞지 않을 가능성이 높으며 일부러 자신의 독서 실력을 드러내고자 하는 것 같아 글의 전체 흐름이 억지스러워집니다. **시험에서는 당연히 감점**의 원인이 됩니다.

지금까지 실시된 대입논술을 비롯한 LEET, 언론사 논술 시험 등의 분량은 논증을 요하는 문제인 경우 최대 3,000자 정도입니다. 시험 중에 외부 자료를 참조할 수 없는 만큼 전문 지식 없이 몇 개의 논거만으로 충분히 글을 완성할 수 있는 분량입니다. 또 분량이 많다고 해서 반드시 논거의 개수까지 증가해야 하는 것은 아닙니다. 2,000자에서 3,000자로 분량을 확대할 경우 논거의 개수는 그대로 두되 단락의 내용을 세분화해 기술할 수도 있습니다.

개요를 만드는 순서

1단계

우선 단락의 종류, 방향, 기능, 형태를 중심으로 기술합니다. 처음부터 구체적인 내용을 반영할 경우 부분적인 내용을 생각하느라 전체적인 글의 전개 과정이 눈에 들어오지 않게 됩니다. 일단은 글이 논리적으로 흐를 수 있도록, 실제 내용은 염두에 두지 않고 단락 간의 관계를 명확하게 설정하는 데 주력합니다. 간단한 명사절 혹은 명제 형태로 기술합니다.

논지 : 한미 FTA 협정 찬성

– 한미 FTA 협정 개관 및 정의 (0)	한미 FTA 협정은 신자유주의적 무역의 전형 (X)
– 한미 FTA 협정의 대안 (0)	농축산물에 대한 검역을 강화하자 (X)
– 한국인들의 의식 변화 필요 (0)	원래부터 국제 사회는 냉혹하다는 것을 깨닫자 (X)

논지 : 사교육 의존의 원인

– 한국 사교육 시장의 규모 (0)	우리의 사교육비는 OECD 국가 중 1위 (X)
– 사교육 의존 현상 (0)	학생들 중 90% 이상이 학원에 다닌다 (X)
– 공교육과의 관계 (0)	공교육의 부족한 점을 사교육이 메꾸고 있다 (X)

아래에, 논제 '탤런트 A는 정말 잘생겼는가?'에 대하여 '잘생겼다'는 논지가 있습니다. A에 관한 프로필과 평가들을 논거 삼아 개요를 작성해 봅시다.

1단계에서는 글의 전체적인 흐름을 알 수 있도록 합니다.

논제 : 탤런트 A는 정말 잘생겼는가?

서론 : A의 외모에 대한 한국 사람들의 일반적인 견해

본론 1 : A의 얼굴 분석

본론 2 : A의 몸매 분석

결론 : A의 외모에 대한 종합 판단

2단계

1단계 개요를 통해 엑스레이 사진을 보듯 글의 전체 구조를 선명하게 확인할 수 있게 되었습니다. 삼천포로 빠질 위험도 없고, 내용을 추가하거나나 수정하기도 쉽

습니다. 이제 하나씩 살을 붙여 가면 됩니다. 단락의 **핵심 주제**, 궁극적 내용을 넣습니다. **키워드 중심**으로 짤막하게 기술합니다. 하나의 명제에 단락의 모든 내용을 담으려 하지 않습니다.

서론 : A의 외모에 대한 한국 사람들의 일반적인 견해

- 한국 미남의 표준이라는 평가를 받음

본론 1 : A의 얼굴 분석

- 뚜렷한 이목구비가 특징

본론 2 : A의 몸매 분석

- 미적 구조에 부합하는 몸매

결론 : A의 외모에 대한 종합 판단

- 아시아의 미남이라 해도 손색 없음

여기에 더해 세부적인 내용을 덧붙입니다. 사례나 부연 등 핵심 내용과 연관한 내용을 추가합니다. 내용의 관계에 따라 앞뒤 배열을 다시 할 수 있습니다. 인용이나 꼭 넣고 싶은 표현 등을 삽입해도 좋습니다.

본론 1 : A의 얼굴 분석

- 전체적으로 뚜렷한 이목구비가 특징
- 얼굴 형태에 관한 여러 연구 이론

본론 2 : A의 몸매 분석

- 미적 구조에 부합하는 몸매
- 사례 : 체력도 A급이라는 모 일간지의 기사

결론 : A의 외모에 대한 종합 판단

- 아시아의 미남이라 해도 손색 없음

논제가 가십거리이기 때문에 논증 역시 일반적이고 보편적인 내용을 소재로 했습니다. 본론 1의 두 번째 항목은 이론에 바탕해 얼굴을 분석한다는 것인데 이것 자체가 하나의 논증을 요구합니다. 이런 경우 보다 가볍고 작게 축소할 필요가 있습니다.

새로운 내용이 삽입되면 이로 인한 전체적인 흐름이 영향을 받게 됩니다. 이 점을 고려해 전반적으로 다시 한 번 단락 간의 관계 및 내용의 적절성을 확인하고 논제에서 요구하는 분량이나 기타 사항 등을 고려해 수정합니다.

본론 1 : A의 얼굴 분석

- 전체적으로 뚜렷한 이목구비가 특징
- 한국적이면서도 타 문화권에서도 호응 받을 수 있는 얼굴생김

본론 2 : A의 몸매 분석

- 미적 구조에 부합하는 몸매
- 외형뿐만 아니라 체력도 평균 연령대보다 우수함 (일간지 기사 사례)

결론 : A의 외모에 대한 종합 판단

- 아름답고 건강한 남성성의 상징

연습문제

남한과 북한이 각각 현재의 체제를 유지하면서 자유롭게 오가는 것을 '연방 통일'이라 하고 한 국가, 하나의 정부로 통합하는 것을 '흡수 통일'이라 한다. 둘 중 무엇이 좋은 통일 방식이라고 생각하는가?

서론 :

–

본론 :

–

–

결론 :

–

길잡이

두 대상을 비교하는 양비론적 논의입니다. 우선 서론에서는 연방 통일과 흡수 통일의 특징을 일반적이고 보편적인 범위에서 개관합니다. 그리고 본론에서는 하나의 관점, 하나의 기준에서 둘을 비교합니다. 가령 '경제적 가치로 살펴보자'는 관점을 적용할 경우, 본론은 연방 통일과 흡수 통일 중 어느 쪽이 더 남북 경제 성장에 도움이 되는지, 경제적 가치를 기준으로 각각의 장단점이 비교되어야 합니다. 결론에서는 둘 중 무엇이 더 낫다는 판단이 명확하고 직접적으로 드러나야 합니다.

서론 : 통일 방법에 대한 두 가지 관점

- 연방 통일과 흡수 통일 간단 소개

본론 : 경제적 관점에서 비교한 두 방법

- 연방 통일의 장단점
- 흡수 통일의 장단점

결론 : 경제적으로 효율적인 연방 통일

- 비용 최소화, 단계적 추진 가능

2. 서론·본론·결론이란?

서론·본론·결론의 전개가 논술문에서 반드시 지켜져야 하는 법칙은 아닙니다. 논제에 따라 이들이 무시되는 경우도 있고, 논제를 세부적으로 나눠 놓은 경우에는 하나의 답글이 하나의 단락에 대응하기도 합니다. 그럼에도 서론·본론·결론이 하나의 법칙처럼 널리 쓰이는 것은 논의를 전개하고 표현할 때 가장 적절한 방식이기 때문입니다.

우리의 전통 글쓰기 방식은 주로 기승전결에 따릅니다. '기'는 서론과 비슷하고 '승전'은 본론과 비슷하며 '결'은 결론과 같습니다. 이외에도 설명문의 머리말, 본말, 맺음말이 서론·본론·결론과 유사하다 하겠습니다. 어떤 형태의 전개 구조를 취하든 글의 내용을 적절하게 배분해 지은이가 전하는 정보나 의견을 정확하게 이해시키는 것이 중요합니다.

서론, 대상을 규정하고 문제를 제기하라

서론은 **앞으로 논하고자 하는 대상을 규정**하는 단락입니다. 최근 화제가 된 사건을 소개하는 것에서부터 신뢰할 수 있는 학문적 정의를 인용하는 것까지, 논의 내용에 따라 다양한 형태의 서술이 가능하지만 궁극적으로 '대상의 범위'를 규정하는 것이 서론의 목적입니다.

논의 대상이 '복장 자율화'라면 구체적이고 명확한 개념이라 길게 소개할 필요가 없습니다. 그러나 논의 대상이 '행복의 조건'이라면 사람마다 생각하는 행복의 실체가 다를 수 있기 때문에 이와 관련한 나름의 전제를 미리 설정해 줘야 합니다. 가령 행복을 '최고의 욕망 충족 상태'로 전제한다면 행복과 관련한 모든 논의는 이 범위 안에서만 논의하겠다는 저자의 암묵적인 약속이 됩니다.

행복 = 욕망의 충족

두 번째로, 규정된 대상을 바탕으로 장차 무엇을 탐구할 것인지에 관한 문제 제기가 드러나야 합니다. 논제의 요구 사항을 자신의 논지 방향에 맞춰 적절히 변형하면 됩니다.

가령 '행복의 조건은 무엇인가'라는 논제에서 논지를 '물질적으로 풍요로운 상태'라 설정할 경우 문제 제기는 '물질과 행복의 관계'로 정할 수 있을 것입니다. 그래서 문제 제기는 관점을 설정하는 일이기도 합니다. 행복을 구성하는 요소는 워낙 많기 때문에 '물질적 측면'이라는 관점을 제시해 독자들이 이에 준하여 읽어줄 것을 부탁하는 것입니다.

행복은 욕망 충족 상태이다.

행복은 물질과 어떤 관계에 있는가?

(=물질은 욕망 충족 상태와 어떠한 관계에 있는가?)

이 두 명제를 길게 늘어뜨리면 하나의 서론이 됩니다. 기억하세요! 서론에서는 대상 규정과 대상을 바탕으로 한 문제 제기만 나오면 됩니다. 그 이상의 내용은 군더더기입니다.

서론은 어떻게 쓰는 것이 좋을까?

사례를 보여주며 시작하기

현실의 구체적 일화나 사건 등을 거론하면서 이와 관련한 문제점을 거론합니다. 주제와 관련한 사건을 소개하면서 자연스러운 전개를 유도하는 방법입니다. 생활 속에서 익히 알고 있는 사건을 거론하기 때문에 쓰는 사람이나 읽는 사람 모두에게 특별한 부담이 없습니다. 그러나 사례가 잘못 선택되었을 경우 논제와 연관성이 적을 수 있고, 많은 사람들이 이 방법을 쓰는 만큼 자칫 '정형화된 글쓰기의 전형'이라는 인상을 줄 수도 있습니다.

ex_ 최근 일간지 보도에 따르면 마열다가 사는 동네에 별똥별이 떨어져 온 동네가 발칵 뒤집혔다고 한다.

ex_ 대한민국 학생이면 누구나 한 번쯤 매를 맞아봤을 것이다. 그만큼 우리에겐 익숙한 체벌 방법인데 요즘 사회 곳곳에서 이에 대해 이의를 제기하는 목소리가 크다.

정의로 시작하기

주제와 관련하여 가장 핵심적인 내용을 정의하는 방법입니다. 굳이 사전적 정의를 해야 한다는 뜻이 아닙니다. 정의 내릴 때의 표현 방식을 빌려 대상의 속성을 기술하는 것입니다. 그러나 대상에 관한 규정이 목적인 만큼 주관적인 내용보다는 **보편적이고 객관적인 내용**에 머무르는 것이 좋습니다.

ex_ 사랑이란 누군가를 계속 생각하고 그와 함께 많은 것을 공유하고자 하는 심리 상태이다. 그러나 현대에 와서 우리는 '그'를 나로 대치시킴으로써 스스로 외로움을 부추기기도 한다.

ex_ 청소년의 본분이 무엇이냐고 물었을 때 대부분의 사람은 다음과 같이 정의를 내린다. '청소년의 본분은 공부다.' 그러나 이는 틀린 말이다.

인용으로 시작하기

대상과 관련해 기존의 이론이나 고사성어, 속담 등을 인용하는 방법입니다. 인용한 내용을 풀어가는 과정에서 대상에 관한 규정, 문제 제기가 드러날 수 있기 때문에 자연스러운 전개를 꾀할 수 있습니다. 쉽게 느껴지지만 반드시 대상과 직접적인 연관성을 갖고 있는 인용이어야 하고, 그 풀이 과정 자체가 문제 제기를 대신해야 한다는 점에서 능숙한 문장력을 요합니다. 또, 겉으로는 인용한 대상에 대한 말이지만 궁극적인 의도는 대상 규정과 문제 제기이기 때문에 자칫 삼천포로 빠지기도 쉽습니다. 아울러 인용한 말의 주체가 누구인지를 밝혀 주고, 생소한 고사성어는 한자를 풀이해 주는 것이 좋습니다.

ex_ 철학자 마열다는 "모든 학생은 칠판 앞에서 평범하다"고 말했다. 이는 교사 중심의 주입식 교육을 비판하는 말로써 학생의 창의성을 말살하는 우리 교육의 현실을 단적으로 표현해 준다.

ex_ "그대는 방 한 구석에 앉아 쉽게 인생을 논하려 한다". 90년대 대한민국의 대중문화를 개혁했던 서태지의 노래, 〈환상 속의 그대〉에 실린 가사이다. 이 가사의 뜻을 곰곰이 살펴보면 다음과 같다.

글의 전개 과정을 소개하며 시작하기

대상을 어떤 식으로 논의해 갈 것인지를 간략하게 소개하는 방법입니다. 미리 글의 순서를 소개할 수도 있고, 장차 다루게 될 본론의 내용을 개략적으로 소개할 수도 있습니다. 이 경우 본론은 반드시 서론에서 소개한 순서대로 전개되어야 합니다. '찬반에 대한 각각의 입장 비교'나 '현상에 관한 원인 분석'과 같은 단순 비교, 인과 분석의 논제에 적당합니다.

ex_ 교복 착용에 대한 논란은 어제 오늘의 이야기가 아니다. 주로 어른들은 찬성하고 학생들은 반대하는 입장에 있는데 찬성하는 의견과 반대하는 의견 모두 나름의 타당성을 갖고 있다.

ex_ 인간에게 가장 적당한 수면 상태를 알아내기 위해 우리 학과는 지난해부터 수면과학연구팀을 꾸려왔다. 연구팀에서는 최적 수면에 필요한 시간과 장소와 소음 그리고 습도 등을 조사했다.

좁혀 가기

우선 논의 대상에 대해 넓고 간략하게 언급합니다. 그리고 이들 속성 중 하나를 문제점으로 도출합니다. 서론이 갖춰야 할 기능에 가장 충실한 방식입니다. 통념으로 받아들여지는 사회적 편견이나 무비판적 행동, 비논리적인 경향 등 미처 우리가 깨닫지 못한 문제점을 도출할 때에 적당합니다. 대상에 관해 어떤 축으로도 기울지 않은 객관적 태도를 유지하면서 충분히 생각해 볼 만한 사안을 문제 삼는 게 좋습니다. 아래 두 예문을 봅시다.

ex_ 흔히들 21세기는 정보화 사회라고 한다. 이제 정보를 가공할 줄 모르고 유통할 줄 모르면 경제활동마저 위험 받는 시대에 처했다. 바야흐로 정보가 개인의 삶과 국가의 삶을 좌우하는 새로운 가치 기준이 된 것이다. 그러나 부의 격차가 있듯이 정보의 분배에도 격차가 생길 수밖에 없다.

ex_ 흔히들 21세기는 정보화 사회라고 한다. 정보가 상품이 되며 정보의 가공과 유통이 경제활동의 주요 매개가 된다는 의미이다. 그만큼 정보화 사회에 대한 관심도 뜨겁다. 그러나 정보화 사회가 가져다주는 장미빛 미래만 바라보지, 그로 인한 또 다른 형태의 사회 문제에 대해서는 관심이 적은 편이다.

첫 번째 사례부터 살펴볼까요? '21세기는 정보화 사회다'라는 말만 던져 놓고 곧바로 정보의 가공 능력에 따라 생길 수 있는 빈부 격차를 지적하고 있습니다. 너무 서두른다는 느낌이 들지 않나요? 내용의 진위 여부를 떠나 그러한 지적이 가능한 무대를 먼저 만들어야 합니다. 구체적인 내용은 본론에서 거론되어도 괜찮습니다.

반면 두 번째 사례는 사람들의 막연한 긍정을 지적하면서 다른 측면의 가능성을 제시하고 있습니다. 아직 그것이 무엇인지, 왜 그러한지는 알 수 없으나 '충분히 생각해 볼 만한 사안'임에 틀림없습니다. 서론의 역할은 여기까지입니다!

서론 단락은 다소 진부하다 느껴질 정도로 유형화 된 틀을 고의적으로 가져가는 것도 좋습니다. '논의 대상이 무엇이냐', 앞으로 다루고자 하는 '궁극의 문제가 무엇이냐'. 이에 관한 답만 확실히 포함하고 있다면 더 이상 손 댈 것이 없습니다. 문장 표현은 쉽고 간결하게, 내용 역시 일반적이고 보편적인 수준에 머무르면서 본론을 위한 무대로 기능하면 됩니다.

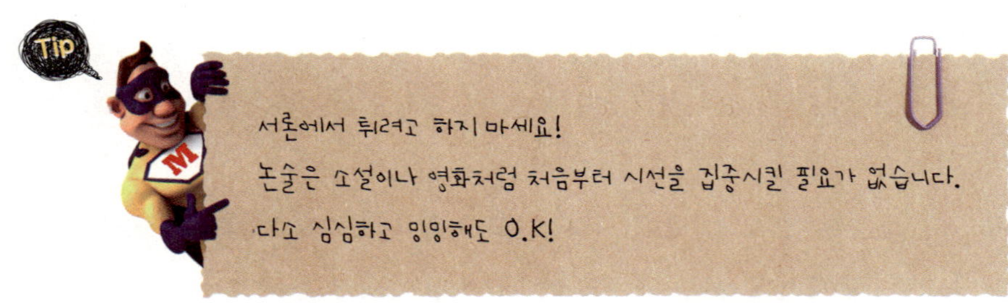

Tip
서론에서 튀려고 하지 마세요!
논술은 소설이나 영화처럼 처음부터 시선을 집중시킬 필요가 없습니다.
다소 심심하고 밍밍해도 O.K!

본론, 분석하고 비판하라

본론은 **대상 안에 존재하는 여러 항목들을 논하는 곳**입니다. 이때의 대상은 서론에서 설정한 범위로 제한되고, 논하는 바 역시 서론에서 제기한 문제에 따릅니다. 가령 '행복은 욕망 충족 상태이다'라고 범위를 설정했다면, 그 글은 '욕망 충족'이라는 전제에서 논의됩니다. 아울러 '행복은 물질과 어떤 관계에 있는가?'라는 질문에 따라 '물질어 의한 욕망 충족', '물질과 욕망의 비례적 관계' 등 구체적 항목들을 도출하고, 이들을 본격적으로 논하게 됩니다. 이 과정에서 분류, 사례, 제3의 내용을 끄집어 와 대상에 대한 분석적 파악을 명확히 할 수도 있고, 저자의 비판적 견해를 피력

할 수도 있습니다. 따라서 본론은 크게 두 가지로 나눠서 생각해 볼 수 있습니다.

본론은 어떻게 쓸까?

대상을 분석해 증명하기

바깥으로 드러난 현상의 배후에 깔린 원인을 밝힘으로써 대상이 어떠한 원리로 생성되는지를 알게 해 주는 방법입니다. 이는 앎을 확대해 나가는 가장 기본적인 방법으로써 인간의 모든 인식과 학문의 도구가 됩니다. 이것은 대상의 관계를 파악하는 과정이기도 합니다. 대상을 이루는 항목들이 어떻게 같고 다른지, 서로에게 어떻게 작용하는지를 통해 모호하거나 애매한 것을 분명하게, 실타래처럼 복잡해 보이는 것을 단순하게 드러낼 수 있습니다. 따라서 객관적 사실관계를 따질 때에 효과적입니다.

A = 물질적 충족

B = 인간 소외 현상

A → B : '물질적 충족'은 '인간 소외 현상'의 원인이다.

나의 견해 피력하기

대상에 대한 글쓴이의 의견과 견해를 중심으로 써 나가는 방식입니다. 이때 대상에 대한 견해는 비판적 증명이 되며, 비판적 증명은 대상에 대한 반성과 성찰을 목적으로 합니다.

'사람은 먹어야 산다'는 모두가 동의하는 사실로, 구태여 증명이 필요 없는 대상입니다. 그러나 이에 대한 저자 나름의 견해, '먹기 위해선 일해야 한다'가 뒤따르면 뻔한 사실이 새삼 다르게 확대되어 인식될 수 있습니다.

다른 견해도 가능합니다. '먹는 양을 줄이면 노동의 부담을 줄일 수 있다', '국가는 국민이 먹는 것을 책임져야 한다', '먹는 것에는 세금을 부과하지 말아야 한다', '문화는 정신적 먹거리이다' 등 한 가지 사실에 대해 여러 가지 견해를 도출할 수 있습니다. 따라서 비판적 증명은 저자의 관점을 적용해 대상을 해석하는 작업이라 할 수 있습니다.

앞의 **분석적 증명**이 대상 자체의 속성을 규명해 대상에 관한 지식을 심화하고 확대해 나가는 작업이라면, **비판적 증명**은 대상에 특정 관점을 적용함으로써 지금껏 존재하지 않았던 새로운 해석, 새로운 의미를 만드는 작업입니다. 흔히 사회적 논란이라 일컬어지는 것들이 비판적 증명에 의해 만들어집니다. 여러 사람들의 이해관계는 여러 관점을 낳고 그에 따라 전혀 다른 해석을 내놓기 때문입니다.

ex_ 대상 : 12·12사태

A 관점 : 비민주적 권력 쟁탈은 범죄이다.

B 관점 : 성공한 쿠데타는 범죄가 아니다.

이상에서 살펴보았듯이 분석과 비판은 본론에 필요한 대표적인 서술 유형입니다. 그런데 실제 글에서 둘은 명확히 구분되지 않고 한 단락, 한 문장에 함께 존재할 수 있습니다. 대상에 관한 분석 없이 비판은 불가능하고, 비판 없는 분석은 단순 기계적인 파악에 불과하기 때문입니다.

아울러 분석과 비판은 대부분의 본론에 쓰이는 공통 요소이나 이것만으로 본론이 구성되지는 않습니다. 본론은 논제가 요구하는 것이 무엇이냐에 따라 그때그때 달라집니다. 논제의 요구 사항이 직접적으로 반영되는 곳이 본론이기 때문입니다. 본론에 대해서는 5장에서 자세히 살펴보기로 합시다.

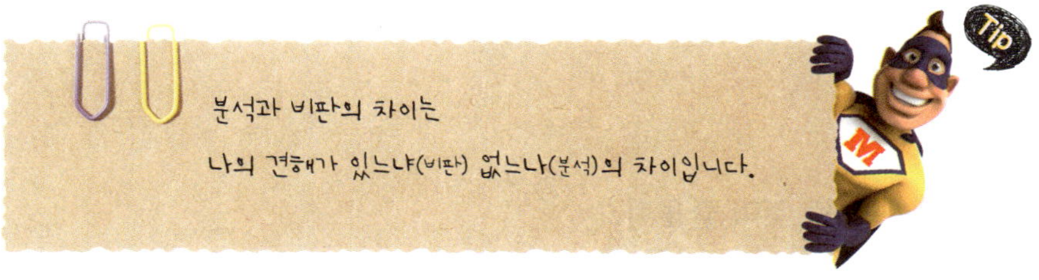

Tip
분석과 비판의 차이는
나의 견해가 있느냐(비판) 없느냐(분석)의 차이입니다.

결론, 달리던 방향대로 쭉 달려서 골인하라

어떠한 물체가 북쪽을 향해 운동을 하고 있다면 그 물체는 앞으로도 계속 북쪽으로 나아가려는 성질을 갖고 있을 것입니다. 서론과 본론은 이미 어디론가 가려는 성질을 갖고 있는 하나의 운동체입니다. 이들은 가고 있던 방향대로 가려는 논리적 힘을 가지고 있습니다. 우리가 글을 쓰면서 서론 부분에서는 자주 막히는 반면 결론 부분에서는 막힘 없이 써 나가는 것도 같은 원리입니다. **결론**은 **서론과 본론이 유도한 논리에 따라 마무리**를 해 주면 됩니다.

결론은 서론과 본론을 정리하는 부분으로서 논리적 일관성에 주의하고 자신의 논지를 강조해 글을 마무리합니다. 자신의 논지를 강조할 수 있는 압축적인 논거를 삽입해도 좋으나 이때의 논거는 속담이나 명언 등 일반적으로 지지되어 별도의 논증이 필요 없는 것이라야 합니다. 결론은 마무리를 하는 자리지, 새로운 논증을 펼치는 자리가 아니니까요.

또 보다 확대된 주제로 문제를 제기할 수도 있습니다. 가령 지금까지의 논의 대상이 영어 공용화였다면 '언어와 민족의 관계'를 환기시키며 보다 넓은 범위에서 대상을 살펴볼 필요가 있다는 내용을 추가할 수 있습니다. 그러나 이러한 내용을 담기 위해서는 본론 어딘가에 '민족'과 관련한 내용이 이미 존재해 그러한 확대가 충분한 연관선상에서 이뤄져야 할 것입니다. 결론은 서론·본론과 찰떡 같은 관계성을 가지고 있어야 한다는 사실을 잊지 마세요.

결론은 어떻게 쓰는 것이 좋을까?

요약하기

본론을 다시 한 번 요약함으로써 지은이의 의견을 분명하게 하고 읽는 이로 하여금 글을 정리할 수 있도록 합니다. 가장 빈번히 쓰이는 방법으로 글의 내용을 각인시키는 역할을 합니다. 특히 본론에서 장황하거나 복잡한 논거를 제시했다면 논지와의 연관성을 정리할 필요가 있습니다. 대부분의 논술문에 쓸 수 있습니다.

> ex_ 앞서 살펴본 데이터 중에서도 청소년은 신체 성장률은 30, 40대의 성인에 비해 00배 가깝다는 것과 근력 형성과 두뇌 발달에 필요한 단백질 치수가 00이라는 사실이 우리를 놀랍게 한다. 이를 보충해 줄 수 있는 음식 중에 시중에서 가장 손쉽게 구할 수 있는 것이 우유이다. 우유는 청소년에게 필요한 단백질을 가장 효율적으로 손쉽게 공급하는 에너지원인 셈이다.

강조하기

핵심 부분을 재차 강조함으로써 자신의 견해를 더욱 선명하게 합니다. 본론에서 여러 개의 의견을 비교하거나, 실례를 들어 주는 등 자신의 견해가 직접 서술되지 않았을 경우 견해를 보다 뚜렷하게 하는 방법으로 적당합니다. 본론에서 간접적인 방법으로 나의 의견을 이해시켰다면 결론에서는 직접적으로 다시 한 번 이해시키는 것입니다. '왜 이것인가?', '이것이냐 저것이냐?'에 관한 논술문에서는 반드시 필요합니다.

ex_ 영어 공용화로 인한 다양한 장점과 단점들을 비교해 보았을 때 우리는 다음과 같은 결론을 유도해 낼 수 있다. 영어 공용화의 장점은 우리 사회가 바라고 또한 경제 강국으로 가기 위해 반드시 지녀야 할 능력들을 제공하지만, 그 단점이 갖는 사회적 파장은 장점을 초월해 버린다. 따라서 영어 공용화를 주장하는 것은 대상의 일면만을 부각하는 일이다.

인용하기

지금까지 밝힌 자신의 논지를 타인의 입을 통해 다시 한 번 증명하는 역할을 합니다. 결론에 사용되는 인용문은 논지를 압축하는 경향이 강하기 때문에 내용적으로는 '요약'이라 볼 수도 있습니다. 글의 마지막에 화룡정점의 효과로써 강한 인상을 남길 수 있는데, 그만큼 논지와 직접적인 관련이 있어야 하며 그렇지 않을 경우 '권위에의 호소'라는 오류를 남기는 실수가 될 수도 있습니다. 인용구를 풀이해 주는 것 자체가 논지를 다시 요약하는 역할을 해야 합니다. 대부분의 논술문에 쓸 수 있는 방법입니다.

ex_ 플라톤은 철인정치를 말하면서 통치자가 지녀야 할 최고 덕목으로 진리에 대한 사랑을 강조했다. 이러한 덕목이 현대 정치에 있어서도 유효한지는 의문이지만 최소한 정치인이 스스로를 단련하는 데 참고할 수 있을 것이다. 플라톤의 철인정치는 궁극적으로 공부하고 연구하는 정치인만이 대중을 이끌 수 있다는 말이기 때문이다.

대안과 전망 제시

문제와 관련해 어떠한 태도나 방법 등을 취해야 하는지를 제시하는 형태입니다. 본론에서 논지가 충분히 거론되었다면 이제 구체적인 실행 방법이나 앞으로 더 생각해 봐야 할 사항들을 보여 줍니다. 단 논제의 성격상 대안과 전망이 가능한 문제에만 사용해야 합니다. 예) 남북통일 방안, 외국인 근로자의 노동조건 개선

> ex_ 외국인 근로자의 근로 조건은 전국민의 의식 변화를 전제로 한다. 따라서 다양한 대중매체와 사회 교육기관들의 유기적인 협조 체제 아래에서 우리가 그들을 보다 더 잘 이해할 수 있는 방안이 무엇인지를 머리 맞대고 생각해 봐야 할 것이다. 그리고 이러한 이해가 바탕이 되었을 때, 더불어 대한민국도 다양성을 인정하는 사회로 진입할 수 있을 것이다.

자신의 논지에 대한 재확인과 간략한 요약만 있다면 결론 역시 서론과 마찬가지로 담백하게 쓰고 다소 정형화된 틀을 가져가는 것이 좋습니다. **피해야 할 태도**는 막연히 도덕적인 자세를 강조하거나 각각의 장점을 살려 잘 해보자는 식의 느슨한 결론을 내는 것입니다.

> ex_ 서로 양보해 보다 좋은 사회가 되도록 힘써야 할 것이다.

> ex_ 우리 모두의 관심과 노력이 필요하다.

익숙하지요? 앞으로는 절대 사용하지 말 것!

수학의 집합 개념을 이용한 서론·본론·결론

최초의 대상 U에 관하여 아래와 같은 세부 정보가 있습니다.

U={x|x는 송파구에 사는 청소년}

A={x|x는 송파구에 사는 고등학생}

B={x|x는 송파구에 사는 근로 청소년}

C(A∩B)={x|x는 송파구에 살면서 학교에 다니는 근로 청소년}

D(B−A)={x|x는 송파구에 살면서 학교에 다니는 않는 근로 청소년}

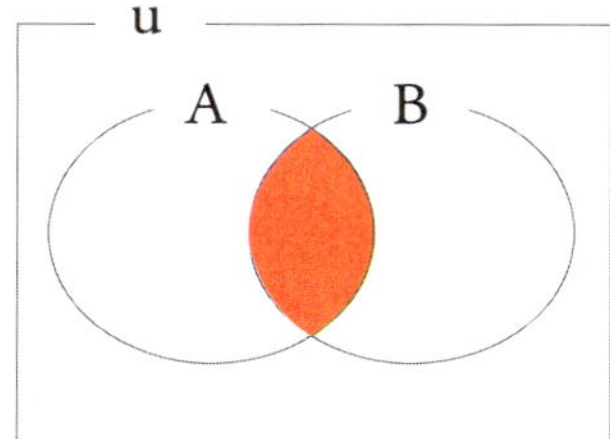

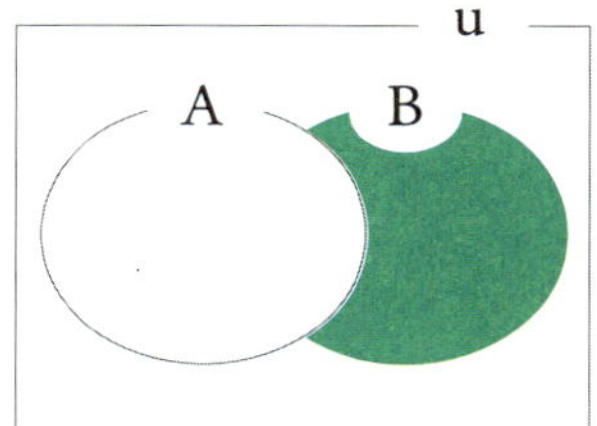

이를 바탕으로 '송파구의 근로 청소년 실태'라는 글을 쓸 경우 다음과 같은 전개 과정을 밟을 수 있습니다.

U → A,B → C,D

서론 U

· 송파구의 모든 청소년들에 관한 일반적인 내용, 즉 인원, 연령 분포 등을 설명한다.

본론 1 : A, B

· 송파구에 거주하는 고등학생들의 학교 개수, 평균적 경제 수준 등을 설명한다.

· 송파구에 거주하는 18세 미만 근로자에 대한 임금 수준, 업종 분포, 보호자 사정 등을 설명한다.

본론 2 : C, D

· 학교에 다니는 근로 청소년들을 A의 경우와 B의 경우를 비교하여 파악한다.

· 학교에 다니지 않는 근로 청소년들을 C의 경우와 비교하여 파악한다.

결론

· 종합적 정리

"왜 근로 청소년들 중 많은 수가 학교에 다니지 못하는가?"라는 문제를 알아 보기 위해 위와 같은 전개 과정을 밟는다면 우리는 A부터 D까지 이르는 과정에서 자연스럽게 그 이유를 알게 될 것입니다. 가령 본론 2에서 학교에 다니지 않는 근로 청소년들이 학교에 다니는 근로 청소년들보다 임금을 더 많이 받을 경우, 많은 근로 청소년들이 학교에 다니지 않는 이유는 자명해집니다. "근로 청소년들에게 장학금을 주자" 같은 주제의 글을 쓸 때도 위와 같은 분석 과정을 논거로 활용한다면 훨씬 설득력을 가질 수 있습니다.

연습문제

다음과 같은 전개 과정의 흐름에 따라 〈보기〉를 참조해 간략한 습작을 해 보시오.

U -> A -> B -> C, D

〈보기〉

U={x|x는 영화를 좋아하는 사람들}

A={x|x는 액션 영화를 좋아하는 사람들}

B={x|x는 멜로 영화를 좋아하는 사람들}

C={x|x는 액션과 멜로 영화를 모두 좋아하는 사람들}

D={x|x는 액션과 멜로가 아닌 다른 장르 영화를 좋아하는 사람들}

길잡이

U

과학의 발달로 인해 우리는 영상 문화, 특히 영화를 쉽게 접할 수 있게 되었고 영화 제작 사업이 발달하면서 더 다양한 종류의 영화들을 볼 수 있게 되었다.

A, B

영화 중에서도 액션 영화가 가장 인기가 많은 것 같다. 액션 영화는 신나고 박진감 넘치는 장면이 많아 관객들을 흥분시키고 스트레스를 풀어 준다.

액션 다음으로 인기 있는 영화는 멜로 영화이다. 멜로 영화는 사랑 얘기를 주로 다룬다. 남녀 사이의 감정적 긴장감이 관객들을 흥미진진하게 만든다.

C, D

그런데 액션 영화 역시 주인공을 비롯한 여러 등장인물들이 서로 사랑에 빠지는 경우가 많기 때문에 멜로 영화를 좋아하는 사람들도 액션 영화를 좋아할 수 있다. 반대로 액션 영화를 좋아하는 사람도 색다른 긴장과 짜릿함을 선사하는 멜로 영화를 좋아할 수 있다.

복잡다양해진 사람들의 기호를 충족시키기 위해 요즘은 액션과 멜로의 요소를 둘 다 갖춘 영화도 나온다. 그럼으로써 서로의 장단점을 보완시켜서 더 재미있는 영화를 만들 수 있다. 그러나 액션과 멜로 영화의 인기 때문에 다른 장르의 영화들은 상대적으로 많이 만들어지지 않는다.

3. 플랫폼 총괄 –브레인스토밍에서 개요까지 모두 적용해 보기

플랫폼 완성

논술은 크게 세 가지 과정으로 나눌 수 있습니다. 첫째는 논술의 내용을 결정짓는 것, 둘째는 구성과 전개를 결정짓는 것, 셋째는 이를 문장으로 표현하는 것입니다. 플랫폼을 완성하는 과정에는 첫 번째와 두 번째 과정이 포함되어 있습니다.

앞에서도 말했지만 이미 완성된 글을 수정하기란 쉽지 않습니다. 특히 제한된 시간 내에 끝내야 하는 논술 시험에서 수정이나 퇴고란 어휘나 맞춤법을 고치는 데 그칠 뿐, 전반적인 내용을 더하고 붙이거나 논지의 방향을 바꾸는 것은 거의 불가능합니다. 그러나 문장으로 옮기기 전, 플랫폼 형태에서는 논지, 논거의 변경에 이르기까지 전면적인 수정이 가능합니다.

따라서 상세 개요 형태의 플랫폼을 완료했다는 것은 글의 내용 및 구성에 관한 검증이 모두 완료되었다는 뜻입니다. 브레인스토밍에서 상세 개요까지의 전체적인 흐름을 살펴보면 다음과 같습니다.

내용적인 측면

· 브레인스토밍(로 스케치)

· 무작위 카테고리

· 대카테고리, 소카테고리

· 논지, 논거 정리

구성과 전개의 측면

· 서론 · 본론 · 결론의 방향

· 서론 · 본론 · 결론의 핵심

· 서론 · 본론 · 결론의 상세

물론 이러한 과정을 모두 밟기는 힘듭니다. 또 오래 연습하다 보면 한 가지 과정에서 다른 과정에서 할 일을 함께 끝낼 수도 있습니다. 따라서 학습 초기에 일단 이 과정들을 모두 터득하고 점차 자신의 실력과 성향에 맞춰 줄여 가면 될 것입니다.

플랫폼 완성에 소요되는 시간은 전체 글 쓰는 시간 중에서 절반을 넘을 수 없습니다. 플랫폼이 완성되면 문장을 쓰기가 쉬워진다고 해도 글을 쓰는 데는 충분한 시간이 필요하기 때문입니다. 2,000자 기준, 3시간 동안의 논술이라면 플랫폼 완성은 1시간~1시간 30분 내외에서 이루어져야 합니다. 결코 여유로운 시간이 아닌 까닭에 평소에 많은 연습이 선행되어야 합니다.

특히 논술 학습 초기에는 플랫폼 작성 위주로 연습해 지식을 꺼내고 사고를 펼쳐 나가는 것에 힘을 쏟아야 합니다. 선생님들이 첨삭 지도를 할 때도 역시 내용과 구성 지도는 플랫폼을 대상으로 하고, 습작글은 이를 제대로 반영했는지에 중점을 두고 살펴야 합니다.

실전! 플랫폼 만들어 보기

논제 하나로 브레인스토밍부터 개요 작성까지 끝마쳐 보는 과정입니다. 아래의 논제로 어떻게 개요를 만들어 가는지 한번 눈으로 따라가 봅시다. 직접 플랫폼을 작성하며 읽는 것도 좋겠습니다.

논제 : 외모지상주의에 대하여 비판하라.

〈브레인스토밍-로 스케치〉

성형수술, 연예인, 나도 멋있고 싶다, 돈이 많이 들어도 좋다, 얼굴생김도 결국엔 돈이구나,

나의 얼굴은 길쭉해, 돈 있는 사람은 능력도 좋고 아름답고 그래서 인간성도 좋아 보인다, 성형수술 중독에 걸린 여자들, 압구정동의 병원들, 성형외과 의사가 가장 돈을 많이 번다, 왜 이렇게 보이는 것에 집착하게 되었을까, 인간은 감각 경험에 의해서 판단하니까, 청각에 의한 매체=라디오, 시각에 의한 매체=텔레비전, 인터넷, 영화, 책, 뭐 거의 대부분이네, 후각으로 뭘 판단하기는 좀 힘들다, 촉각은 좀 그렇잖아 맨날 만져볼 순 없는 거고, 옛날부터 인간은 시각에 편중되었던 거 같아, 언어도 음성언어보다 문자언어에 많이 의존하는 거 같고, 결국 시각에 편중하다 보니 사람을 판단함에 있어서도 이왕이면 잘생기고 예쁜 사람들한테 꽂히는 거야, 억울하지만 인류가 만들어낸 오류

논제인 외모지상주의와 관련하여 떠오르는 대로 기술하면 됩니다. 무엇이건 꼬리에 꼬리를 물고 머리에 고이는 것들을 휘갈겨 쓰세요. 질보다 양이 중요하다 생각하

고 쉽고 자유롭게 구현하세요. 논제와의 연관성이 떨어져도 좋습니다.

〈무작위 카테고리 만들기〉

C1 – 연예인의 첫 번째 조건은 얼굴

C2 – 연예인을 비롯하여 여러 사람들 앞에 서는 사람들도 얼굴은 생계의 수단

C3 – 성형수술에 중독된 한국 여자들

C4 – 세계적인 수준의 한국 성형 수술

C5 – 의대생의 최고 선망 직업은 성형외과 의사

C6 – 시각에 집착하는 것은 오랜 인류의 역사

C7 – 시각 외의 다른 감각들은 퇴화할 수 있음

C8 – 도대체 미의 기준은 무엇인가?

C9 – 아름다움의 개념은 인간이 만들어 낸 인위적 개념

C10 – 인류가 만들어 낸 오류

배운 대로 여러 파편들을 하나의 공통점으로 묶을 수도 있고 파편을 확대하여 새로운 생각을 도출할 수 있습니다. 논제와의 연관성이 떨어져도 좋습니다.

〈대카테고리 & 소카테고리 만들기〉

대카테고리 : 아름다움은 오류이다.

소카테고리 1 : 모든 개념은 항상 반대 개념을 동반한다.

소카테고리 2 : 아름다움은 인간이 만든 인위적 가치개념이다.

소카테고리 3 : 스스로 만든 개념에 집착하는 인간들.

대카테고리의 경계선 안에서 하위 카테고리들을 만듭니다. 하나로 묶고 여러 개로 나누어 대상에 대한 세부사항을 파악하는 과정입니다. 논제의 요구사항을 직접적으로 반영할 필요는 없으나 논의 대상은 일치하게 합니다.

위 사례는 스스로 아름다움의 개념을 만들어 내고 이를 기준으로 서로를 판단하는 인간의 오류를 지적하고 있습니다. 논제의 요구 사항을 직접적으로 반영하고 있지는 않지만 대상은 어느 정도 일치하고 있습니다.

서론과 본론, 본론 1과 본론 2, 본론 3은
각각 명확하게 구분되어야 합니다.
그렇지 않으면 내용이 중복될 수도 있습니다.

〈논지와 논거 정리〉

논지 : 자본주의 경쟁 사회에서 또 하나의 인간 측정 기준

논거 1 : 가치 개념을 만드는 인간의 오랜 관습

논거 2 : 가치 측정으로 구조화된 자본주의 사회

외모가 자본주의 사회에서 또 하나의 인간 측정 기준임을 논지로 삼고 있습니다. 앞의 카테고리에 나온 내용을 자본주의 사회에 대입해 얻은 내용입니다. 논거 1은 대카테고리 '인간의 오류'를 구체화한 것이고 논거 2는 자본주의 사회에서 외모가 인간 측정 기준이 된 사례를 분석한 것입니다.

카테고리를 종합하거나 한 부분을 세밀화하고, 혹은 이와 같이 특정 배경이나 관점에 대입해 살펴봄으로써 최종적으로 논지와 논거를 얻습니다.

〈개요 작성 1 – 서론·본론·결론의 방향〉

서론 : 외모 집착 현상 개관

본론 1 : 외모 집착 현상과 인간 본성

본론 2 : 외모 집착 현상의 원인

결론 : 외모 집착 현상에 대한 올바른 자세

논거를 직접적으로 담기보다는 글의 전반적인 전개 방향을 설정해 논거를 담기에 좋은 형식만 갖추었습니다. 서론에서 전반적인 현상을, 본론 1에서는 현상과 인간본성의 관계를, 본론 2에서는 구체적인 원인 분석의 과정을 지향하고 있습니다.

〈개요 작성 2 – 서론·본론·결론의 핵심〉

서론 : 외모 집착 현상 개관

– 성형 중독에 물든 한국 사회

본론 1 : 외모 집착 현상과 인간 본성

– 가치 개념을 만드는 인간의 오랜 관습

본론 2 : 외모 집착 현상의 원인

– 가치 측정으로 구조화된 자본주의 사회

결론 : 외모 집착 현상에 대한 올바른 자세

– 기술 발전에 발맞춘 인간의 의식 수준 발전 필요

전개 방향에 맞게 본론의 논거들을 배치하고 서론·결론에 해당하는 핵심 내용 역시 결정합니다. 글의 핵심을 최대한 간결하게 기술해 놓습니다.

〈개요 작성 3 – 서론·본론·결론의 상세〉

서론 : 외모 집착 현상 개관

– 성형 중독에 물든 한국 사회

– 단순 의료 사고에서 가치관의 문제로까지 확대

본론 1 : 외모 집착 현상과 인간 본성

– 가치 개념을 만드는 인간의 오랜 관습

– 오감 중에 시각에 집착하여 판단하는 인간의 감각 능력

– 문명의 인위성에서 오는 폐단

본론 2 : 외모 집착 현상의 원인

– 가치 측정으로 구조화된 자본주의 사회

– 각종 멀티미디어의 화려한 시각적 자극

– 취업, 학업 등 경쟁 중심의 사회

결론 : 외모 집착 현상에 대한 올바른 자세

– 기술 발전에 발맞춘 인간의 의식 수준 발전 필요

– 외모 집착 현상에 대한 유명인의 경고나 고사성어

핵심 내용과 통일성을 갖는 세부적인 내용들을 도출해 간단간단하게 기술해 놓습니다. 이들은 실제 글을 쓸 때에 몇 개의 문장으로 표현될 것입니다.

끝으로 전반적인 흐름과 내용의 구체성 등을 재차 확인해 수정합니다. 정확한 자

료가 있어야만 하는 내용이나 명확하게 이해하고 있는 이론이 아닌 경우 다른 내용으로 대치합니다. 전체적인 논리 전개나 일관된 논점 유지 등을 살펴보고 이에 위반되는 내용이 있을 경우 과감히 삭제합니다.

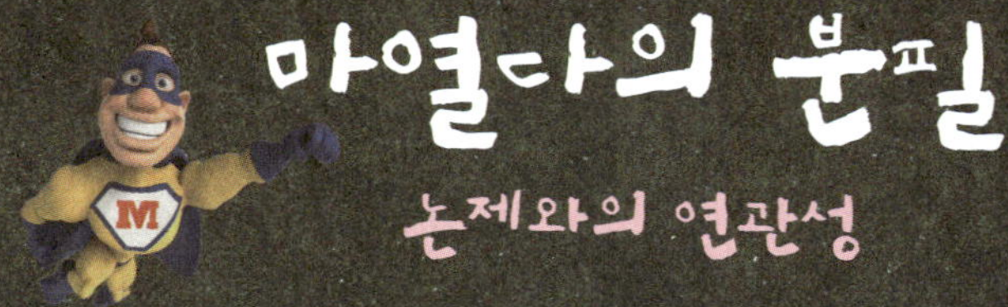

카테고리 단계까지는 브레인스토밍에 해당합니다. 논제와의 직접적 연관성보다는 논의 대상에 대한 이해가 먼저 필요합니다. 대상에 대한 이해가 풍부했을 때라야 논제의 요구 조건을 수용할 수 있기 때문입니다. 따라서 논제의 요구 조건이 두 개라면 브레인스토밍은 그보다 훨씬 많은 세 개, 네 개를 확보해야 합니다.

ex_

- **외모 개념 + 외모 집착 현상 → 외모지상주의 비판**
- **영어 공용화 개념 + 장단점 → 영어 공용화 찬성 / 반대**
- **환경 문제 + 문제 원인 + 문제 해결 방법 → 환경 문제의 원인과 대안**

연습문제

논제 : 많은 학생들이 학교를 마치면 학원에 간다. 원래 학원은 부진한 과목에 대해 개인적으로 보충하는 사교육인데 이에 대한 의존이 지나치게 커지면서 학교 수업을 비롯하여 학생의 전반적인 생활에도 많은 영향을 미치고 있다. 이에 대한 자신의 생각을 논하라.

〈브레인스토밍〉

〈무작위 카테고리〉

C1 :

C2 :

C3 :

C4 :

C5 :

〈대카테고리 & 소카테고리〉

대카테고리 :

소카테고리 1 :

소카테고리 2 :

소카테고리 3 :

〈논지, 논거 설정〉

논지 :

논거 1 :

논거 2 :

논거 3 :

〈개요 작성 1 - 서론·본론·결론의 방향〉

서론 :

본론 1 :

본론 2 :

본론 3 :

결론 :

〈개요 작성 2 - 서론·본론·결론의 핵심과 상세〉

서론 :

-

-

본론 1 :

-

-

본론 2 :

-

-

본론 3 :

-

-

결론 :

-

-

〈완성글〉

〈브레인스토밍〉

형식에만 치중, 쓸데없는 에너지, 돈 낭비, 초점이 빗나감, 지나친 경쟁심, 지나친 것은 없는 것만 못 하다, 사교육의 폐단, 너무 많이 얽혀서 풀기 힘들다, 극약 처방, 주입식, 무조건 잘 외우면 성공, 철들기 전부터 학원, 부모가 지나치게 간섭, 학업에 대한 관심 저하, 비생산적 시험 치르는 능력은 좋으나 과목에 대한 관심은 낮다, OECD 국가 중 제일 낮은 교육 수준, 무조건 대학에 올인, 폭넓은 공부 X, 창의력 X, 먹여 주기 식의 교육, 학벌의 원인……

〈무작위 카테고리〉

C1 : 우리나라 교육 방법

C2 : 우리나라 교육의 문제점과 해결 방법

C3 : 우리나라 교육의 궁극적 목표

C4 : 우리나라 교육의 수단

C5 : 우리나라 교육 방법의 부작용

C6 : 학생들이 공부하는 동기는 무엇인가

C7 : 교육에서 부모의 역할

C8 : 우리나라 교육과 타 국가 교육의 비교

C9 : 교사의 특권과 월권 행사

C10 : 교육 수준이 높은 학부모일수록 명문대에 집착

〈대카테고리 & 소카테고리〉

대카테고리 : 한국 교육에서 교육의 본질 왜곡 현상

소카테고리 : 교육의 본질은 무엇인가

소카테고리 : 한국 교육은 계급 상승 욕구의 수단

소카테고리 : 한국식 교육은 지식의 주입

소카테고리 : 빈부 차이에 따른 교육 수준

소카테고리 : 학부모의 수준이 한국 교육의 수준을 좌우한다

〈논지, 논거 설정〉

논지 : 공교육의 붕괴로 인한 사교육 의존성 심각

논거 1 : 사교육에 대한 지나친 의존성

논거 2 : '많이 넣으면 많이 나온다' 식의 양적 개념

논거 3 : 우리 교육의 근원적인 문제에 대한 명확한 대안 부재

〈개요 작성 1 – 서론·본론·결론의 방향〉

서론 : 한국의 사교육 문제 개관

본론 1 : 사교육의 규모 및 현 상황

본론 2 : 사교육에 대한 학부모들의 태도

본론 3 : 공교육과의 관계

결론 : 사교육 문제 해결 정책의 방향

〈개요 작성 2 - 서론·본론·결론의 핵심과 상세〉

서론 : 한국의 사교육 문제 개관

- 사교육이란 개인의 자유 의지에 따른 교육 형태
- 우리 교육의 경쟁 심화 현상이 사교육 의존도 확대

본론 1 : 사교육의 규모 및 현 상황

- 사교육에 대한 지나친 의존도 심화
- 사례 1 : 학원 다니는 아이 vs. 안 다니는 아이
- 사례 2 : 동네 상가를 관찰한 내용 요약
    - ·주택가 상가 내 가장 많은 간판이 학원
    - ·지나다니는 아이들 대부분이 학원 오고가는 길
    - ·길거리에 주정차 되어 있는 대부분 차량이 학부모들의 차

본론 2 : 사교육에 대한 학부모들의 태도

- '많이 넣으면 많이 나온다' 식의 양적 개념
- 심리적 불안감 : 가진 자에 대한 못 가진 자의 콤플렉스

본론 3 : 공교육과의 관계

- 교사와 학생이 빠진 명목상 공교육 제도
- 사례 : 논술 시험 제도는 있지만 논술 수업은 없다
- 사례 분석 및 공교육의 잘못된 행정 비판

결론 : 사교육 문제 해결 정책의 방향

- 공교육의 근원적 문제부터 해결해야 사교육 문제도 해결됨
- '개인의 자유' 존중 및 '기회 평등' 요소를 모두 고려

〈완성글〉

사교육은 말 그대로 '개인이 스스로 원해 행하는 교육'이다. 국가가 개인에게 의무적으로 지원하는 공교육과 반대되는 개념이다. 예전에는 공교육과 사교육의 비중이 비슷했다. 그러나 최근 한국 교육에서 경쟁 심화 현상이 나타나면서 사교육에 대한 의존도가 심화되고 있는 상황이다.

사교육 의존이 심화되어 가면서 동시에 사교육 시장의 규모도 점점 더 비대해지고 있다. 이런 현상을 학생들의 생활과 대치동의 길거리 간판을 통해 간접적으로 유추할 수 있을 것이다. 최근 조사에 의하면 아이들 열 중 여덟은 최소한 두세 개 이상의 학원을 다니고 개인 과외를 포함해 대여섯 개의 학원을 다니는 아이들도 전체의 반이 넘는다. 또한 지하철 역 주변이나 아파트 상가 근처는 학원 간판으로 빼곡하다.

이렇게 사교육에 대한 의존도가 커진 것은 학부모들의 태도와 큰 연관이 있다. 우리 학부모들은 아주 소박한 생각으로 교육을 바라본다. 즉, '많이 넣으면 많이 나올 것이다'라는 단순한 생각을 갖고 있기 때문에 최대한 배움의 양을 늘리려고 한다. 또한 남들이 다 하는데 내 자식만 안 할 수 없다는 경쟁 심리는 공교육에 대한 뿌리 깊은 불신감과 함께 더욱 사교육 의존을 부추긴다.

사교육에 대한 의존은 단순히 교육비 부담을 뜻하지 않는다. 매년 휘황찬란하게 바뀌는 제도에 비해 학교 교실의 모습은 별로 달라지지 않았고 공교육이 만족시켜주지 못하는 부분을 사교육이 메꿔 가고 있는 구조이다. 그런데 이 부분이 지나치게 커 가는 것이 문제의 핵심이다. 한 예로 논술 학습의 경우 시험 제도가 생긴 지 10년이 넘었고 비중도 확대되었지만 정상적인 수업이 이뤄지는 학교는 거의 없다. 커리큘럼도 없고 체계적인 계획도 없이 가끔 모의고사를 치르고 외부 업체에서 첨삭해 주는 것이 다이다.

간단히 생각하면 사교육에 대한 비중을 줄여 가면 된다는 지극히 표피적인 생각을 할 수도 있다. 그러나 사교육 문제의 완벽한 해결은 사교육 자체에 있는 것이 아니라 사교육을 필요로 하게 되는 우리 교육의 잘못된 구조에 있다. 제도는 선진적인데 교과서와 선생, 교실은 아무런 변화가 없을 경우 학생과 학부모가 갈 곳은 사교육밖에 없기 때문이다.

결론적으로 사교육 문제는 우리 공교육의 근본적인 문제부터 해결할 때에라야 가능할 것이다. 물론 '사회 통합'적 차원에서 지나치게 기회 평등을 강조하여 자본주의 사회의 최대 장점이라 할 수 있는 '개인의 자유의지'가 훼손되지 않도록 '자유와 평등'의 밸런스를 고려해야 할 것이다.

-학생 글

본론 1에서 현상을 파악한 다음 본론 2, 3에서 원인을 파악하고, 또 본론 2의 원인을 본론 3에서 연유하는, 유기적인 구조로 연결된 글입니다. 이런 심층적 논술이 가능한 것은 로 스케치부터 개요까지 이르는 과정에서 현상(사교육 의존)에 관여하는 여러 대상들(학부모, 학교, 교육제도) 간의 관계를 충분히 파악하고 정리했기 때문입니다.
다만 본론 3의 핵심인 '휘황찬란하게 바뀌는 제도'가 구체적으로 어떤 부정적인 면을 갖고 있는지를 충분히 논술하고 있지 못합니다. 제도가 어떻게 교육 수준을 저하시키고, 학부모에게 잘못된 교육관을 심어 사교육 의존으로 이어지는지를 충분히 논술했다면 더 좋았을 것입니다. 그러나 워낙 뼈대가 좋기 때문에 살을 좀 더 붙이는 식으로 문장을 몇 개 보충, 보완한다면 이러한 단점들을 쉽게 극복할 수 있는 글입니다.

5장

7가지 논제 유형, 7가지 논술 방법

가끔 논술 문제를 적중했다고 자랑하는 논술 선생님들이 있습니다. 정말일까요? 논술은 딱히 정해진 교과서가 없고, 그래서 출제할 수 있는 내용이 무궁무진한데 어떻게 적중할 수 있을까요? 새빨간 거짓말이 아닐까요? 그게 진짜 가능하다면 논술을 10년 넘게 가르친 이 책의 저자, 마열다 역시 그렇게 해야 하지 않을까요? "내년 OO 대학교에서는 이런 주제가 나올 것이니 그것을 집중적으로 공부하시오!" 하고요.

사정은 이러합니다. 글은 그 범위가 넓지만 논술은 좁습니다. 글은 인터넷에 올린 심심풀이 댓글도 포함하지만 논술은 형식적 조건에 엄격히 만족하는 것이라야 합니다. 그리고 이러한 조건에 어울리는 내용을 따지다 보면, 또 우리나라 고등학생들의 평균 교양 수준을 고려하면(초중고대학생 가운데 고등학생 독서율이 최하위라는 불편한 진실!) 의외로 논제로 활용할 수 있는 주제가 많지 않습니다. 출제의 폭이 좁아지는 것이지요.

'개인과 사회의 갈등'이 대표적입니다. 이 주제는 거의 매년 여러 대학에서든 다뤄집니다. 그래서 마열다가 "올해 논술 문제에는 개인과 사회에 관한 갈등이 나올 것이기에 루소나 홉스의 사회계약설을 통해 미리 개념을 정리해 놓아야 합니다"라고 말한다면, 이는 수학으로 치면 "올해 수능에 함수문제가 꼭 나올 것"이라는 말과 다르지 않습니다. 이것을 적중이라고 굳이 표현한다면 열다도 족집게 강사인 거죠.

시험을 앞두고 불안한 심리는 이해합니다. 하지만 이런 끼워 맞추기 식 '적중'에 현혹되기보다 논제 유형을 정리해 놓는 것이 논술에 자신감을 가질 수 있는 방법입니다. 대입 논술을 비롯한 모든 논술 문제는 형식적인 기준으로 나눴을 때 몇 가지밖에 되지 않습니다. 또 이들을 어떻게 조합하느냐에 따라 여러 복잡 다양한 논제들을 만들어 낼 수 있습니다. 그래서 대학별 논술 유형이라는 것도 이들 중 무엇을 선호하느냐, 이들을 어떻게 비벼 섞는가에 따라 달라집니다.

1. 단독 과제의 경우

논제는 우선 크게 두 가지로 나눌 수 있는데 첫째는 형식적 요구 사항에 따라서, 둘째는 논제가 포함하는 논의 대상에 따라서 나눌 수 있습니다.

형식적 요구 사항은 논술 과정에 포함시켜야 할 것과 논의되어야 할 것들을 지시하는 것으로 역으로 생각하면 논술을 하기 위해 따라야 할 '가이드'와 같습니다. 적극적으로 활용할 경우 오히려 쉽게 논술할 수 있는 방법이 될 수 있습니다. 논의 대상에 따른 분류는 내용에 관한 것으로써 기존에 정설 혹은 진리라 일컬어지는 것에 대한 증명의 유형, 여러 구체적인 현상들에 대한 원리, 의미 등을 추론해 내는 유형이 있습니다.

단독 과제란 쉽게 말해 질문만, **명제만 있는 경우**입니다. '00 사안에 대해 어떻게 생각하는가?'라는 질문 형태가 주를 이루는데 아무런 형식적 요구 사항이 없습니다. 그러나 지시된 형식이 없다는 것이 논술이 갖춰야 할 기본적 형식을 무시해도 좋다는 뜻은 아닙니다. 어떠한 형식을 취하든 자유이나 논술문에 합당한 형식 중 하나여야 합니다.

전문적인 연구 주제, 개별화된 학문 영역에서 특정 제재에 대한 저자의 의견을 측정하고자 할 때에 제시됩니다. 또 아무 자료도 없는 상태에서 수험자가 동원할 수 있는 교양이나 질문을 거듭 확대해 나갈 수 있는 사고력의 깊이를 알고 싶을 때 적당합니다. 이는 프랑스 바칼로레아, 국제 철학올림피아드, 해외 명문대학의 영재 판별 검사 등에서 자주 출제되고 있습니다.

- 삶의 다양성은 왜 필요한가 ? (서울대)

- 감각을 믿을 수 있는가?
- 우리는 과학적으로 증명된 것만을 진리로 받아들여야 하는가?
- 법에 복종하지 않는 행동도 이성적인 행동일 수 있을까? (바칼로레아)

- Everyone is someone else and no one is himself.
- Nothing is true, everything is permitted.
- The philosophers have only interpreted the world, in various ways; the point, however, is to change it. (국제철학올림피아드)

위의 내용들처럼 근원적이고 추상적인 내용이 많습니다. 일상에서는 쉽게 논의되지 않는 대상들인데 그런 만큼 논술의 제재로써 흥미로울 수 있습니다. 그리고 확정적인 답이 불가능하기 때문에 결론을 유도해 가는 과정을 살펴보며 저자의 사고력과 창의력을 평가할 수 있습니다.

우선은 **대상에 대한 다양한 시각의 접근이 필요**합니다. 뻔한 개념을 늘어놓지 않도록 주의하면서 본인에게 가장 자신 있는 분야의 교양으로 출발해 깊이 있는 논의로 확대해 나갑니다. 논제가 주어졌기 때문에 어쩔 수 없이 한다는 자세가 아니라, 스핑크스 앞에 서 있는 오이디푸스처럼 진지한 자세로 임할 경우 스스로 꽤 흥미로운 결론을 유도할 수 있습니다.

국제철학올림피아드는 유네스코에서 후원하는
철학논술 대회로 매년 개최국을 달리해 열리는 청소년 학술 행사입니다.
2008년에 서울에서도 개최되었답니다.
이 책을 읽는 여러분도 목표로 삼으면 어떨까요?

서론·본론·결론의 구성

논술 형식은 모두 저자의 선택에 따릅니다. 따라서 본인이 설정한 논지와 논거가 가장 효율적으로 드러날 수 있는 형식을 취하면 되고, 서론·본론·결론의 구성 역시 이에 바탕해 결정할 수 있습니다. 특별한 의도가 없을 경우 서론·결론은 문제 제기와 정리 수준으로 가볍게 처리하고 본론에 집중하는 것이 좋습니다.

〈습작 예시〉

인간은 인간을 초월할 수 있는가?

일상에서 종종 '초월'이라는 말을 사용할 때가 있다. 가령 '서로 이해관계를 초월하여'라든가 국회에서 '여야의 입장을 초월하여' 등이 대표적인 경우인데 모두 어떤 견해, 입장 등을 고집하지 않고 의도적으로 벗어나는 것을 뜻한다. 그리고 이러한 의도의 궁극적인 목적은 더 좋은 결과, 더 좋은 상태로 나아가기 위함이다.

그렇다면 인간이 인간의 상태를 벗어난 초월 역시 가능할까? 결론부터 말하자면 이는 불가능하다. 인간이 신과 같은 더 높은 차원의 상태로 변환되는 것이 불가능하기 때문이 아니라 그러한 상태의 존재를 지각할 수 없기 때문이다. 우리가 알고 있는 인간의 속성은 일단 특정 시기에 태어나 특정 공간을 점유하다 사라짐으로써 더 이상을 시공간을 점유하지 않는다는 것이다. 우리는 이런 상태를 '죽음'이라 부른다. 만약 인간 속성에 구애받지 않는 초월적 존재가 가능하다면 죽음 역시 인간으로서 끝나는 지점이 아니라 다른 상태로의 전환이거나 변화이다. 그러나 우리는 죽음 이후의 세계에 대해 모르며 따라서 논외의 대상이다. 초월도 마찬가지이다. 인간을 초월한 존재에 대한 인간은 모르기에 논의할 수 없는 것이다.

우리의 개념에는 있되 자연에는 실재하지 않는 것들이 있다. 천국, 용, 봉황새 등등. 이 모든 것들은 자연물이 아니라 우리의 사고 작용에 의한 개념적 대상들이다. 인간을 초월한 존재 역시 사고 작용이 만들어 낸 다분히 개념의 가능성일 뿐이다.

- 학생 글

초월이라는 말이 사용되는 상황을 예로 들어 일단 초월의 개념을 분명히 정리하고 있습니다. 그리고 이를 인간에게 적용해 논제의 질문에 직접적으로 응답하는 구조입니다. 지은이의 논지는 '인식할 수 없기' 때문에 논할 수 없고 '논할 수 없기' 때문에 불가능하다는 입장입니다. 평이한 논거이지만 명확한 논리적 관계를 밝혀 줌으로써 논제의 질문에 충실하게 답하고 있습니다.

2. 논의 대상부터 확실히 잡아라

제시문에 대한 정확한 이해를 묻는 논제입니다. 논문을 비롯한 여러 전문 영역의 텍스트를 제시하고, 제한된 시간 내에 이해할 수 있는지 **수험자의 독해 수준을 측정**하는 문제라 할 수 있습니다. 요약을 비롯해 논의 대상, 논지 파악 등의 능력을 요구합니다. 특정 제시문의 핵심 내용을 300~500자 내외로 간추리는 형태일 경우에는 간단하게 정리하는 수준의 요약 문제입니다.

두 개 이상의 논제에서 주로 1번 논제로 출제됩니다. 본격적인 논술에 앞서 스스로 '논의 대상'을 찾으라는 의도인데 이 경우 1번 논제의 성패는 모든 논제에 영향을 미칠 수 있습니다. 연달은 문제들 역시 1번에 설정한 논의 대상에 바탕해 서술하는 경우가 많기 때문입니다. 따라서 논제 자체가 어려운 것은 아니지만 다른 논제에도 영향을 줄 수 있는 까닭에 신중을 기해야 합니다.

- ☑ 〈제시문 1/2〉와 〈제시문 3/4〉는 대중의 속성에 관한 상반된 두 견해를 담고 있다. 그 두 견해의 내용을 각각 요약하시오. (성균관대)

- ☑ 제시문 가), 나)의 논지를 공통점과 차이점을 중심으로 정리하시오. (LEET)

☑ **제시문 (2)의 논지를 밝히고**, 이를 바탕으로 제시문 (3)을 해설하시오. (고려대)

☑ **제시문 가) 내용을 요약하고** 가)의 핵심개념들을 활용하여 나)의 주장을 평가하시오. (LEET)

☑ **제시문 [가]와 [나]에서 공통적으로 드러난 문자의 속성은 무엇이며**, 그것이 [다]제시문에서 어떻게 다르게 이해되고 있는지 설명하시오. (이화여대)

☑ **논제 1과 2의 내용을 바탕으로** 제시문 (다)를 읽고 바람직한 성(姓) 표시 방법에 대하여 서술하시오. (서울대)

☑ 제시문 [가] — [마]는 인문학에 관련된 글들을 모아 놓은 것이다. **제시문 [가] — [라]에서 취하고 있는 입장을 나름대로 구분한 후**, 이를 모두 활용하여 제시문 [마]에서 제기된 문제의 해결을 위한 자신의 견해를 논술하시오. (경희대)

첫 번째와 두 번째 사례의 경우 제시문의 이해를 묻는 단순 요약입니다. 세 번째부터는 이를 바탕으로 다른 서술을 요구하고 있습니다. 우선 중요한 것은 제시문에 대한 정확한 이해입니다.

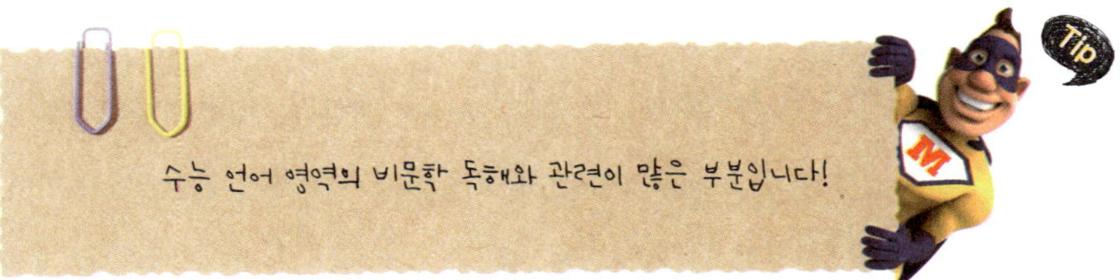

Tip
M
수능 언어 영역의 비문학 독해와 관련이 많은 부분입니다!

서론·본론·결론의 구성

단순 요약일 경우 보통 400~500자 내외를 제시합니다. 한 개의 단락이면 충분하고 서론·본론·결론을 필요로 하지 않습니다. 대상의 파악과 더불어 여타 다른 서술을 함께 요구하는 경우, 서론·본론·결론이 필요할 수도 있습니다.

〈습작 예시〉

다음 제시문에 나타난 저자의 주장을 요약하시오. (400자 이내)

이상적 국가를 만들기 위해 통치자에게 필요한 것은 무엇인가? 플라톤은 공유 제도를 언급한다. 즉 통치자에게서 사유 재산을 없애고 개인적 가족관계를 제거해 버리는, 공유적인 통치자의 모습을 제시한다. 만약 그렇게 된다면 통치자는 자신의 사사로운 이해관계를 위해 뭇 대중의 이익을 무시하는 행위를 하지 않을 것이며 모든 시민이 자신의 가족이고, 소유 개념에 있어서도 딱히 자기 것으로 만들려 집착하지 않을 것이다. 과연 이런 제도를 만들 수 있을지 의심이 드는 것이 당연한데 그는 '철학자'가 정치를 하면 가능하다고 말한다. (중략) 지적 직관을 사용할 줄 아는 사람은 동굴 밖의 세계에 서 있는 사람이다. 그는 세상의 참 모습을 곧이곧대로 볼 수 있는 사람이다. 실제로 존재하는 세계는 동굴 밖이며 동굴 벽 그림자는 허상인 셈인데 대개의 평범한 사람들은 쉽게 동굴 밖, 이데아를 보지 못한다. 한 나라를 통치하는 사람은 동굴 밖에서 세계의 실재를 볼 수 있어야 한다. 물론 그런 능력을 갖추기 위해서는 수많은 교육이 뒤따라야 하는데 예비과정으로써 일반적인 교양 습득과 변증술, 실무 교육까지 합쳐 무려 나이 50세까지 진행되어야 한다.

(서울대 기출 응용)

통치자가 갖춰야 할 덕목에 관한 플라톤의 주장은 그러한 주장이 궁극으로 꾀하는 목적에 초점을 두어 바라봐야 한다. 우선 공유 제도는 '공정성'이라는 태도와 연관시켜 볼 수 있다. 사유 재산에 대한 집착, 가족에 대한 편향성 등은 통치자를 비롯해 모든 인간이라면 갖게 마련인 욕망의 주된 대상이다. 따라서 욕망할 수 있는 대상을 제거함으로써 그는 보다 대중과의 공유, 공정한 정치에 힘 쓸 수 있다. 아울러 그러한 인물로 철학자를 지목한 것은 재산이나 가족 등은 모두 '동굴 속'에서 벌어지는 허상에 불과하며 세계의 본질 즉, 이데아에 관한 직관 능력이 있는 사람만이 이러한 것들을 초월할 수 있기 때문이다. 이를 위해 50세까지 교육이 진행되어야 한다는 플라톤의 주장은 다소 과한 면이 있지만 그만큼 통치자의 소임과 자질이 중요함을 반증하는 사례라고 하겠다.

- 학생 글

요약은 단순 압축이 아닙니다. 논의 대상의 속성을 보다 명확하게 드러내 주는 작업입니다. 제시문의 핵심은 정치가의 공정한 태도와 학문적 자질인데 둘은 곧바로 연결되지는 않습니다. 따라서 둘의 관계가 어떻게 연결되는지를 서술해 주어야 합니다. 해답의 열쇠는 제시문 안의 '철학자가 정치를 하면 가능하다', '이데아에 관한 직관 능력이 있는 사람만이 이러한 것들을 초월할 수 있기 때문이다'라는 문장에 있습니다. 즉, '이데아에 관한 인식'이 '공정한 태도를 가져오는 자질'인 것입니다.

적은 분량의 요약 글에서는 문장 한두 개에 의해 답안의 수준이 오르락내리락 할 수 있습니다. 글을 쓰기 전에 대상에 대한 핵심적인 속성이 미리 파악되어야 합니다.

3. 관점을 정확히!

제시문 A의 관점을 제시문 B에 적용하는 형식입니다. 우선 필요한 것은 제시문 A에 담긴 특정 관점을 추출하는 것입니다. 그리고 이를 제시문 B의 내용에 적용하여 얻은 결과를 서술합니다. 제시문 A의 관점이 직접적으로 드러나 있지 않을 경우 추출하기가 힘들 수 있습니다. 글 전체의 논의의 흐름이나 문단과 문단, 문장과 문장의 문맥을 통해 추론해야 합니다.

- 제시문 (다)의 입장에서 제시문 (가)와 (나)의 주장을 각각 평가하시오. (연세대)
- (다)의 요지를 밝히고, (다)의 관점에서 (나)와 (바)의 견해에 대해 각각 반론을 제기하고, 이에 관한 자신의 생각을 논술하시오. (고려대)
- 가)의 정의관을 나)의 관점에서 비판하고 다)와 라)를 구체적 논거로 활용하여 논하라. (서강대)
- [가]에 나타난 히잡 착용의 의미를 [나]의 관점에서 분석하시오. (이화여대)

☑ **제시문 [다]의 입장에서** 제시문 [라]의 화자가 보여주는 한계를 비판하시오. (이화여대)

여기에서 '관점'은 나의 관점이 아니라 출제자가 설정한 제시문의 관점입니다. 따라서 내가 논의 대상에 대해 어떤 견해를 갖고 있느냐는 전혀 중요하지 않습니다. 논제의 의도는 관점의 추출과 이를 올바르게 대상에 적용하는지를 알고자 함입니다. 다분히 기술적인 능력을 측정하는 논제입니다.

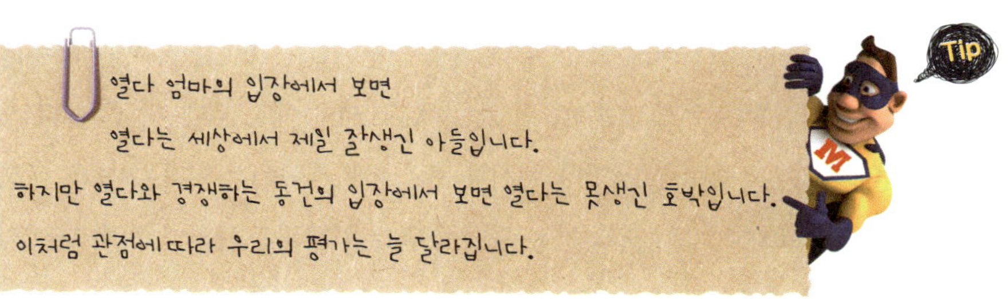

열다 엄마의 입장에서 보면
열다는 세상에서 제일 잘생긴 아들입니다.
하지만 열다와 경쟁하는 동건의 입장에서 보면 열다는 못생긴 호박입니다.
이처럼 관점에 따라 우리의 평가는 늘 달라집니다.
Tip
M

서론·본론·결론의 구성

분량과 관계가 있습니다. 만약 400~500자 정도라면 관점의 추출과 적용의 결과가 모두 한 단락에서 압축적으로 기술되어야 합니다. 800자 정도일 경우 두 개의 단락을 만들되 첫 단락에서 제시문의 관점을 정리하고, 두 번째 단락에서는 관점을 적용해 얻은 결과를 풀이합니다. 또 내용에 따라 관점의 추출이 긴 서술이 필요 없는 경우가 있습니다. 이때에는 한두 문장으로 간단히 정리하고 바로 적용을 진행합니다. 아래 예시가 이 경우에 해당합니다.

〈습작 예시〉

제시문 1의 관점에서 제시문 2와 3에 나타난 사회를 비판하시오.

〈제시문 1〉

많은 사람 가운데서도 극히 일부의 사람만이 새로운 실험을 감행할 수 있다. 사람들이 그 새 길을 따라간다면 사회 전체가 한 단계 더 발전할 가능성이 있다. 이들 소수야말로 세상의 소금과 같은 존재이다. 이들 천재는 언제나 소수일 수밖에 없다. 이는 앞으로도 변하지 않는 진리이다. 그들을 보호하기 위해서는 그들이 살 수 있는 토양을 만들어 주어야 한다. 천재는 오직 자유의 공기 속에서만 자유롭게 숨을 쉴 수 있기 때문이다. 천재는 다른 사람들보다 개성이 강하다. 천재들은 사회가 제시하는 유형에 적응하기 어려우며, 또 다른 사람들에 비해 더 많은 갑갑함을 느끼게 된다. 천재들을 사회의 틀 속으로 억지로 밀어 넣게 된다면 그 사회는 천재의 재능을 활용할 수 없게 된다.

〈제시문 2〉

군자는 가운데 서서 기울어지지 않으니 굳세고 꿋꿋한 사람이다. 편벽된 것을 찾아 괴이한 짓을 행하는 것은 군자가 아니다. 군자는 중용에 의지하여 중(中)에 맞추어 행동한다. 이러한 중용의 도리가 나라에 통용될 때에 올바른 국가가 된다.

〈제시문 3〉

보통의 사람들에게 추천할 수 있는 최선의 질서와 생활은 무엇인가? 그것은 도달하기 힘든 매우 우수한 재능이나 특별한 교육에 의해서 만들어진 것이어서는 안 된다. 그것은 대다수의 사람들이 갖고 있고 도달할 수 있는 것 즉, 중간 계급의 양식에서 찾아야 한다. 가장 좋은 사회는 중간 계급에 의한 사회이다. 중간 계급의 규모가 클 수록 그들에 의한 권력 장악과 정부를 구성하기 쉬울 것이다. 중간 계급은 상위 계급과 하위 계급을 모두 합한 것보다 큰 것이 좋다. 또는 최소한 두 계급 중 어느 하나보다는 큰 것이 좋다. 그래야 중간 계급이 두 계급 중 어느 한 쪽과 연합하여 한 계급에 의한 일방적인 지배를 견제할 수 있기 때문이다. (연세대 기출 응용)

제시문 2에서 중용은 개인의 가치 및 사회 통치의 최고 덕목으로 뽑는 사회이다. '편벽된 것' 즉 개성적인 것을 억누름으로써 획득되는 것으로 그것이 무엇이든 미덕으로 추장되지 못한다. 넘치는 재능은 일부러 숨겨야 하며 타고난 기질은 수양을 통해 버려야 한다.

제시문 3의 사회는 보편성에 기반한 사회이다. 이 사회에서 올바른 가치란 절대적 대다수의 사람들이 향유하는 것에 해당한다. 혹여 더 새롭고 더 발전된 대상이 소개되더라도 이것이 대중의 기호에 맞지 않을 경우 매장되기 쉽다. 반대로 대중의 기호와 부합하는 것이 거듭 포장만 바뀌어 새로운 것인 양 소개되기 쉬운, 제자리에서 맴도는 사회이다.

결론적으로 천재들은 제시문 2, 3의 사회 어디에서도 환영받지 못한다. 2는 개인의 속성을 억누름으로써 도달하는 인간성을 강조하기 때문이고 3은 다수의 논리, 평범한 범인들의 교양과 능력을 가장 올바른 것으로 전제하기 때문이다.

- 학생 글

제시문 1의 입장에서 제시문 2와 3의 주장을 평가하라는 요구이지만 실질적으로는 2와 3의 관점에서 1의 주장을 평가하는 것이 됩니다. 2는 유교적 중용을 강조하는 사회, 3은 계층 간의 균형을 강조하는 중간 계급의 사회인데 이들은 1에서 제기하는 문제를 어떻게 바라보게 될까? 즉 천재가 살 수 있는 사회적 조건을 2와 3의 사회는 얼마만큼 수용할 수 있을까? 하는 문제를 생각해 볼 수 있습니다.

예시 속의 학생 글은 우선 제시문 1의 논지를 하나의 전제로 설정하고 이에 대한 2와 3의 부합성을 따져 가는 방식을 취하고 있습니다. 1에 부합하느냐 부합하지 않느냐는 천재를 수용할 수 있느냐 없느냐로 연결됩니다.

4. 복합 서술

말 그대로 여러 가지 조건이 혼재한 논제입니다. 앞에 나왔던 논의 대상 파악, 관점 적용을 동시에 요구할 수 있고 때로는 이들을 활용하여 제3의 다른 조건을 만족시켜야 하는 경우도 있습니다. 그런데 앞에서 살펴보았던 논제 유형들도 사실은 복합 서술의 형태를 띤 것이 대부분이었습니다. 이는 논술의 성격에서 비롯된 자연스러운 현상입니다.

가령 '남북한 통일 방안'을 소재로 한 논술문을 쓴다고 합시다. 방안을 논하기에 앞서 왜 남북이 통일되어야 하는지를 이야기해야 합니다. 이를 위해 분단 현실이 왜 우리에게 손해인지도 서술해야 합니다. 벌써 두 개의 조건이 만들어졌습니다. 아울러 '방안'은 특정 관점에 적용되어 제시되어야 옳기 때문에 생각할 수 있는 여러 관점 중 필자는 왜 하필 그러한 관점을 선택했는지를 설명해야 합니다. 그리고 그 설명은 다른 관점과의 비교를 통해 더 분명해집니다. 하나의 논의 대상에 총 네 개의 요구 조건이 만들어진 셈입니다.

많은 학생들을 한꺼번에 채점해야 하는 시험 논술에서는 이러한 조건들을 논제에서 규정함으로써 서술의 형식과 내용의 범위를 통제할 수 있습니다. 이에 의해 일률적인 평가가 가능합니다.

☑ 제시문 나)와 다)의 주장의 차이를 밝히고 그중 한 주장의 논거를 근거로 하여 제시문 가)의 견해를 옹호하거나 또는 비판하시오. (LEET)

☑ 다음의 두 조건을 충족시켜 지문의 문맥에 맞게 이어지도록 두 단락의 글을 작성하시오. (한양대)

☑ 제시문 가)의 그래프 a와 b에 나타난 외환위기 전후 경제 현상의 차이점을 기술하고 그 원인을 분석한 다음, 제시문 나)와 다)를 근거로 성장 우위론에 대해 설명하고 그 문제점을 논술하시오. (경희대)

☑ 제시문 가)와 나)에 나타난 두 견해의 차이점을 밝히고 이를 토대로 하여 제시문 다)의 삽화에 등장하는 두 주인공의 태도에 대해 비판적으로 논술하시오. (서울대)

☑ 현대 사회는 대규모 빈곤, 생태 위기, 기술 발전에 따른 부작용, 사회 갈등의 증대 등 여러 가지 문제에 직면해 있다. 그중에서도 '지구 온난화' 현상은 대표적인 문제라고 할 수 있다. 이 문제를 해결하기 위한 구체적인 방안을 정부와 시장의 기능을 중심으로 논술하되, 아래의 핵심어들을 모두 활용하시오. (성균관대)

조건이 많은 만큼 복잡하고 어렵게 느껴질 수도 있습니다. 하지만 뒤집어 생각하면 이러한 조건들이 없는 상태에서 자유롭게 논술하는 것이 더 막막할 수도 있답니다.

복합 서술은 대부분 1,000자 이상의 장문을 요구하는 경우가 많기 때문에 논의를 어떻게 구성할지, 어떻게 전개할 것인지에 관한 고민을 함께해야 합니다.

서론·본론·결론의 구성

논제의 요구 조건, 분량, 논의 대상의 내용적 특성에 따라 여러 가지 형태로 나뉩니다. 하나의 형태로 묶기가 힘들기 때문에 서론·본론·결론의 구성 역시 일반화하기는 힘듭니다. 다만 대부분의 복합 서술은 **관점에 바탕 해 기술하라는 요구가 많고**, 이들이 전제 역할을 담당하기 때문에 글의 앞부분에 위치시켜야 전개 흐름상 자연스럽습니다.

가령 '제시문 나)와 다)의 주장의 차이를 밝히고 그중 한 주장의 논거를 근거로 하여 제시문 가)의 견해를 옹호하거나 또는 비판하시오(LEET)'라는 문제는 관점을 어떻게 적용하느냐를 살펴보는 문제와 크게 다르지 않은데, 비교를 통해 특정 관점을 선택해야 하는 과제가 하나 더 추가되었다 할 수 있습니다. 따라서 800자 이내의 경우 두 개의 단락이 적당하며 앞 단락은 두 제시문에 드러난 논지를 비교하고 뒷 단락은 이를 바탕으로 가)를 비판하면 되겠습니다.

〈습작 예시〉

제시문은 호동 왕자의 자살과 이에 대한 김부식의 비판이 담긴 글이다. 다음 3가지 조건을 참조하여 논술하라.

1) 제시문에서 호동과 김부식은 궁극적으로 어떤 문제에 봉착하고 있는지를 밝히시오.

2) 그러한 문제에 대하여 둘은 각각 어떠한 사고 차이를 보이고 있는지를 비교하시오.

3) 호동의 자살에 대한 김부식의 견해를 비판하시오.

왕자 호동이 자살했다. 호동은 왕의 차비(次妃)인 갈사왕(曷思王) 손녀의 소생이다. 아주 잘생겨서 왕이 매우 사랑하고, 그래서 이름을 호동이라 했다. 원비(元妃)는 왕이 적자(嫡子)의 자리를 빼앗아 호동을 태자로 삼을까 염려해 왕에게 참소(讒訴)했다.

"호동이 저를 예(禮)로 대하지 않으니, 왕실을 어지럽히려고 할지 모릅니다."

왕이 말했다.

"당신은 남의 자식이라고 미워하는 것 아니오?"

(중략)

어떤 사람이 호동에게 이렇게 말했다.

"그대는 어찌 스스로 밝히려고 하지 않는가?"

호동이 대답했다.

"내가 밝히면 어머니의 잘못을 드러내게 되고, 그러면 대왕에게 근심을 끼치게 되니, 효도라 할 수 있겠는가?"

그러고는 칼에 엎어져 죽었다.

나 김부식은 논(論)하여 말한다. 이 대목에서 왕이 참언(讒言)을 믿어 죄가 없음에도 사랑하던 아들을 죽였으므로 그 어질지 못함은 논할 여지도 없다. 그러나 호동도 죄가 없다고 할 수는 없다. (중략) 호동은 큰 매를 피해야 함을 미처 깨닫지 못해서 죽지 말아야 할 곳에서 죽었다. 이는 소절(小節)에 집착하다가 대의(大義)에 어둡게 된 경우라 할 수 있다. (서울대 기출 응용)

살다 보면 둘 중 하나를 선택해야 할 때가 있다. 갖고 있는 돈은 한정되어 있는데 배도 고프고 책도 사야 하는, 즉 두 개의 선택 모두 중요한 것일 때

우리는 두 사안의 경중을 따질 수밖에 없다. 제시문은 이런 선택의 문제에서 호동이 취한 행동과 그에 대한 김부식의 비판을 담고 있다.

호동이 부딪힌 상황은 부도덕한 어머니의 품행을 폭로하는 것과 자신이 자살함으로써 이러한 상황을 종식시키는 것, 둘 중 하나를 선택하는 것이다. 비록 생모는 아니지만 어머니의 잘못을 일러바쳐 아버지를 근심에 빠지게 하는 것은 불효이다. 자신이 죽음으로써 근심에 빠지게 하는 것도 불효이다. 이때의 선택 기준은 불효가 덜한 것이다. 호동의 입장에서 자살하는 것이 소절을 희생하는 것이다. 그러나 김부식은 반대로 생각한다. 어머니의 잘못을 일러바치는 것이 소절에 해당한다.

과연 두 사람 중 누가 더 옳은가? 또 김부식의 비판은 합당한가? 이는 대의와 소절의 개념에서 찾아야 한다. 대의와 소절은 개인이 지향하는 가치에 따라 다를 수 있다. 누군가에게는 사소한 것이 다른 누군가에게는 큰 것이 될 수 있고 그 반대도 성립한다. 따라서 호동의 가치와 김부식의 가치는 절대적으로 옳고 그름을 따질 수 없으며 또한 그렇기에 김부식은 호동의 선택을 잘못되었다고 평할 수 없다. 호동은 김부식과 다른 가치를 가진 것이다. 김부식은 이를 존중해야만 한다.

-학생 글

다소 복잡해 보이지만 결국엔 가치의 설정과 이의 실행을 딜레마 형태(두 가지 모두 어려운 선택일 때 가장 최선의 것을 고르는 형태)로 논하라는 문제입니다. 첫 단락은 호동의 행위 위주로 기술하고 두 번째 단락은 그에 대한 비판을 담고 있기 때문에 딜레마 형태가 되기 위해서는 우선 호동이 두 개의 선택 중 한 가지를 아주 어렵게

고를 수밖에 없는 정황이 제시되어야 합니다. 그리고 가치의 기준이 저마다 다를 수 있다는 것, 이로 인해 대의와 소절의 매김 역시 달라진다는 논증이 제시되어야 합니다. 예시 속의 학생 글은 논제에서 요구한 서술상의 조건들을 모두 충족시키면서도 의미적으로 자연스러운 귀결을 형성했습니다.

잊지 마세요. 시험 논술에서 요구하는 상세한 조건들은 논의 내용에 가장 걸맞는 형식을 제시하는 것입니다. 따라서 이에 부합하여 논술하는 것이 또한 가장 쉽고 바람직합니다.

5. 응용 활동

논의 대상과 관련한 여타의 사고 활동을 요구하는 논제입니다. 주로 마지막 논제로 출제되는 것이 통례인데 제시문을 활용한 대안 및 구체적인 방법의 도출, 다른 경우의 적용 등을 요구합니다. 논의 분석이나 관점 적용을 함께 요구할 경우 장문의 서술이 될 수 있습니다. 가령 논의와 관련한 문제점은 제시문 A에서 찾고 제시문 B, C를 참조하여 대안을 제시하는 형태입니다.

'다른 경우의 적용'이란 지금까지의 논의와는 직접적으로 상관없는 새로운 대상을 제시하고 창의적인 시각에서 둘의 관계를 도출하는 형태를 말합니다. 가령 제시문 A, B, C에서는 환경 문제와 관련한 논의가 이어지고, 제시문 D에서 인간 본성에 관한 내용을 언급한 다음 '환경오염의 원인을 인간 본성과 연관 지어 논술하라'는 형태의 문제가 제출될 수 있습니다.

- 논제 2의 결과를 토대로 하여, '모든 국민의 행복 추구'라는 목표를 달성하기 위하여 A, B, C 각 국가가 수립할 수 있는 정책을 제시하시오. (서울대)

- 위 제시문들을 활용해 논제 III에서 나타나는 사회적 불평등을 개선하기 위한

방안을 논술하시오. (고려대)

☑ 제시문 가) 나) 다)의 논지를 활용하여 〈보기〉에 나타난 판사의 판결에 대하여 자신의 견해를 논술하시오. (LEET)

☑ 논제 1에서 제기된 다수결 원리의 문제점 및 그 해결 방안을 고려하여, 제시문 (다)의 사례에서 A시 의회의 결정이 공동체 전체의 정의에 부합하고 보편타당한 것인지에 대하여 자신의 판단을 서술하시오. 그리고 의회의 결정에 반대한 사람들의 의견을 존중할 수 있는 구체적 방안을 제시하시오. (서울대)

이 유형은 비교적 자유로운 형태에서 쓸 수 있는 문제입니다. 대안을 비롯한 나의 구체적인 견해를 몇 개의 논거를 바탕으로 작성할 수 있습니다. 단 제시문 활용에 있어 단순 인용이 되지 않도록 주의를 요합니다. 제시문의 내용을 액면 그대로 가져오기보다는 자신의 논지에 맞게 가공할 필요가 있습니다. 가령 제시문에 있는 A라는 내용을 활용할 경우 A를 a1, a2, a3 등으로 다양하게 분류하여 대입합니다. 그럴 경우 보다 연관성 있는 논거를 만들 수 있고 주요 감점 대상인 단순 인용의 위험을 피해갈 수 있습니다.

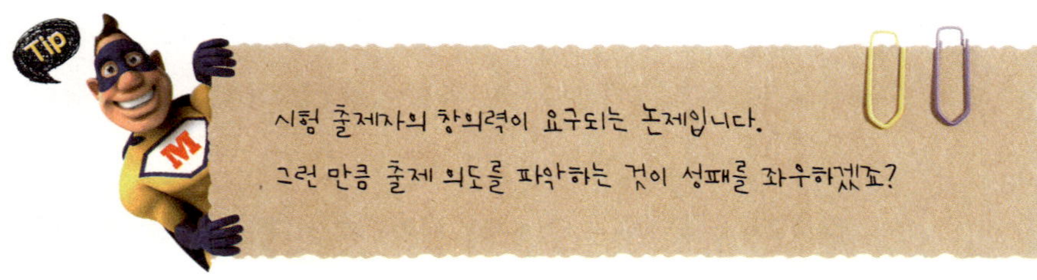

Tip
시험 출제자의 창의력이 요구되는 논제입니다.
그런 만큼 출제 의도를 파악하는 것이 성패를 좌우하겠죠?

서론·본론·결론의 구성

역시 논거와 분량에 의해 좌우됩니다. 논거 한 개 정도로 500자 내외라면 굳이 서론, 결론이 필요하지 않습니다. 800자 정도의 분량에서 논거 두 개를 필요로 한다면 별도의 단락 대신 앞 단락 첫 문장, 뒷 단락 마지막 문장이 서론과 결론을 대신할 수 있습니다.

서론에서는 간략하게 논거의 취지를 밝히고, 본론에서 논거의 적합성과 실현 가능성을 집중적으로 서술합니다. 결론에서는 그에 따른 효과 및 예상되는 한계성 등을 역시 간략하게 짚어 줍니다.

〈습작 예시〉

표에서 유형 Ⅰ과 유형 Ⅳ의 특징을 각각 설명하고, 두 유형 간의 차이에 내포된 의미를 해석하시오. 그리고 제시문들을 참조하여 한국 사회의 불신 문제에 대한 대응 방안을 논술하시오.

		질문 1	
		아니요	예
질문 2	아니요	Ⅰ(특수화된 신뢰)	Ⅱ(연고중심 신뢰)
	예	Ⅲ(능력중심 신뢰)	Ⅳ(일반화된 신뢰)

〈표1〉 사회적 신뢰 유형

	Ⅰ	Ⅱ	Ⅲ	Ⅳ	응답자 수(명)
최하층	16.9	11.2	50.3	21.6	366
하층	20.1	9.3	44.9	25.7	334
중층	16.5	9.6	39.3	34.6	260
상층	13.6	11.3	38.5	36.6	265

최상층	11.7	11.3	46.6	30.4	247
전체	16.1	10.5	44.4	29.0	1,472

〈표2〉 한국인의 사회적 신뢰와 소득

(고려대 기출)

〈표 2〉는 한국인의 사회적 신뢰 유형과 그것이 소득 수준과 어떤 연관성을 맺고 있는지를 알게 해 준다. 유형Ⅰ, Ⅱ의 경우 대부분의 사람을 불신하고 능력 있는 사람보다는 지인과 같은 개인의 특수성에 기반을 둔 관계를 선호한다. 주로 하층과 최하층에서 나타난다. 반대로 중산층 이상에서 지배적인 유형 Ⅲ, Ⅳ의 경우 사회에 대한 전반적인 신뢰 값 자체가 높으며 능력과 일반성에 기반을 두고 있다. 따라서 경제적 수준이 낮을수록 신뢰로 인한 이익 실현을 믿지 않으며 오히려 불신을 통해 해를 예방하려는 의도가 반영되어 있다. 그리고 그의 원인으로 하층민들이 중산층에 비해 불공정한 환경에 처해 있음을 추리할 수 있다.

한 사회의 공정성은 법의 의해 구현된다. 따라서 감시하고 처벌하는 법의 기준이 명확하게 서 있지 않을 때, 그로 인해 계층 모두에게 평등한 국민의 권리를 부여하지 못할 때 법은 공정성을 구현하지 못하고 표와 같은 신뢰의 양극화 현상을 불러온다. 따라서 이러한 불신 문제를 해결하기 위해서는 공정한 입법 과정은 물론 경제적 격차에 상관없이 모두에게 공정하게 적용되는 법의 집행이 특히 중요하다. 가령 세금을 내지 않은 사람에게 부과되는 체벌은 범법자의 경제적 지위에 영향을 받지 않아야 한다. 이러한 엄중한 집행이 선행되었을 때에라야 신뢰의 양극화는 해결될 수 있을 것이다.

\- 학생 글

사회 조사 자료를 통해 문제점을 지적하고 이의 해결을 제시하라는 '문제 분석과 문제 해결'의 구조입니다. 첫 단락에서는 간결하고 명확한 설명으로 자료의 특성을 분석해 그로 인한 사회 현상의 한 단면을 짚어 냈습니다. 두 번째 단락에서는 첫 단락에서 제기된 문제에 대한 나름의 해법을 제시했습니다. 분량이 적을 경우 개념만 명확하게 쓰고, 분량이 1,000자를 넘어갈 경우 그에 관한 논거를 제시해야 합니다. 윗글은 '공정한 법'의 집행은 '법이 정의를 지키는 수단'이라는 암묵적인 전제에서 나온 만큼 충분히 공감할 수 있는 대안입니다. 만약 더 긴 분량으로 쓸 경우 이를 증명해 주는 단락을 추가하면 될 것입니다.

마열다의 분필

독서가 중요한 또 다른 이유

전문적인 학문 자료를 대하다 보면 여기저기 많은 인용과 주석이 눈에 띕니다. 이것은 무슨 뜻일까요? 지금 내가 읽고 있는 학문 자료를 쓴 사람 역시 다른 사람이 쓴 자료를 그만큼 많이 참고했다는 의미입니다.

한마디로 세상에 완전히 새로운 연구, 새로운 지식은 존재하지 않습니다. 새로운 지식이란 기존 지식에 대한 의존, 혹은 비판에서만 시작됩니다. 따라서 새로운 지식을 얻는 능력은 기존 지식을 얼마나 잘 활용할 수 있는가에 달려 있습니다.

자료 활용은 우선 제시문에 대한 정확한 독해를 전제로 합니다. 빗나간 해석은 엉뚱한 논의를 불러오고 엉뚱한 논의 아래 이루어지는 작업은 불필요한 수고가 됩니다.

제시문으로 활용되는 주요 텍스트는 논쟁 요소가 많거나 장황한 설명을 필요로 하는 관념적 내용이 주를 이루는 경우가 많습니다. 평소 이에 대한 훈련과 개념이 없을 경우 아예 문제에 접근조차 못 하는 수가 있습니다. 독서가 중요한 또 하나의 이유입니다. 논술 제시문에 버금가는 도서를 읽읍시다.

6. 보편적 내용의 증명

일상에서 내가 알고 있는 사실이나 지식들은 객관적 사실이기보다는 막연한 믿음인 경우가 많습니다. 어렸을 때는 부모님과 선생님이 말하는 것은 다 사실인 것 같고, 나이가 어느 정도 들고 나면 사회적으로 용인되는 것은 모두 사실이자 진리처럼 여겨집니다. 게을러서 일일이 확인할 수 없는 탓이기도 하지만 그렇게 여김으로써 남들과 같다는 동일성을 획득할 수 있고, 이는 사회생활에 보탬을 주기도 합니다. 그러나 학문을 함에 있어 이런 태도는 지양되어야 할 부분입니다.

우리가 보편적 진리로 받아들이는 대상들을 생각해 봅시다. '1 더하기 1은 2이다', '지구는 돈다', '인간은 생각하는 존재다' 같은 말들을 구체적인 증명을 통해 받아들인 사람이 몇이나 될까요? 대부분은 책에 그렇게 쓰여 있고 선생님이 그렇다고 하니까 그들의 권위를 바탕으로 해 진리라고 '믿은' 것입니다. 물론 이러한 진리들은 이미 검증이 되었기에 공리(기정사실화 된 것)가 되었으며 계속 믿어도 괜찮습니다. 그런데 만약 초등학교 1학년인 사촌 동생이 왜 1 더하기 1이 2이고, 왜 지구는 돌며, 왜 인간은 생각하는 존재인지를 묻는다면 우리는 어떻게 답해야 할까요? 나의 믿음이 타당하고 공리가 계속 동생에게까지 전해지기 위해서는 어떻게든 사실을 증명해 보여야 합니다.

☑ Desire is the essence of the human being. —Spinoza

☑ Justice without force is powerless, force without justice is tyrannical.
—Pascal

☑ In fact, history does not belong to us, but we belong to history.
—Hans-Georg Gadamer (국제철학올림피아드)

'보편적 내용의 증명'이란 우리가 익히 알고 있고 진리라 상정하고 있는 것들, 혹은 저명한 학자의 의견이기에 많이 사람들이 막연히 수긍해 버리는 대상을 논리적으로 증명하는 행위입니다. 수학 문제를 풀 때 문제를 증명해 본 적이 있을 것입니다. 이는 나의 증명에 의해 재차 참을 밝히는 것에 지나지 않지만 모든 학문 활동에서 기본적으로 요구되는 과정입니다. 시험에서 증명을 요구하는 이유는 논술을 지식을 습득하고 올바른 판단을 이끌어 내는 방법으로써 제대로 활용하는지를 확인하고자 함입니다.

특별한 요구 조건이 없는 한 서론·본론·결론은 일반적인 구성에 따릅니다.

〈습작 예시〉

글쓴이의 주장에 대한 자신의 생각을 논술하시오.

오랫동안 지식인은 진리와 정의를 주관하는 자로서 발언하였으며, 그 권위를 인정받아 왔다. 사람들은 보편적 진리의 대변인으로서 지식인에게 귀 기울였다. 지식인은 모든 사람의 의식과 양심의 지표로 간주되었다. 그러나 지식인은 이제 더 이상 이러한 역할을 할 것을 요구받지 않는다. 지식인은 '보편', '모범', '모든 이들을 위한 진리와 정의'의 자격으로서가 아니라, 그들의 직업적인 근로 조건 또는 삶의 조건이 처한 구체적인 장에서 일하는 것에 익숙해졌다. 이를 통하여 그들은 더욱 생생한 현실 의식을 얻게 되었고, 구체적이고 '비보편적인' 문제들에 직면하게 되었다. 따라서 그들은 가족, 주택, 보건, 남녀 관계 등의 실질적인 일상생활에 얽혀 있는 문제들에 관여하지 않을 수 없게 되었다.

이제 우리는 지식인의 기능을 재고해야 할 단계에 이른 듯하다. 위대한 '보편적' 지식인에 대한 향수를 가진 이들이 아직 남아 있다 할지라도, 지식인의 기능은 재정의 될 필요가 있는 것이다.

- 미셸 푸코 〈지식인의 정치적 기능〉 중에서 (서울대 논술경시대회 응용)

우리 사회에서 지식인은 서로 다른 의미를 동시에 부여 받는 존재이다. 우선 지식인은 다소 막연하게 '많이 배운 사람'이라는 뜻으로, 많이 배운 만큼 인격과 품행이 존경 받을 만한 사람으로까지 확대된다. 이는 조선 시대의 '선비'와 딱 들어맞는 개념으로 제시문의 언급처럼 '진리와 정의의 주관자'이다. 또 다른 개념은 각각의 특수 영역에서 정보와 경험을 겸비한 전문가를 가리킨다. 이는 비교적 최근에 회자된 개념으로 특히 지식정보화 사회로 진입하면서 여러 영역의 지식이 쉽게 유통되고 노출되는 환경에서 비롯되었다 할 수 있다.

제시문에서 저자가 주장하는 것처럼 현대의 지식인들은 모두 여러 영역에서 구체적인 지식의 생산과 유통에 관여한다. 이는 지식인에 대한 우리의 시선 역시 단순 직업적 의미로 제한되어야 함을 뜻한다. 두 가지 관점에서 살펴볼 수 있는데 우선 현대 사회가 요구하는 지식 영역이 워낙 다양하고 세부적이기 때문이다. 지식의 발전이란 세부화에 다름 아닌 것이다. 두 번째로 이에 반대되는 보편적 지식의 비민주적 성질 때문이다. 이는 개별 영역을 초월하여 혹은 개별 영역을 통제할 수 있는 권력화된 지식이다. 몇 개의 독트린으로 수백 수천 개의 영역을 제한하게 되며 절대적 진리라는 명분으로 대중을 강제하고 억압할 수 있기 때문이다.

우리는 전체를 통괄할 수 있는 지식, 그만큼 간편하고 명확한 보편적 진리에 대한 향수를 가질 수 있다. 그러나 독재 사회, 봉건 사회로 회귀하고자 하지 않는 이상 지양되어야 할 부분이다.

- 학생 글

지식인에 대한 두 가지 일반적 견해를 정리하고 현대 사회에 보다 적합한 것을 두 가지 논거에 바탕을 두고 논증하고 있습니다. 제시문에 나타난 푸코의 견해를 자신의 생각으로 재확인함으로써 논제의 요구에 부합하는 비판을 했습니다. 20세기를 대표하는 철학자의 글이라고 해도 이러한 비판의 과정을 거쳤을 때에라야 올바른 이해가 됩니다. 이런 면에서 논술은 올바른 이해, 지식 습득을 위한 방법이기도 합니다.

7. 구체적 현상의 도식

최근 사회적 이슈를 소개하는 글이나 그림, 문학 작품 등에 표현되어 있는 특정 사건과 상황들을 예로 들어 그러한 개개의 현상들에 대한 원인, 원리, 법칙 등을 추론하는 유형입니다. 대상에 관한 분석과 판단을 이끌어 내는 도구로써 논술의 활용 능력을 측정하는 형태입니다. 앞에서 설명한 유형과 비교했을 때 앞의 유형이 공리에 대한 증명을 하는 것이라면, 이런 문제는 분석하고 종합해 하나의 도식을 생성하는 것, 즉 나만의 공리를 끌어내는 것입니다. 아래의 예문을 살펴봅시다.

〈예시 문제〉

다음 소설을 통해 생각할 수 있는 사회 문제를 밝히고 이에 대한 자신의 의견을 논술하시오.

복서는 발굽이 나아지자 전보다 더 열심히 일했다. 사실 모든 동물들은 그 해에 노예처럼 많은 일을 했다. 농장에서 각자 해야 하는 일이 있었을 뿐 아니라 풍차를 다시 만들어야 했고 3월부터 시작된 새끼 돼지의 교실을 짓는 작업도 있었다. 넉넉하게 먹지도 못하면서 오랜 시간 일을 한다는 것이 때로는 견딜 수 없이 힘들었지만 복서는 결코 굽히지 않았다. 그는 조금도 지쳐 보이지 않았다. 단지 겉모습이 조금 달라 보일 뿐이었다. 그의 피부는 전과 같이 매끄럽지 못했고 커다란 궁둥이가 약간 작아진 것처럼 보였다.

"복서는 봄이 와서 풀이 새로 자라면 다시 살찌게 될 겁니다."

다른 동물들은 말했다. 그러나 봄이 왔는데도 복서는 살이 찌지 않았다. 그가 채석장 꼭대기로 올라가는 비탈길에서 커다란 돌이 굴러 내리지 않게 받치고 있을 때에는 오로지 인내의 힘으로 버티고 서 있는 것 같았다. 그의 입술은 '더 열심히 일하자'라고 말하는 것처럼 보였지만, 소리는 나오지 않았다.

–조지 오웰 『동물농장』 중에서 (서울대 기출 응용)

고전 소설을 읽고 그곳에 나타난 사회 문제에 대해 논하라는 유형의 문제입니다.

인간은 확인할 수 없는 현상의 배후를 탐구할 수 있습니다. 다른 생물들도 눈앞의 현상에 대해서 감각적으로 지각할 수 있고, 좋고 싫고의 반응을 보입니다. 하지만 인간은 이에 더해 현상을 있게 한 원인까지 따져 물을 수 있습니다. '구체적 현상의 도식'은 눈앞에 보이는 현상이 있기까지 어떠한 힘과 과정이 작용하였는지를 추적하는 작업입니다. 즉 함수의 결과 값이 현상이라면 그러한 값을 있게 한 **법칙, 즉 함수 f(x)**에 주목하는 것입니다. 소설에 나타난 농장의 상황이 현상이라면 이러한 현상을 불러일으킨 농장의 불합리한 노동 구조에 대한 고찰은 원인을 찾는 과정입니다. 우리가 알고 있는 많은 지식들은 이 사유 능력에 바탕을 둡니다. 역시 특별한 요구 조건이 없는 한 서론·본론·결론은 일반적인 구성에 따릅니다.

〈습작 예시〉

다음 제시문을 참조하여 현대 사회에서 더욱 심화되어 가는 소외 현상에 대하여 논하라.

어떤 상태로부터 분리되거나 멀어지는 것을 소외라 한다. 보통의 인간은 일상에서 이러저러한 이유로 소외를 겪게 되고 이때에 심리적 불안을 경험한다. 특별한 문제가 아니라면 소외와 이로 인한 불안감은 일시적으로 등장하였다가 사라지게 된다. 그러나 현대인들에게 소외를 불러일으키는 것들 중 일부는 그가 살아 있는 동안 계속된다. 가장 대표적인 것이 물질이다. 물질은 어디까지나 인간이 자신의 삶을 위해 고안한 수단이자 재료이지만, 현실에서는 물질을 위해 삶이 희생되고, 그 과정에서 자아나 삶의 본래적 의미로부터 멀어지게 된다. 이는 두고두고 불안을 유발하는 원인이 되는 것이다.

자본으로 인하여 인간 소외가 발생하는 것은 어떤 경우일까? 첫 번째로 사회에서 한 인간이 소외되는 경우를 말할 수 있다. 자본의 유무 여부 또는 양으로 인해 다른 많은 사람들에게 무시당하고 소외당하는 경우이다. 그것은 크게 보면 돈에 대한 여유가 있는 사람과 직업도 없고 가진 것이 없는 사람, 작게 보면 일에서 얻는 돈이 많은 사람과 적은 사람으로 나뉜다. 돈이 없는 사람을 실직 노숙자라 보고, 돈에 대한 여유가 있는 사람을 어느 회사의 사장이라고 보자. 회사의 사장은 노숙자에게 집을 제공하고 그의 생활에 필요한 자금을 줄 수는 있다. 그러나 그는 그와 그의 지인들이 함께 모여 노는 자리에 노숙자를 초대하지는 않는다. 노숙자에게는 그가 살 수 있는 물질만을 제공할 뿐 함께 어울리지는 않는 것이다. 그것을 당연하다고 생각할 수도 있겠지만, 어찌되었든 이미 노숙자와 사장의 관계는 성립되었다. 그런데 그 관계에서 노숙자, 즉 직업도 없고 가진 것이 없는 사람은 물질만을 제공받을 뿐 사장, 즉 돈에 대한 여유가 있는 사람들의 사회에서는 소외당한 것이다.

-학생 글

현대 산업사회의 문제인 소외에 대해 묻는 문제입니다. 따라서 논술은 현상의 배경과 그러한 현상의 궁극 원인 및 과정 등에 초점을 맞추어야 할 것입니다.

이 학생은 흔히 생각할 수 있는 보편적 원인 '돈'을 논거로 하여 논증하되 돈이 소외를 불러일으키는 과정에 있어서 상당히 독창적인 관점을 제시하고 있습니다. 돈의 궁핍함이 곧바로 소외 현상을 낳는 것이 아니라 돈이 형성하는 일종의 계층감이 소통 불가능의 구조를 만든다는 것입니다. 그래서 사장과 노숙자 사이에 물질은 교류(증여)될 수 있을지언정 연대는 불가능하다는 것입니다. 표현의 한계는 있지만 깊이 있게 대상을 관찰하고 하나의 원리로 일반화하는 논증 능력은 매우 우수합니다.

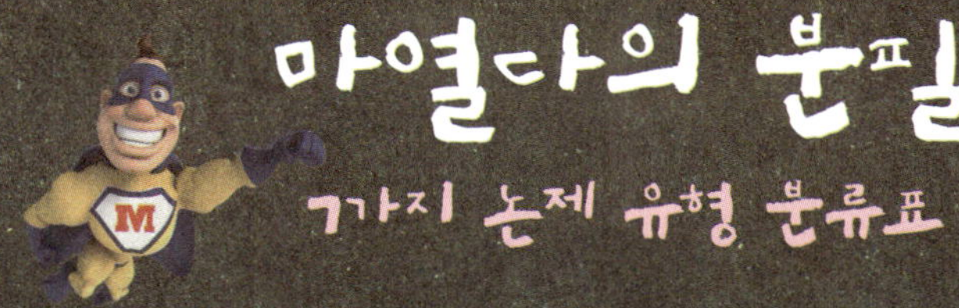

마열다의 분필
7가지 논제 유형 분류표

형식에 따른 분류 - 단독 과제형 ❶
- 자료 활용형 · 논의 대상의 파악과 설정 ❷
- 관점의 적용 ❸
- 복합 서술 ❹
- 응용 활동 ❺

내용에 따른 분류 - 보편적 내용의 증명 ❻
- 구체적 현상의 도식 ❼

자료 활용형은 시험에 많이 출제되는 형식입니다. 보통 3~5개 정도의 제시문과 1~3개의 논제로 구성되어 있습니다. 제시문을 특정 방식으로 활용할 것을 서술조건으로 요구합니다.

제시문을 참고하여 답하라는 단순한 문제부터 '논의 대상의 파악과 설정', '관점의 적용', '복합적 서술 방식의 준수', '응용 및 심화 활동' 등 최근에는 구체적인 조건들까지 규정하고 있습니다. 이는 자유롭게 논술하더라도 필요한 요소들 중 하나인데 구체적인 항목들을 지시함으로써 항목별 채점과 가중치 적용이 가능하여 많은 수험자를 한꺼번에 평가해야 하는 시험에서 주로 활용합니다.

자료 활용형에서는 제시문 독해가 가장 중요합니다. 제시문 독해가 빗나갈 경우 이어지는 브레인스토밍이나 개요 작성의 의미가 사라지기 때문입니다.

연습문제

제시문 가)의 관점에서 나)의 내용을 비판하시오.

가)

모든 사람들은 각자만의 개성과 습성이 있고 우리는 이것을 존중해 줘야 한다. 이는 국가나 민족, 문명에 대해서도 마찬가지이다. 우리에게 익숙하지 않거나 우리와 반대되는 특징을 가지고 있다고 해서 이를 부정적으로 바라보는 것은 올바르지 못하다. 각각의 문화는 나름의 사회적 환경과 역사적 맥락 속에서 발전된 것이기에 그것 자체로 이미 어떤 의미성을 획득하고 있기 때문이다. 문화상대주의는 여기에서 출발한다. 나의 시각이 아닌 타인의 시각을 인정하고 그래서 타인의 문화에도 나의 것에 견줄 수 있는 가치와 의의가 있음을 존중하는 것이다.

나)

일본을 한두 번쯤 여행해 본 사람이라면 그들의 선정적인 문화를 어렵지 않게 발견할 수 있다. 길거리 간판을 비롯하여 방송, 출판물 등 일상의 여러 대상들에 성적 이미지가 거리낌 없이 사용되고 있으며 성인 영상물은 하나의 산업으로까지 발전해 많은 소비자층을 확보하고 있다. 미성년자라 해도 이런 콘텐츠를 손에 넣는 것이 어려워 보이지 않는다. 물론 그들에게도 법이 있고 규제가 있을 테지만 전반적인 성 개방의 사회 분위기 속에서 법은 기껏 직접적인 판매 행위를 금지하는 정도에 그칠 수밖에 없다.

제시문 가)는 문화상대주의의 배경과 의미를 설명하고 있습니다. 제시문 나)는 일본의 선정적인 문화에 대한 비판으로써 다분히 부정적인 입장을 취하고 있네요. 논제는 어디까지나 제시문 가)의 관점에서 하라고 요구하고 있죠. 따라서 제시문 나)의 내용에 대하여 자의적으로 입장을 정리하기보다는 제시문 가)의 관점에 준해 바라봐야 합니다.

문화상대주의의 관점에서 보았을 때 제시문 나)는 옳지 않은 사고입니다. 성에 대한 표현 방식과 정도는 어디까지나 그들만의 환경과 역사에서 비롯된 문화이기 때문입니다. 그들 밖에 존재하는 이방인은 일단 존중의 입장을 취하는 것이 바람직하다 할 수 있습니다. 정말로 비판하고자 한다면 당장 드러나는 현상 외에 이를 가능하게 한 여러 원인들을 추적해 나가야 할 것인데, 이는 한두 번쯤 들른 여행자가 할 수 없는 영역입니다. 아울러 존중은 어디까지나 나와 다름을 전제하는 것이며, 그들과 동화되는 것을 뜻하지는 않습니다. 문화상대주의가 전제하는 것이기도 합니다.

6장

논술 시험의 첫 번째 관문, 제시문 독해

마 대리는 부산으로 출장을 다녀오라는 지시를 받아 놓고서 광주에 다녀왔습니다. 회사는 그를 어떻게 평가해야 할까요? 아무리 빨리 다녀왔든, 가서 무엇을 했든 빵점을 줄 수밖에 없습니다.

간혹 논술문 자체는 우수한데 점수를 높게 줄 수 없는 학생들이 있습니다. 글의 전개도 좋고 창의력, 문장까지 다 흠잡을 데 없는데도 말입니다. 왜일까요? 이는 독해가 올바르게 되지 않아 논의 대상을 잘못 파악한 경우입니다. 내용이 아무리 좋아도 논술에서는 아무 의미 없는 글입니다. 엉뚱한 곳으로 출장을 다녀온 마 대리와 다를 바 없습니다.

독해 실력을 쌓는 가장 좋은 방법은 독서입니다. 수능 지문이나 논술 제시문처럼 1페이지 내외의 짧은 단문으로만 독해 연습을 하는 것은 한계가 있습니다. 일반 단행본을 통해 긴 호흡의 텍스트를 소화해야만 여러 가지 문맥을 경험할 수 있고 독해 속도도 빨라집니다.

또 여러 제시문들을 독해하다 보면 교양이 부족해서 제대로 의미를 추리하지 못할 때가 있는데요, 한 권의 책에는 다양한 영역의 지식을 함께 다루고 있기 때문에 이 역시 독서를 통해 대비할 수 있습니다.

독해란 단순 정보의 습득이 아닙니다. 독해는 주어진 내용을 바탕으로 할 수 있는 여러 사고 작용의 혼합이자 판단 행위입니다. 수험자가 시험 당일까지 쌓아 온 여러 학습 능력을 필요로 합니다.

제시문을 단순히 여러 번 반복해서 읽는 것만으로는 제한 시간 내 빠르게, 그리고 정확하게 독해하기가 힘듭니다. 몇 가지 유형에 따라 전체적으로 훑어 내고 논제에서 특별히 요구하는 사항을 선별해 내는 선택과 집중의 전략이 필요합니다. 따라서 모든 제시문은 다음 세 가지 단계에 따라 분석할 필요가 있습니다.

1. 지문의 내용과 직접적으로 관계되는 사항을 정리한다.

2. 표현 및 형식과 관계되는 사항을 정리한다.

3. 지문을 응용해 할 수 있는 부차적인 사고 활동 등을 정리한다.

1. 단계별 독해 기술

기본 독해

이 세상에 존재하는 모든 글에는 목적이 있습니다. 하다못해 트위터에 쓴 짧은 메모도 '자기감정의 객관화'라는 목적이 무의식적으로 작용하고 있습니다. 목적이 있다는 것은 목적에 부합하는 '전달 대상'이 있다는 것이고, 대상은 구체적인 '전달 사항'을 갖게 됩니다. 아울러 몇 개의 단락으로 연결된 글일 경우 각 단락마다 전하고자 하는 내용, '요지'가 있게 마련입니다. 따라서 지문을 읽자마자 우리는 거의 무의식적으로 이들을 간추려야 합니다. 아래의 사항에 따라 단락의 요지부터 파악해 봅시다.

- ☑ 단락 내 키워드를 파악한다.
- ☑ 키워드를 바탕으로 내용을 요약한다.
- ☑ 단락의 기능 및 형태를 분석한다.

〈예시글〉

산행 마니아인 마열다는 일요일 아침마다 산에 오르는 것으로 한 주를 시작한다. 일하는 중에도 짬짬이 전국 명산에 관한 정보를 살피고 산행 일정을 세운다. 등산로를 비롯하여 산행 중 놓칠 수 없는 풍경, 산림청에서 주관하는 행사, 숙박 및 교통 관련 정보 등을 빼곡히 수첩에 기록해 놓는다. 이렇게 마열다의 삶의 일부가 된 산행의 매력은 무엇인가?

일단 산이 갖는 특성 자체에서 산행의 매력을 살펴볼 수 있다. 산은 한 자리에서 수많은 생명을 거느리고 늘 같은 모습으로 존재한다. 숲 속에는 무수히 많은 나무와 풀, 동물과 곤충들이 살고 있으며 산은 이들을 모두 통합하는 공간 개념이다. (중략)

다음으로 산행이라는 행위가 갖는 독특한 특성에서 매력의 원인을 살펴볼 수 있다. 산행은 여럿이 함께 하더라도 어느 시점부터는 혼자의 행위로 귀결된다. 좁은 산길을 오르고, 바위를 탈 때에 숨이 가쁘고 힘들기 때문에 누군가와의 대화는 부적절하다. 자연스레 자기 자신을 대면하는 기회를 갖게 해주는데 이는 일상에서 쉽게 확보하지 못하는 시간이다. (중략)

또한 다른 레저 활동과 비교했을 때 산행은 남녀노소 누구나 쉽게 즐길 수 있다. 바다나 강에서 즐기는 물놀이는 계절에 제약을 많이 받고 이에 수반되는 장비, 별도의 훈련을 필요로 하는 경우가 많다. 반면 산행은 큰 욕심을 부리지 않는다면 언제든 가벼운 옷차림으로 즐길 수 있다는 것이다.

요지 파악하기

첫 번째로 단락의 핵심 키워드, 내용, 구조를 간단히 정리합니다.

핵심 키워드 : 산행 마니아 마열다, 산행의 매력

내용형 요약 : 마열다를 통해 살펴본 산행의 매력

구조형 요약 : 문제 제기 – 사례를 통한 논의 소개

'문제 제기 - 산행의 매력은 무엇인가'로 정리할 수 있습니다. 이런 방법으로 모든 단락의 요지를 파악해 보면 다음과 같습니다.

1단락 : 문제 제기 – 산행의 매력은 무엇인가

2단락 : 산의 특성에서 살펴본 산행의 매력 – 산은 모든 자연물을 통합하는 공간

3단락 : 산행이라는 행위에서 살펴본 매력 – 자신을 대면하는 기회 제공

4단락 : 다른 대상과의 비교를 통한 매력 – 쉽게 즐길 수 있음

전달 대상과 전달 사항

모든 단락의 요지 파악이 끝나면 이들을 바탕으로 전달 대상과 전달 사항을 정리합니다. 주의해야 할 사항은 다음과 같습니다.

- [x] 전달 대상은 논의의 범위이다.
- [x] 전달 사항은 범위 내의 구체적인 내용이다.
- [x] 특정 단락에 의지하기보다는 글 전체의 논의에서 파악한다.
- [x] 전달 대상과 전달 사항은 서로 같을 수도 있다.

전달 대상 : 산행의 매력

전달 사항 : 산행의 매력에 대한 세 가지 원인 분석

서술 방식

서술 방식은 내용과 직접적으로 상관없는 표현상의 특징이라 할 수 있지만 우회적으로 논의의 흐름을 알 수 있게 하는 좋은 단서이기도 합니다. 특히 생소하고 난해한 글에서 세부적인 내용은 모르더라도 지문이 궁극적으로 말하고자 하는 것, 저자가 특히 강조하는 것 정도는 이를 통해 파악할 수 있습니다. 이미 익숙한 유형 몇 가지를 대입하여 빠르고 개략적으로 파악한 후 다음 단계로 넘어갑니다.

☑ 분석 : 대상의 구성 요소들을 나누어 구체적으로 설명.

ex_우리 집에는 멋진 가구와 맛있는 음식, 화목한 가족이 있다.

☑ 분류 : 대상을 특정 기준에 따라 나누거나 묶어서 설명.

ex_우리 집은 방의 크기에 따라 큰방, 작은방, 서재, 다용도실, 욕실이 있다.

☑ 유추 : 같은 종류의 것 또는 비슷한 것에 기초하여 다른 사물을 미루어 추측하는 일. 주로 추상적인 것을 이해하기 위해 구체적인 대상의 유사성을 이용하는 경우가 많다.

ex_변증법이란 시계추처럼 서로 모순된 방향으로 왔다 갔다 하면서 앞으로 나아가는 것이다.

☑ 비교 대조 : 서로 비슷하거나 서로 다른 성질을 이용한 설명.

ex_생김새로 보자면 열다와 동건 둘 다 우수하지만 성격을 놓고 봤을 때 동건이 열다를 앞선다.

☑ 정의 : 추상적인 대상의 속성을 설명.

ex_행복이란 더 이상 바라는 것이 없는 심리적 만족감을 가리킨다.

☑ 서사 : 시간의 흐름에 따른 대상의 행위적 변화를 설명.

ex_소크라테스는 잔을 들어 깊게 들이켰다. 모인 제자들을 훑어보고는 서서히 입을 열었다.

☑ 과정 : 시간의 흐름에 따른 대상의 상태의 변화를 설명.

ex_90년대에는 삐삐, 2000년대에는 휴대폰, 지금은 스마트폰이 대세다.

☑ 인과 : 원인과 결과.

ex_시험 전날 밤새서 공부했다. 시험시간에 졸려서 잤다. 그래서 빵점 맞았다.

내용의 정리

논의 관계 파악

글에 등장하는 대상끼리는 필연적으로 어떤 관계를 맺게 마련입니다. 이들은 서로 맺는 관계 유형에 따라 여러 기능을 하게 되고 글에서 차지하는 비중도 달라집니다. 가령 A를 설명하는 글에서 A의 원인인 B를 제시하였을 경우 글의 무게는 B에 있게 되며 독해 역시 왜 B가 A를 초래하는지에 초점을 두어야 합니다. 논의 관계 역시 익숙한 몇 개의 유형으로 빠르고 개략적으로 파악하는 것이 좋습니다. 국어 시간에 흔히 하는 것처럼 동그라미, 밑줄, 화살표 등으로 표시해 놓는다면 브레인스토밍과 논술 작성 중에 재차 읽을 필요 없이 대상에 대한 선명한 가이드를 제공해 줄 수 있습니다.

☑ 선후 관계 : 단순 시간적으로 앞뒤의 발생 차례.

ex_점심 식사를 마친 다음 후식을 먹었다.

☑ 인과 관계 : 현상(결과)에 대한 원인.

ex_가는 말이 고와야 오는 말이 곱다.

☑ 대등 관계 : 두 개 이상의 대상이 특정 기준에 의거 동등한 지위를 확보하는 관계.

ex_전교 1등과 전교 꼴등, 소주와 맥주

☑ 논지와 논거 관계 : 논지(주장)와 이를 뒷받침하는 논거(근거)의 관계.

근거가 반드시 사례를 의미하는 것은 아님.

ex_열다는 교장이 되어야 한다. 이유인즉 학생들을 잘 알고 청렴하기 때문이다.

☑ 대립 관계 : 두 대상이 특정한 사항에 관하여 반대의 입장이나 의견을 견지함.

ex_아이돌 걸그룹 삼촌 팬클럽 vs. 아이돌 걸그룹 여고생 안티 클럽

☑ 사실과 비유 : 사실을 전달함에 있어 속성이 유사한 다른 대상에 빗대어 설명

ex_엄마! 당나귀는 얼굴이 길잖아요. 우리 학교 선생님 외모

가 딱 당나귀예요.

☑ 예시 관계 : 의견이나 정보에 관한 구체적인 예를 제시.

ex_술은 알콜 성분이 들어간 음료이다. 소주, 맥주, 막걸리 등이 있다.

☑ 부연 관계 : 추가적, 부수적 내용 덧붙이기.

ex_열다는 웃기게 생겼다. - 벌렁 코에, 단춧구멍 눈을 가졌다.

〈예시글〉

커피의 가격이 현재의 가격보다 두 배, 세 배 뛸 경우 사람들은 커피 대신 홍차를 구입하게 된다. 홍차는 우리가 커피를 통해 얻고자 하는 것을 어느 정도 포함하고 있기 때문에 충분히 대체될 수 있는 것이다. 이렇게 특정 재화의 가격이 오를 때 다른 한 재화의 수요가 증가하는 것을 가리켜 두 재화 간에 대체적 관계가 성립한다고 부른다.

또 상호 보완적 효과가 있는 재화들에서 어떤 재화의 수요가 증가할 경우 다른 재화의 수요도 덩달아 증가하는 경우가 있다. 커피와 설탕, 치킨과 맥주, 피자와 콜라 등이 이에 해당하는데 이를 가리켜 보완적 관계라 부른다.

논의 관계1 : 인과 (하나의 재화가 다른 재화의 수요에 영향을 미침)

논의 관계2 : 예시 (대체적 관계, 보완적 관계에 관한 구체적 사례 제시)

논의 관계3 : 대등 (둘은 상호 대등한 자격의 수요 현상)

관점(논점) 파악

관점이란 사물이나 현상을 관찰할 때 주체가 **대상에 대해 갖는 나름의 태도와 방향**을 말합니다. 글에서의 관점이란 작자가 대상을 서술함에 있어 전제하고 있는 자세입니다. 이들은 글 전체에서 통합적으로 파악되어야 하며 글의 여러 요소들을 균형감 있게 '평준화'해야 합니다. 세부 내용을 a, ab, bc, ac라고 한다면 있어 이들 모두에게 적용되고 있는 것은 한 가지 관점인 a가 있어야 한다는 것입니다. 특별히 강조되고 있는 부분 역시 전체적인 논의의 맥락에서 찾아야 합니다. 관점의 유형은 내용에 따라 무수히 많고 여러 가지로 세분화될 수 있습니다.

· 긍정적/부정적, 결과적/과정적, 효용적/의미적, 통시적(변화 과정)/공시적(특정 시기), 절대적/상대적, 협의적(좁은 범위)/광의(넓은 범위)···

〈예시글〉

외국어는 자국어를 비추는 거울이다. 우리는 언어 간의 대조나 비교를 통하여 자신의 사고방식을 돌이켜볼 기회를 가질 수 있다. 다른 나라의 언어를 이해한 한국인들은 한국어에서는 볼 수 없었던 새로운 차원의 인식을 하게 되는 것이다. 인간의 언어는 산업화의 정도나 사용 인구의 많고 적음에 관계 없이 나름대로의 고유한 가치를 지니고 있다. 토착민의 언어든 문명국의 언어든 서로 존중되어야 함은 물론이다. 이러한 언어들의 특징을 이해하게 될 때, 우리는 비로소 '언어의 그림'을 보다 객관적으로 그릴 수 있을 것이다.

(수능 언어 기출)

이 제시문의 관점은 상대적입니다. 각각의 언어는 나름의 인식체계에 바탕을 둔다고 전제합니다. 이는 특정 기준에 의거해 우열을 가르는 게 아니라 나는 나 나름의, 너는 너 나름의 의미가 있다는 상대적 관점입니다.

의도성 파악

저자가 어떠한 의도로 논의를 전개하느냐에 따라 같은 소재의 글이라도 매번 달라질 수 있습니다. 의도는 논지와 이를 뒷받침하는 논거를 기반으로 미루어 파악될 수 있습니다. 논지에 대응하는 논거는 어떤 기능을 하는가? 즉, 저자는 어떠한 효과를 바라고 이러한 논지들을 동원했는가? 이 질문에 대한 답이 의도성 파악입니다.

논지 : 궁극적으로 주장하는 내용

논거 : 주장에 대한 구체적인 근거, 뒷받침 내용

의도 : 논거를 통해 얻으려는 효과

가령 어떤 글의 논지와 논거가 다음과 같다고 합시다.

논지 : 현대 사회의 비인간화 현상

논거 : 물질적 풍요와 정신적 궁핍합의 괴리

논지를 피력하기 위해 저자가 동원한 논거들은 어떠한 효과를 수행할까요?

의도 : 지나치게 물질에 치중하는 현대 사회의 모습을 통해 물질과 정신의 비균형적인 발전이 비인간화의 원인임을 드러내고자 한다.

〈예시글〉

언어에는 지식과 정보가 담겨 있지만 동시에 우리의 인격, 철학 등도 담겨 있다. 최근 학교 폭력의 증가와 청소년들의 언어생활에서 과도한 은어, 비어, 욕설의 증가는 이를 증명하는 좋은 예라 할 수 있다. 폭력적인 언어생활은 폭력적인 태도를 구체화하고 그만큼 폭력적인 행위를 낳을 확률을 높게 한다. 따라서 학교 폭력을 예방하는 또 하나의 방법으로써 가정과 학교에서 청소년들의 언어생활에 대한 각별한 지도가 필요하다.

논지 : 청소년들의 언어생활에 대한 지도가 필요하다.

논거 : 폭력적인 언어생활이 폭력적인 행위를 낳는다.

의도 : 언어는 인간 의식의 반영이라는 전제 하에서 언어생활에 대한 통제를 통해 학교 폭력을 예방할 수 있다는 점을 드러내고자 한다.

내용을 자세히 분석하는 단계입니다.
대부분의 논제는 내용 정리 단계 독해에서 비롯됩니다.

Tip

응용 활동

추론하기

친구가 "내 배에서 꼬르륵 소리가 나"라고 했을 때 '배가 고프구나' 하고 예측하는 것이 곧 추론입니다. 밖으로 드러나는 현상 너머에 존재하는, 그러나 직접적으로 확인할 수 없는 원인을 파악할 때에 필요합니다. 텍스트 자체로는 확인할 수 없지만 문맥의 흐름을 통해 혹은 논의가 바탕하고 있는 암묵적 전제를 통해 이면에 깔린 내용을 확인할 수 있습니다.

〈예시글〉

조물주는 모든 것을 선하게 창조했으나, 인간의 손길이 닿으면서 모든 것은 타락하게 된다. 인간은 어떤 땅에 다른 땅의 산물을 재배하거나 이 나무에 저 나무의 열매를 맺게 하려고 애쓴다. 인간은 기후와 구성 요소 그리고 계절을 뒤섞어 버리고 자신이 소유한 개, 말, 노예를 불구로 만든다. 인간은 모든 것을 뒤죽박죽으로 만들고 그 형태를 바꿔 놓으며, 기형적이고 괴상한 것을 좋아한다.

- 루소 『에밀』 중에서

추론 1 : 세계는 원래 완벽한 선의 공간이었다.

추론 2 : 인간의 인위성이 악의 원인이다.

추론 3 : 루소는 사회 문제에 대해 인간 본성적 관점에서 고찰했다.

구체화하기

마열다가 학생들에게 '포스트모더니즘 미학 이론'에 대한 개념을 말로만 설명하고 있습니다. 학생들이 모두 잠만 잡니다. 그래서 마열다가 벽에 페인트칠을 하며 알몸 퍼포먼스를 시작합니다. 이제는 더러 알겠다는 응답이 옵니다.

구체화란 관념적이고 추상적인 특정 개념을 구체적인 사례로 보여주는 것입니다. 이때의 사례는 대상 개념보다 훨씬 쉬워야하므로 보편적인 사람들이 공감할 만한 일반적 경험이나 감각에 호소하는 경우가 많습니다. 어떤 개념을 명확하게 이해했는지 어떤지를 특정 사례를 제시할 수 있느냐 없느냐를 통해 알 수도 있습니다.

〈예시글〉

외부 효과란 어떤 경제활동과 관련하여 다른 사람에게 의도하지 않은 혜택이나 손해를 가져다주면서도 이에 대한 대가를 받지도 않고 비용을 지불하지도 않는 상태를 말한다. 외부 효과는 외부 경제와 외부 비경제로 구분된다.

사례 1 : 과수원 주인이 과일 나무를 심어서 인근 양봉업자의 꿀 생산량이 늘어났다. 그러나 양봉업자는 과수원 주인에게 그 대가를 지불하지 않는다.

사례 2 : 월드컵 개최로 인해 동네 사람들이 단체 중계 관람을 위해 열다 치킨에 몰려들었다. 그러나 열다는 세계 FIFA 연맹에 그 대가를 지불하지 않는다.

비판하기

어렸을 때는 선생님 말이나 부모님 말이 무조건 다 맞는 줄 압니다. 그런데 좀 더 나이가 들고 나름의 세상 보는 눈이 생긴 이후부터는 조금씩 그 믿음에 회의가 일기 시작합니다. 사람이라면 응당 자신만의 의견이 있어야 하기에 이는 자연스러운 과정입니다. 글에서도 마찬가지입니다. 저자의 글은 순전히 저자의 지식과 주장이기에 이에 대한 나의 태도와 의견이 정립되어야 합니다. 이때 필요한 것이 비판입니다. 비판을 할 때 가져야 할 마음가짐은 너도 틀릴 수 있고 나도 틀릴 수 있다는 것입니다. 물론 그 반대도 성립합니다. 비판은 지문의 내용에 따라 달라질 것이나 다음과 같은 기본적인 질문들부터 던져 볼 수 있습니다.

- ☑ 논지에 부합하는 논거인가?
- ☑ 객관적 사실, 혹은 증명된 사실에 바탕하는가?
- ☑ 또한 이러한 사실들은 참, 거짓의 판단에서 항상 참이라 할 수 있는가?
- ☑ 저자는 막연한 추측 혹은 대개의 사람들이 통념으로 신뢰하는 것에 기대고 있지는 않은가?
- ☑ 명확하고 올바른 개념에 해당하는 표현을 사용하고 있는가?

〈예시글〉

국가가 직접 교육을 통제하는 것은 사람들을 하나의 틀로 똑같이 만들어 내는 것에 다르지 않다. 교육을 통해 틀 속에 집어넣으면 넣을수록 국가의 최고 권력자들을 기쁘게 하는 효과를 가져온다. 사람들의 정신을 자신들의 손아래 두게 되고 더불어 자연스럽게 그들의 육체까지 지배할 수 있게 된다.

-존 스튜어트 밀 『자유론』 중에서

비판 1 : 통제가 곧 획일화로 연결될 수는 없다.

비판 2 : 교육에 의한 여러 효과가 있는데 하나의 측면만을 보고 있다.

비판 3 : '자연스럽게' 대신 분명한 인과 관계를 밝혀 주어야 한다.

마열다의 분필

문장 관계

문장과 문장끼리도 관계를 형성합니다. 앞 문장에 대해 뒤 문장이 추가적인 내용을 첨가할 경우 첨가 관계, 시간적으로 앞서거나 뒤에 설 경우 선후 관계, 앞의 내용을 다른 말로 바꿔서 표현할 경우 환언 관계, 또 다른 내용이나 의미로 전환할 경우 전환 관계라 합니다. 이러한 관계들은 앞뒤 문장이 서로 대등한 지위에 있기 때문에 묶어서 대등 관계라 합니다.

한 문장에 대해 한 문장이 종속될 경우에는 주종 관계라 합니다. 결과에 대해 원인을 규명하는 인과 관계, 객관적 사실에 대해 주관적 견해를 더하는 주객 관계, 기존 내용에 대해 대립된 개념을 설정함으로써 얻어지는 대립 관계, 예시·부연·요약 등 앞 문장에 대한 보충적 기능을 수행함으로써 형성되는 상하 관계가 이에 해당합니다.

대등 관계 — 첨가 관계 / 환언 관계 / 전환 관계 / 선후 관계

주종 관계 — 상하 관계 - 예시·부연·요약 / 인과 관계 / 주객 관계 / 대립 관계

연습문제

제시문을 읽고 아래의 빈 칸을 채우시오.

옛적에 학문하던 사람은 자기 한 몸만 착하게 하려고 하지는 않았다. 이치를 깊이 캐어서 변화에 대응하며, 도(道)를 밝혀서 후학들에게 길을 열어 주려고 하였다. 우리의 학문이 높일 만하며 도의 맥이 땅에 떨어지지 않았음을 천하로 하여금 훤히 알게 하였다. 이렇게 하는 것을 선비가 가장 먼저 해야 할 일로 생각하여 그들의 뜻으로 삼았으니, 어찌 공평무사(公平無私)하지 않는가?

그러나 요즈음 학문한다고 하는 자들은 우리 학문이 높임을 받을 만한 일을 하지도 않고, 그렇다고 자기 몸만이라도 착하게 하려고 하지도 않는다. 입으로 지껄인 것과 귀로 듣기만 한 것을 되는 대로 주워 모아, 겉으로는 말과 몸가짐을 그럴듯하게 꾸며 댄 것에 지나지 않는다. 그러면서도 스스로를 일컫기를 "나는 도를 밝힌다", "나는 이치를 깊이 캔다"라고 하여서 한 시대 사람들의 보고 듣는 것을 어지럽게 한다.

그들이 하는 짓을 끝까지 살펴보면 높은 명망이나 낚아챌 뿐이요, 그 인성(人性)을 높이고 도를 전하는 일에는 관심이 없는 듯하다. 이는 그들이 사사로운 일에만 마음을 두었기 때문이다. 그렇기에 공평과 사심이 뚜렷하게 나뉘고 참과 거짓이 판단된다. 어찌해서 요즘 몇 십 년 동안 말을 떠벌이는 자들은 반드시 "아무개는 학자이다", "아무개는 참 선비이다"라고 망령되게 서로 끌어올리고 추켜세우기에 겨를이 없는가? 그것도 또한 의혹스럽다.

오늘날의 거짓 선비들은 공연한 말과 실없는 얘기를 늘어놓으면서 걸핏하면 공자 맹자가 한 일을 자기도 할 수 있다고 큰소리친다. 그러다가 벼슬을 하게 되면 손발도 제대로 놀리지 못하며, 한 번 실수하면 수습하지도 못한다. 그리하여 그

시대에도 비웃음을 받지만, 먼 뒷날까지도 입에 오르내린다. 조금 약은 자들은 이렇게 될 것을 미리 짐작하고, 자기의 명망에 금이 갈까 두려워한다. 그래서 벼슬길에 나오라고 해도 곧바로 나가지 않고 사양하면서 자기의 못남을 감춘다. 이것도 또한 다른 까닭이 있어서가 아니라, 그 마음이 사사로움으로 차 있기 때문이다.

우리나라에서는 이른바 도학(道學)하는 선비들이 더러 화를 입기도 하고, 더러는 그 포부를 끝내 펴지도 못하였다. 그때의 임금이 그들의 도를 써서 시행했더라면 그 공적이 능히 옛사람에게 견줄 수 있고 또 이 세상을 요임금 순임금 때처럼 만들 수도 있었을 것이다. 그런데 조정의 논의가 두 갈래로 나뉘면서부터 사사로운 논의가 매우 치열해져서 어떤 때에는 저쪽 때문에 이쪽을 헐뜯고, 어떤 때에는 갑을 높이느라고 을을 배척하였다. 어지럽게 갈라져서 어떤 것이 옳고 그른지 정해지지 않았다. 이것은 다른 까닭 때문이 아니라, 그들이 듣고 본 것이 모두 사사로웠기 때문이다. 그러니 무엇을 탓하겠는가?

-허균 〈학론〉

〈1단계〉

1단락 요지 :

2단락 요지 :

3단락 요지 :

4단락 요지 :

5단락 요지 :

전달 대상 :

전달 사항 :

서술 방식 :

〈2단계〉

논의 관계 :

관점 :

의도성 :

〈3단계〉

추론하기 :

구체화하기 :

비판하기 :

길잡이

〈1단계〉

1단락 요지 : 옛 학자의 태도 - 공평무사

2단락 요지 : 오늘날 학자의 태도 - 위선적

3단락 요지 : 오늘날 학자의 태도 - 사사로움

4단락 요지 : 오늘날 학자의 태도 - 무능력함

5단락 요지 : 조정 비판

전달 대상 : 올바른 학자의 태도

전달 사항 : 올바르지 못한 오늘날 학자들의 태도 비판

서술 방식 : 인과(사심 → 위선, 무능력 등), 비판

〈2단계〉

논의 관계 : 대립 관계, 예시 관계

관점 : 부정적, 비판적

의도성 : 올바르지 못한 현 선비들의 학문 자세를 열거함으로써 이것이 어지러운 조정의 궁극 원인임을 밝히고자 한다.

〈3단계〉

추론하기 : 당시 조선 사회가 혼란스러웠음을 알 수 있다.

구체화하기 : 옛날에 학문 하던 사람 = 세속적 이해관계를 초월해 학문적 표준을 제시하려 노력하는 사람

비판하기 : 학문에서 사심이 무엇인지 구체적인 언급이 없고 사심이 위선, 무능력, 조정의 혼란 등을 가져온다는 순환적 오류

2. 제시문 유형을 알아 두자

제시문에서 다루는 제재나 내용은 천차만별이지만 글의 형태는 몇 개의 유형으로 정리할 수 있습니다. 개괄, 원리 추론, 비교 분석 등 전체적인 글의 특징을 유형화하고 이를 바탕으로 독해할 경우 글의 궁극적인 목적과 저자가 특히 중점을 두고 있는 부분, 논제의 요구 사항과 관련한 부분들을 쉽게 추려 낼 수 있습니다. 가장 대표적인 제시문의 형태 몇 가지를 추리면 다음과 같습니다.

개괄적 설명

지금까지 출제된 대입논술 및 LEET 등에서 개별 제시문 분량이 A4 용지 한 장을 넘는 경우는 드뭅니다. 글의 양은 글의 제재나 수준을 결정짓는 또 하나의 요소라는 점에서 이는 주목해야 할 부분입니다. A4 용지 한 장이 채 되지 않는 글에서 다루기에 가장 적절한 내용은 전달 대상에 대한 개괄적인 설명입니다. 그러나 특정 이론이나 개념 같은 경우에는 개략적인 설명으로 인해 오히려 어렵게 다가오기도 합니다. 구체적으로 심화되어 설명되어야 할 부분이 생략되기 때문입니다.

개괄적 설명은 아래와 같이 이용됩니다.

- ☑ 특정 개념이나 이론 등에 대한 전반적 설명
- ☑ 특정 대상의 역사적 유래나 변천 과정 등에 대한 소개
- ☑ 특정 대상의 원리나 구조, 응용 분야 등에 대한 개략적 소개

개괄적 설명의 독해 포인트는 다음과 같습니다.

- ☑ 대상의 전반적 특징은 무엇인가?
- ☑ 대상의 특징을 드러내는 대표적 사례는 무엇인가?
- ☑ 대상과 관련하여 부수적으로 알 수 있는 내용은 무엇인가?

〈예시글〉

짜장면은 산둥 반도에서 토속 면장을 볶아서 만든 국수인 작장면(炸醬麵)이 시조이다. 한국에서는 1905년 인천에 거주하는 화교들에 의해 처음 만들어졌는데, 최초의 청요리집인 공화춘에서 처음으로 짜장면을 팔기 시작하였다고 알려지고 있다. 영화장유에서 개발한 한국 최초의 면장 제품 사자표 춘장에 1950년대 중반 캐러멜을 첨가하면서 본격적인 한국식 짜장면이 탄생하게 되었다. 1960~1970년대에는 한국 정부가 펼친 분식 장려 운동과 조리 시간이 비교적 짧은 점이 산업화 시대와 맞아 떨어지면서 짜장면은 전성기를 맞게 되었다.

- 위키백과사전

중국의 작장면이 어떤 계기로 오늘날의 짜장면이 되었는지 그 유래와 변화 과정을 서술하고 있습니다. 공화춘, 사자표 춘장, 분식 장려 운동은 내용과 관련한 사례

이자 부수적인 정보입니다.

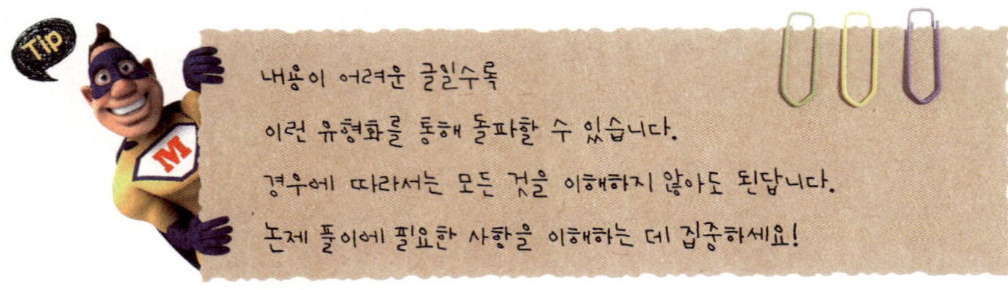

Tip
내용이 어려운 글일수록
이런 유형화를 통해 돌파할 수 있습니다.
경우에 따라서는 모든 것을 이해하지 않아도 된답니다.
논제 풀이에 필요한 사항을 이해하는 데 집중하세요!

대상의 원리

어떤 현상 Y가 발현되기 위해서는 원인이 되는 값 X가 존재해야 합니다. 아울러 X를 Y로 만들어주는 힘 혹은 기능인 F(Function)가 가운데 있어야 합니다. **사물의 원리, 이치, 규범, 방식** 등이 모두 이에 해당하는데 그중에서도 '원리'라는 말이 가장 적당할 것입니다. 원리를 밝히는 지문은 어떤 제재가 되었든 십중팔구 Y가 되는 현상과 이의 원인이 되는 X, 그리고 이를 발현시키는 F가 같이 소개됩니다. F가 속한 영역에 따라 인문, 사회, 자연 분야의 글들로 구분될 수 있습니다. 중요한 것은 F의 구조를 알아내는 것입니다. 대상의 원리를 찾는 글의 형태는 아래와 같습니다.

- 현상들이 어떤 원인과 과정으로 연계되는지를 설명
- 어떠한 구성 요소들이 작용하는지를 설명
- 전체적인 작동 원리 및 부분과 부분의 관계, 특이사항 등을 설명

독해할 때의 포인트는 다음과 같습니다.

- [x] 대상의 핵심 원리는 무엇인가?
- [x] 작동 원리에 관여하는 요소들은 무엇무엇인가?
- [x] Y, X, F에 대응되는 내용은 무엇인가?

〈예시글〉

동일한 옷차림은 신체 제한과 능동적인 복종의 표현을 가능케 한다. 사람을 개인으로서보다 옷에 반영된 단체의 성격, 의지에 종속되게 만든다. 교복은 입은 사람의 외모를 학교에 어울릴 법한 행위 양식으로 제한하고 동시에 사회에 나가기 전에 필요한 통과의례를 치르고 있다는 것을 드러낸다. 우리가 흔히 아는 대로 통과의례는 어떤 신체적 제약을 딛고 일어섰을 때 완료되는 것으로, 원시에서든 현대에서든 사회가 아직 비사회적 존재들에게 부과하는 준수해야 할 규율이다. 사회는 이런 초년생들의 규율 준수로 그 권위를 인정받을 수 있고 계속 유지·세습될 수 있는 것이다.

예시글은 사회의 권위가 어떠한 방식으로 유지되는지에 관하여 단체복이 갖는 기능을 통해 설명하고 있습니다. 무조건 여러 번 읽어 보는 것보다 내용을 의미적으로 재구성하는 것이 무엇보다 중요합니다. 단순 인과 관계로 독해하여도 틀리지 않지만 그럴 경우 글이 포함하고 있는 몇 가지 논의들을 놓칠 수 있습니다.

교복이 기여하는 효과는 권위의 인정과 이의 세습입니다. 따라서 Y를 사회적 권위의 유지라 하면 F는 규율을 강제하는 기능, 즉 통제라 할 수 있습니다. X는 통제를 받는 사회초년생 및 개인이라 할 수 있겠죠. 정확하게 YFX에 대응하는 내용을 찾을 필요는 없습니다. 다만 논의에 포함된 여러 구성 요소들이 대충 어떤 관계를 맺고 있는지를 파악할 수 있으면 족합니다.

비교 대조

비교 대조는 두 개 이상의 대상들이 갖고 있는 유사한 면과 대조적인 면을 통해 저자의 의견 혹은 숨은 사실을 드러내는 글입니다. 비교 대조에는 한쪽으로 편향되지 않은 절대적 기준이 전제되어야 하며 저자의 주관에 따른 해석이나 상황에 따라 달라지는 평가가 있어서는 안 됩니다. 따라서 비교 대조의 글을 독해함에 있어 첫 단추는 여러 대상들에 적용되는 공정한 객관적인 기준이 무엇인지를 우선 파악하는 것입니다. 즉 A와 B를 비교 대조할 때 어떠한 기준으로 둘의 속성이 제시되는지를 알아야 합니다. 기준에 따라 때로는 같은 카테고리에 묶일 수도 있고(유사성) 다른 카테고리로 묶일 수도 있기 때문(차이점)입니다.

- ☑ 두 개 이상의 서로 다른 현상 및 성질을 제시
- ☑ 일관된 기준 및 관점 하에서 차이를 설명
- ☑ 동일한 대상의 경우 장단점, 내적 외적 차이를 설명하는 글

독해할 때의 포인트는 다음과 같습니다.

- ☑ 대상의 비교 기준은 무엇인가?
- ☑ 기준을 바탕에 두었을 때 어떤 유사성 혹은 차이점이 있는가?
- ☑ 작가는 대상들을 동등하게 바라보는가 or 특정 대상에 우위를 두는가?
- ☑ 대상을 비교 대조함으로써 궁극적으로 드러내고자 하는 내용은 무엇인가?

〈예시글〉

최근 들어 활발해진 성 담론에 힙 입어 성 가치관도 훨씬 다양해졌다. 우선 기존의 보수적이고 본질적인 성 개념인 생물학적 성(sex)이다. 이 개념은 흔히 프로이트의 이론을 들어 설명하고 있는데 남성은 원래부터 공격적이고 여성은 연약한 존재로 설정된다. 이는 우리의 의지와 상관없이 세대에서 세대로 내려오는 일종의 문화적 관습으로 성에 따른 역할 분담과 우열이 분명하다.

두 번째는 성별(gender) 개념으로 남녀가 사회적인 영향으로 자신만의 정체성을 갖게 된다는 사회 구성론적 의미다. 젠더라는 말은 남성과 여성의 구분이 각 개인에 따라 각기 다르며 생물학적 성 개념과 구별하기 위해 페미니즘 연구 과정에서 등장한 말이다. 그러나 이 역시 남성과 여성에 대한 우열이 제거된 것은 아니며 다만 성별 획득의 경로에 사회적 영향력을 고려한 것뿐이다.

글은 두 개의 개념을 비교하고 있습니다. 젠더는 기존 성 개념에 비해 성별획득의 경로를 고려한 좀 더 발전한 개념이라 할 수 있습니다. 그렇지만 젠더가 기존 성 개념이 갖고 있는 남녀의 역할 분담 및 우열의 관점을 뛰어넘은 것은 아님을 분명히 하고 있습니다. 결국 두 개념의 비교는 둘 중 무엇이 더 낫다기보다는 둘 모두 벗어나지 못하는 한계가 있다는 것을 보여주기 위한 하나의 논거로 활용되고 있습니다. 비교 대조의 텍스트를 읽을 때는 비교와 대조를 수단으로 삼아 궁극적으로 나타내고자 하는 내용을 찾는 것이 무엇보다 중요합니다.

관점 비교

늘 곁에 있어서 미처 몰랐던 대상의 새로운 면을 볼 때가 있습니다. 학교에서만 보던 친구를 관객과 배우로 만날 때가 그렇고, 아버지로만 봤던 존재를 회사 사장님으로 만날 때도 그렇습니다. 이처럼 어떤 관계로 보느냐에 따라서 사람에 대한 느낌이 달라지듯, 글에서도 동일한 대상에 대해 서로 전혀 다른 관점을 견지하는 글들이 있습니다. 앞에서 살펴보았던 글이 한 가지 기준에 의해 대상의 속성을 구분한 것이라면, 관점 비교는 궁극적으로 서로 다른 방향, 다른 각도에서 바라본 대상을 보여준다는 데 의의가 있습니다. 따라서 현상 자체보다 이를 바라보는 이론적 배경의 차이에 관한 글들이 많습니다.

- ☑ 특정 사건이나 문화적 현상에 대한 이론적 견해
- ☑ 인간 본성, 인간 행동과 같은 전통적 인문학 이슈에 대한 이론적 견해
- ☑ 시간 개념, 공간 개념, 진리의 상대성과 같은 원론적 가설

독해할 때의 포인트는 다음과 같습니다.

- ☑ 각각의 관점이 어떻게 비슷하고 어떻게 다른가?
- ☑ 여러 관점들 중 지은이가 보다 가치를 부여하고 있는 것은 무엇이며 어디에 초점을 두고 있는가?
- ☑ 관점 비교를 통해 작자가 궁극적으로 전하고자 하는 내용은 무엇인가?

〈예시글〉

계몽주의는 이성을 바탕으로 모든 것이 파악 가능하다고 바라본다. 세계는 언제고 하나의 이해로 통일 될 수 있으며 여러 의견들은 한 가지로 합의될 수 있다. 만약 이것이 불가능할 경우 아직 충분한 연구가 진행되지 않은 과정상의 문제에 해당한다.

반면 낭만주의는 계몽주의가 도구로 삼고 있는 이성에 관하여, 그리고 이성을 포함하는 인간에 대하여 회의적이다. 인간 내면에는 선악과 같은 끊임없는 자기 충돌이 있으며 그로 인해 이해하지 못하고 단지 느끼는 정도에 그치는 대상 또한 많다. 모든 사람들의 통일 된 이해를 끌어내는 것은 무리이며 대신 개별적이고 비합의적이며 그래서 대립과 갈등을 인정하는 것이 오히려 세계를 올바르게 보는 것이라 할 수 있다.

글은 세계를 바라보는 두 개의 관점으로써 계몽주의와 낭만주의를 비교하고 있습니다. 일단 각각의 관점이 어떠한 차이를 갖고 있는지를 파악해야 할 것입니다. 그러나 중요한 것은 그러한 차이를 불러일으키는 배경 즉 전제를 파악하는 것입니다. 각각의 관점 하에서 기술되는 세부적인 내용은 이를 추려 내기 위한 단서에 지나지 않습니다.

글에서 계몽주의는 이성을 확신합니다. 반면 낭만주의는 이성 및 인간의 의식 활동 전반에 회의적입니다. 이하의 기술은 각각의 전제에 바탕하고 있습니다. 서로 다른 관점을 발생시키는 최초의 원인인 셈이죠.

주장과 대안

'나는 유행 지난 청바지를 입고 있다. 아이들이 나를 놀린다. 엄마에게 청바지를 사달라고 요구한다. 엄마는 거절한다. 돈이 없댄다. 그래서 나는 생활비를 아껴서 그 돈으로 사달라고 한다.'

이 과정을 다시 살펴보면 내가 청바지를 사달라고 하게 된 원인은 유행 지난 청바지를 입고 있는 상황입니다. 문제를 해결하기 위한 나의 주장은 어머니가 새 청바지를 사 주는 것입니다. 그런데 '돈이 없다'는 또 하나의 문제가 생겼습니다. 그래서 또 고안해 낸 해결 방안은 생활비를 아끼는 것입니다.

이와 같이 대개의 주장은 어떤 문제를 배경으로 탄생하고 대안은 그에 대한 해결을 모색하는 방식으로 이루어집니다. 즉, 문제의 심각함을 전하고 이를 가만히 두고 있으면 안 된다는 취지의 주장, 그것을 효과적으로 해결할 수 있는 방안이 제시됩니다.

- 특정 난제의 심각성과 해결을 제시하는 글
- 잘못된 사고방식이나 관습 등에 대한 비판의 글
- 사회의 특정 분야에 대한 개선과 발달을 종용하는 글

독해할 때의 포인트는 다음과 같습니다.

- 서술의 배경이 되는 문제점과 원인은 무엇인가?
- 주장의 타당성을 확보하기 위해 저자가 사용하는 근거는 무엇인가?
- 저자가 제시하는 대안은 구체적이고 현실적으로 실현 가능한 것인가?

〈예시글〉

어중간한 조치는 피해야 한다. 인간들이란 다정하게 안아주거나 아니면 아주 짓밟아 뭉개버려야 한다. 왜냐하면 인간이란 사소한 피해에 대해서는 보복하려고 들지만 엄청난 피해에 대해서는 감히 복수할 엄두도 못 내기 때문이다. 따라서 사람들에게 피해를 입히려면 복수를 두려워 할 필요가 없도록 아예 크게 입혀야 한다.

– 마키아벨리, 〈군주론〉 중에서

제시문은 인간을 가혹하게 대해야 한다고 주장합니다. 이런 섬뜩하고 예사롭지 않은 주장을 하는 이유가 뭘까요? 세 번째 문장인 '인간이란 사소한 피해에 대해서는 보복하려고 들지만 엄청난 피해에 대해서는 감히 복수할 엄두도 못 낸다'에서 주장의 근거를 찾을 수 있습니다. 따라서 저자의 주장을 지지 혹은 반박할 때 우선 생각할 수 있는 방법은 저자가 근거로 활용하는 내용의 옳고 그름을 가리는 것입니다.

연습문제

다음 글들에 알맞는 제시문 유형을 찾으시오.

가) 모름지기 사람 사는 집에는 화기가 있도록 해야 한다. 친척끼리 함께 자리를 만들거나 손님이 찾아올 때에는 기쁘게 맞이하고 하룻밤이라도 주무시고 갈 수 있도록 해야 한다. 그렇지 않고 그저 예의 차리는 식으로 안부 정도를 묻는다면 안 될 것이다. 이러저러한 물음과 웃음이 나올 만한 얘기로 손님이 어색하지 않도록 해야 할 것이다. 또 손님이 가겠다고 하는데도 만류하지 않고 마루에 나가 보지도 않는다면 사람을 잃을 것이며 두고두고 복을 잃는 일이 될 것이다. 부디 유념하도록 하라.

- 정약용 〈유배지에서 보낸 편지〉 중에서

나) 아이폰의 가장 큰 장점으로 사용하기 쉽다는 점이 꼽힌다. 이전까지 대표적인 스마트폰의 운영 체제였던 윈도 모바일을 탑재한 스마트폰들은 윈도처럼 프로그램들의 설치도 복잡했고, 실행 역시 시작 버튼을 클릭한 후 관련 폴더나 경로를 찾아야 하는 등 어려운 점이 많았으며, 실행 속도도 빠르지 않았다. 하지만 아이폰은 모든 작업을 아이콘 위주로 배치하여 프로그램 설치도 내장된 아이튠즈 스토어에서 몇 번의 터치만으로 다운로드와 설치까지 가능하며 결제도 빠르게 이루어진다. 프로그램의 실행도 폴더나 경로를 찾아 클릭할 필요 없이 바탕화면에 설치된 아이콘만 클릭하면 실행되어 스마트폰을 어려워하는 이들도 사용할 수 있다.

- 위키백과사전

다) 칸트에 따르면 예술미는 지성과 상상력이 조화를 이룰 때, 특히 상상력이 자유롭게 유희할 때 성립한다. 자유로운 상상력에 기반한 창조성은 최고도의 생산적 정신 능력이다. 예술은 단순한 여흥이나 장식이 아니고 보편 가치로서의 미를 추구하기 때문에 예술가에게 창조성은 필수 조건이다. 비단 예술가뿐만 아니라 모든 분야에서 선도적 역할을 맡는 인물들에게도 이 조건이 요구된다.

- 서울대 기출 제시문 중에서

라) 공리(utility)의 원리는 이해관계가 걸려 있는 당사자의 행복을 증가시키거나 감소시키는 경향에 따라 모든 행위를 승인하거나 부인하는 원리를 의미한다. (……) 공리는 어떤 것이든 이해관계가 걸린 당사자에게 혜택, 이점, 쾌락, 선, 행복을 가져다주거나 불운, 고통, 악, 불행이 일어나는 것을 막아 주는 그러한 속성을 의미한다. (……) 공동체는 구성원으로 여겨지는 개인들로 이루어진 허구체다. 그렇다면 공동체의 이익이란 무엇인가? 그 이익이란 공동체를 구성하는 여러 개인들이 얻는 이익의 총합이다.

- 벤담, 〈도덕과 입법의 원리〉 중에서

마) 평등에는 두 가지 종류가 있으니 하나는 수량적인 평등이고, 다른 하나는 비례적인 평등이다. 전자는 수 또는 크기에 있어서의 동일 또는 균등을 의미하며, 후자는 비율에 있어서의 균등을 의미한다. (……) 앞서도 말한 바와 같이 사람들은 관념적으로 사회정의란 비례의 문제라는 데에는 동의한다. 그러나 어떤 사람은 그들이 어느 한 면에서 동등하다면 모든 사람이 절대적으

로 동등하다고 생각하며, 또 어떤 사람은 어느 속성이 동등하지 않다면 동등해서는 안 된다고 생각한다는 점에서 서로 의견이 다른 것이다. 그러므로 빈민정치와 과두정치라고 하는 두 개의 주요한 정치 형태가 존재하는데, 가문이 좋고 덕이 있는 사람의 수는 드물지만, 경제적으로 부유한 사람이라든가 빈민들은 그보다는 흔하기 때문이다.

- 아리스토텔레스, 『정치학』 중에서

길잡이

가) : 주장과 대안

나) : 개괄적 설명, 비교대조

다) : 대상의 원리

라) : 개괄적 설명

마) : 비교대조

3. 숨은 뜻을 찾아라, 문학 작품의 독해

논술 제시문으로 종종 문학 작품이 끼어 있는 경우가 있습니다. 문학을 포함한 모든 예술은 현실을 반영하고 있기 때문에 구체적인 사회상을 담고 있게 마련입니다. 이미지 혹은 서사를 통해 드러나는 사회의 모습을 어떻게 바라볼 것인지를 묻고자 할 때 문학 작품은 유용한 제시문이 될 수 있습니다. 문학 작품의 독해야말로 평소 꾸준한 작품 감상에 바탕을 두겠지만 대부분의 논술 제시문에 쓰이는 문학 작품은 상황을 제시하고 논의 대상을 구체적으로 제시하기 위한 것일 때가 많습니다. 따라서 작품이 환기시키는 특정 상황과 대상을 추려 내는 데에 중점을 두어야 합니다. 아울러 작품이 여러 갈래로 해석될 수 있다 하더라도 타 제시문과의 연관성을 고려하여 연관되는 내용만을 추려 내야 합니다.

운문의 독해

지금껏 대입 논술에 쓰인 시들 대부분은 명확한 주제와 시사성이 있는 소재를 가진 작품들입니다. 이는 대입 논술만의 특성이 아니라 논할 대상이 분명히 제시되어야 하는 모든 논술에 공통적으로 적용된다고 할 수 있습니다. 따라서 시를 해석함에 있어 우리가 학교에서 배운 이러저러한 지식들을 모두 배제하고, 시가 궁극적으로 말하고자 하는 바가 무엇인지를 찾는 데 집중해야 합니다.

독해할 때의 포인트는 다음과 같습니다.

- ☑ **시의 초점이 되는 궁극 대상은 무엇인가?**
- ☑ **그 대상의 속성으로써 세부 특징 및 문제점은 무엇인가?**
- ☑ **다른 제시문과 어떠한 연관성을 가지는가?**

〈예시글〉

그는 심판관을 믿지 않는다
판정승을 기대하지 않는다
심판관은 쉽게 매수되기 때문이다
그는 심판관을 믿지 않는다
판정승을 기대하지 않는다
이 점에서 무신론자 같지만
그렇지 않다 그는 벌거벗은 채
승부욕이 강하게 싸운다
이 점은 순교자와 같다
서로 좋게 승리로 이끈다면 얼마나 좋으랴
그가 뛰는 링은 종종 피범벅이다
이 점은 불란서 혁명과 같다
마빈 헤글러는 세계 챔피언이다
하지만 죽음의 왕 앞에선……

이 점은 불쌍한 투우와 같다

-최승호, 〈권투왕 마빈 헤글러〉 (고려대 기출)

이 시를 활용하여 제시된 논제는 '사회의 불신'이었습니다. 시는 그러한 불신의 모습들을 하나의 사례로써 제시한 '불신의 현장'이라고 할 수 있습니다. 이 시에서 밑줄 그어야 할 키워드는 '순교자'입니다. '헤글러는 불신의 챔피언이며 투우이다. 즉 불신의 순교자'라는 것까지만 해석하면 됩니다. 나머지는 다른 제시문과의 연관성을 통해 보충할 수 있습니다. 참고로 어떠한 논제도 시 해석이나 감상 자체를 묻지는 않습니다.

서사(소설, 희곡 등)의 독해

서사에서는 지배적인 사건 혹은 인물들 간에 벌어지는 갈등 양상에 주목합니다. 갈등을 사례로 활용하는 논제가 가능합니다. 이때에는 갈등의 특징만을 정확하고 간결하게 추려 내면 됩니다. 또 갈등 자체보다 그의 원인을 활용하는 논제가 있을 수 있는데 인물의 속성, 갈등이 형성된 배경과 동기 등을 꼼꼼히 추려야 합니다.

독해의 포인트는 다음과 같습니다.

- ☑ 작품의 갈등은 한마디로 요약하면 무엇이라 할 수 있는가?
- ☑ 갈등에 관여하는 인물들끼리는 어떠한 관계에 있는가?
- ☑ 갈등을 유발시킨 동기 및 배경은 무엇인가?

〈예시글〉

이런 사회. 그런 사회로 가기도 싫다. 그러나 둘 중에서 하나를 골라야만 한다. 박헌영 동지가 체포되었다 하오. 전해 듣게 된 그 흉한 소식. 아버지. 그는 막다른 골목에 몰린 짐승이었다. 그때, 중립국에 보내기가 서로 사이에 말이 맞았다. 막다른 골목에서 얼이 빠져 주저앉을 참에 난데없이 밧줄이 내려온 것이었다. 그때의 기쁨을 그는 아직도 간직한다. 판문점. 설득자들 앞에서처럼 시원하던 일이란, 그의 지난날에서 두 번도 없다. (중략)

밤중.

선장은 문을 두드리는 소리에 잠자리에서 몸을 일으켰다. 얼른 손목에 찬 야광시계를 보았다. 마카오에 닿자면 아직 일렀다.

무슨 일이야?

석방자가 한 사람 행방불명이 됐습니다.

응?

지금 같은 방에 있는 사람이 신고해 와서, 인원을 파악해 봤습니다만, 배 안에는 보이지 않습니다. 선장은 계단을 내려가면서 물었다.

누구야, 없다는 게?

미스터 리 말입니다.

-최인훈, 〈광장〉 중에서 (고려대 기출)

이 소설이 제시된 논술 문제는 모순에 관한 여러 관점의 차이를 논제화했습니다. 모순은 서르 대립되는 쌍의 개념에서 출발하는데, 어떻게 논하느냐에 따라 단순 논리성의 문제로, 역사 발전에 관한 논의로도 확대될 수 있습니다.

작품에서 주인공 이명준은 남한과 북한 중 어디를 선택할까 고민하다 결국엔 죽음을 선택합니다. 그에게 '모순은 갈등이며 더 발전된 역사 단계로 가기 위한 생산적 과정으로 받아들여지지 않'았습니다. 작품은 여기까지만 말하고 있고 독해도 여기에서 멈춰야 합니다.

연습문제

다음 문학 작품들을 전달 사항을 중심으로 독해해 보자.

1.

이른 아침 6시부터 밤 10시까지 하루도 빠짐없이
그는 의자 고행을 했다고 한다.
제일 먼저 출근하여 제일 늦게 퇴근할 때까지
그는 자기 책상 자기 의자에만 앉아 있었으므로
사람들은 그가 서 있는 모습을 여간해서는 볼 수 없었다고 한다.
점심시간에도 의자에 단단히 붙박여
보리밥과 김치가 든 도시락으로 공양을 마쳤다고 한다.
그가 화장실 가는 것을 처음으로 목격했다는 사람에 의하면
놀랍게도 그의 다리는 의자가 직립한 것처럼 보였다고 한다.
(……)

끝없는 수행정진으로 머리는 점점 빠지고 배는 부풀고
커다란 머리와 몸집에 비해 팔다리는 턱없이 가늘어졌으며
오랜 음지의 수행으로 얼굴은 창백해졌지만
그는 매일 상사에게 굽실굽실 108배를 올렸다고 한다.
수행에 너무 지극하게 정진한 나머지
전화를 걸다가 전화기 버튼 대신 계산기를 누르기도 했으며
귀가하다가 지하철 개찰구에 승차권 대신 열쇠를 밀어 넣었다고도 한다.
(……)
다만 혹독하다면 혹독할 이 수행을
외부 압력에 의해 끝까지 마치지 못할까 두려워했다고 한다.
그나마 지금껏 매달릴 수 있다는 것을 큰 행운으로 여겼다고 한다.
그의 통장으로는 매달 적은 대로 시주가 들어왔고
시주는 채워지기 무섭게 속가의 살림에 흔적 없이 스며들었으나
혹시 남는지 역시 모자라는지 한 번도 거들떠보지 않았다고 한다.
오로지 의자 고행에만 더욱 용맹정진했다고 한다.
그의 책상 아래에는 여전히 다리가 여섯이었고
둘은 그의 다리 넷은 의자 다리였지만
어느 둘이 그의 다리였는지는 알 수 없었다고 한다.

- 김기택, 〈사무원〉 (고려대 기출)

2.

리어왕 : 자 그럼 말해 봐라, 내 딸들아, 나는 지금부터 영토의 지배권이나 소유권은 물론, 국사의 번거로움도 모두 다 벗어 버릴 생각인데 도대체 너희들 중에서 누가 나를 제일 사랑하고 있느냐? 나에 대한 사랑과 효성이 가장 깊은 딸에게 가장 으뜸가는 몫을 주겠다. 거너릴아, 네가 맏딸이니, 우선 너부터 말해 봐라.

거너릴 : 입으로는 말할 수 없을 정도의 애정, 무엇과도 비교할 수 없는 애정으로써 아버님을 사랑하고 있습니다. (중략)

리어왕 : 자, 그럼 내 귀여운 막내딸의 차례다. 언니들 것보다 기름진 3분의 1을 차지하기 위해, 넌 뭐라고 하겠느냐? 말해 봐라.

코딜리아 : 드릴 말씀이 아무것도 없습니다.

리어왕 : 아무것도 없다고?

코딜리아 : 네, 그렇습니다. 아버님을 사랑하는 것은 자식으로서의 제 본분입니다. 단지 그뿐입니다.

리어왕 : 아니 뭐라구? 코딜리아야, 말을 좀 고쳐 해라. 그렇지 않으면 네 재산에 손해가 돌아간다.

코딜리아 : 아버님, 아버님은 저를 낳으시고, 기르시고, 사랑해 주셨습니다. 저는 그 은혜에 보답하기 위해서 당연히 해야 할 의무를 다할 것이며, 아버님께 순종하고, 아버님을 사랑하고, 마음으로부터 공경하겠습니다.

리어왕 : 그게 네 본심이냐?

코딜리아 : 네, 아버님.

리어왕 : 어린 나이에 어찌 그리도 완고하냐?

코딜리아 : 나이가 어린 만큼 진실을 말씀드리는 것입니다, 아버님.

리어왕 : 그럼 좋다, 그 진실이라는 걸 결혼 지참금으로 삼도록 해라! 굳게 맹세한다. 나는 앞으로 너에 대해 아버지로서의 정리(情理)는 물론 그리고 앞으로는 영원히 너와는 아무런 관계도 없는 생판 남으로 생각하겠다. 예의 야만스런 스키타이 인이나, 자기의 식욕을 채우기 위해서라면 제 자식이라도 잡아먹는다는 인간을, 이 가슴에 껴안고 불쌍히 여기며 돌봐주는 편이 차라리 낫겠다, 너 같은 딸을 사랑하기보다는.

– 셰익스피어, 〈리어왕〉 중에서 (건국대 기출)

1.

키워드는 '소외'입니다. 꽤 긴 분량의 시이지만 시의 대부분은 직업 노동을 수행함으로써 자기 자신으로부터 소외되는 동일 인물의 여러 모습을 형상화하는 데에 할애하고 있습니다. '부품 나사처럼 한 공간에 정주하여 인간적으로 왜곡된 모습을 유지하며 살 수밖에 없는 현대 소시민의 모습' 정도로 독해할 수 있겠습니다.

2.

갈등의 양상은 분명합니다. 아버지 리어왕과 딸 코딜리아의 소통 문제입니다. 코딜리아는 자식으로서 부모를 사랑하는 것이 지극히 당연한 본분이기에 언니들처럼 '간지러운' 언어를 구현하지 못합니다. 아니, 하지 않습니다. 그녀에게 언어 표현은 자기의 의지와 가치관을 드러내는 행위인 것입니다. '분명한 자신의 의지와 가치관을 정립하고 그에 걸맞게 표현 및 행위를 하는 사람과 이것의 진심을 쉽게 헤아려 주지 못하는 사람간의 갈등'으로 독해할 수 있습니다.

4. 표와 그래프가 무섭다고? 도식의 독해

도식이란 어떤 내용을 임의적 표현 형식에 따라 체계화시키는 것입니다. 대표적인 예가 시계입니다. 우리는 시계가 보여주는 몇 가지 요소들을 통해 시간의 현상과 흐름을 인식합니다. 사실 인간이 시간을 명확히 인식하기란 불가능합니다. 다만 인간들끼리의 편리를 위해 시, 분, 초의 구분을 만들어 놓은 것입니다. 시계는 모호한 시간 개념을 인간이 인지할 수 있는 구성 요소로 감각화해 놓은 것입니다. 이처럼 우리 주변에는 복잡 다양한 내용이나 과정의 추이를 살펴보아야 하는 대상, 그리고 어떤 요소들이 어떤 작용을 통해 어떤 결과를 내는지 등을 도표나 그래프로 그려 냅니다. 이에 대한 독해는 다시 이를 거꾸로 거슬러 올라가는 작업입니다. **제시문에는 통계 관련 표와 그래프, 순서도, 구조 관계 등이 출제됩니다.**

독해할 때의 포인트는 다음과 같습니다.

- 도식의 목적은 단순화다. 독해 역시 핵심적인 몇 가지를 추려 내는 것에 집중한다.
- 현상을 발생시키는 원인, 현상이 발상될 때까지의 과정을 추려 낸다.
- 경우에 따라 여러 제시문의 내용을 총괄하는 의미로써 도식이 제시되기도 한다. 이때는 앞 제시문의 내용을 모두 참고하여 독해한다.

그럼 실제 도식을 한 번 살펴봅시다.

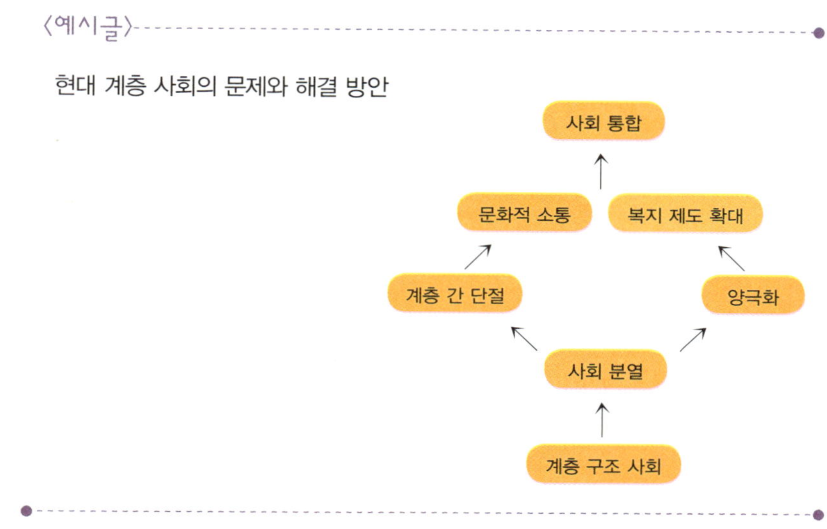

현대 사회의 특징으로 '계층 구조 사회'를 전제하고 있습니다. 이는 '계층 간 단절된 문화', '양극화된 경제 수준' 이라는 문제점을 발생시킵니다. 대안으로 '소통'과 '복지 제도'를 추진함으로써 궁극적으로 사회통합을 지향합니다.

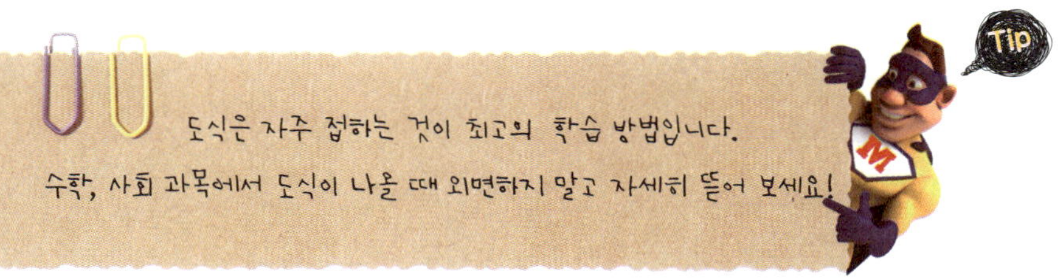

Tip
도식은 자주 접하는 것이 최고의 학습 방법입니다.
수학, 사회 과목에서 도식이 나올 때 외면하지 말고 자세히 뜯어 보세요!

〈예시글〉

계층별 소비 유형

항목 \ 계층	상		중		하	
	예	아니오	예	아니오	예	아니오
옷은 세일 기간을 이용하여 옷을 구입한다.	53.6	46.4	75.4	24.6	68.5	31.5
예정에 없더라도 마음에 드는 옷을 발견하면 구입한다.	66.1	33.9	40.7	59.3	18.9	81.1
비싼 옷을 한 벌 사기보다 싼 옷을 여러 벌 구입한다.	16.1	83.9	39.3	60.7	65.5	34.5
비싸더라도 유명 브랜드 옷을 구입한다.	52.7	47.3	33.5	66.5	9.7	90.3
건강 식품을 먹는다.	67.3	32.7	33.0	67.0	12.9	87.1
식기류의 디자인이나 상표에 신경을 쓴다.	74.5	25.5	47.5	52.5	21.6	78.4
음식을 잘하는 집을 찾아 다닌다.	89.1	10.9	72.1	27.9	41.4	58.6
식후에 과일을 먹는다.	85.5	14.5	58.9	41.1	18.5	81.5

(고려대 기출)

계층에 따른 소비 및 생활 패턴을 보여 주는 통계입니다. 하위층은 전반적으로 비용이 적게 드는 것으로 일관되고 있습니다. 상위층의 경우 건강 식품, 식기류, 식후 과일 등 부차적인 항목에까지 소비가 많은 편입니다. 중산층은 상위층과 하위층의 선호를 골고루 포함하고 있습니다.

다음 도식들에 대한 간략한 해석을 해 보시오.

1. 여성 취업자의 산업별 비중 추이

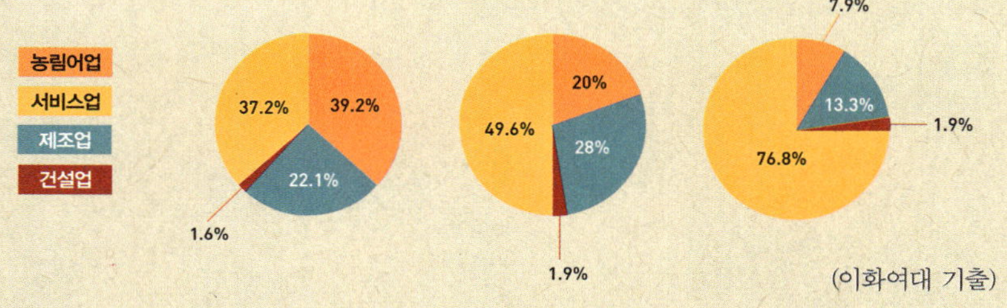

(이화여대 기출)

2. 상한가격제

상한가격제란 수요와 공급에 의해 형성되는 시장가격이 너무 클 때에 정부가 제한하는 가격상한선을 가리킨다.

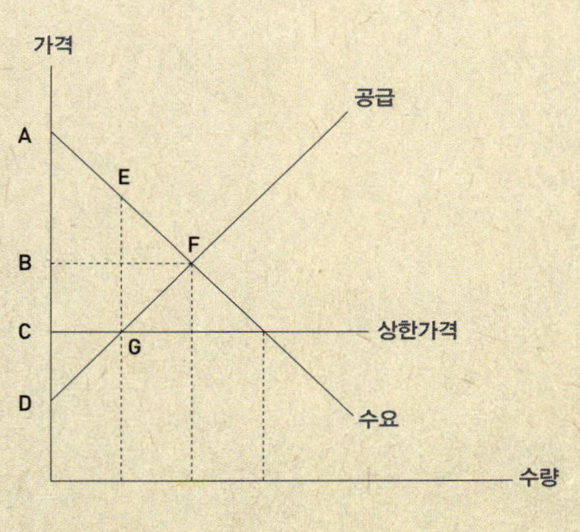

3. 편승 효과

편승 효과란 대중적 인지도가 높은 대상에 함몰되는 현상으로 선거에서는 선거 전 여론 지지도가 높은 사람이 점점 지지도가 높아지고, 시장에서는 유행하고 있는 상품이 더욱 소비되는 현상을 예로 들 수 있다.

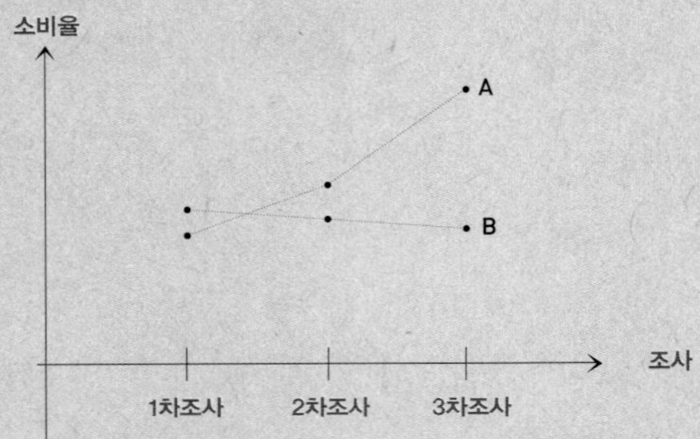

1.

서비스업 종사자의 증가는 남녀를 초월한 산업 발전의 변화 과정에 원인이 있지만 특히 80%에 육박하는 여성 비중의 증가는 의료, 교육, 금융 등의 전문 분야에 고학력 여성이 대거 취업하였기 때문이라 볼 수 있습니다. 한편 계산원, 안내원, 서빙 등 단순 서비스업에 여전히 여성의 직업이 편중되었음도 확인할 수 있습니다.

2.

상품 가격이 내려갔으나 이는 정부에 의한 인위적인 가격이기 때문에 해당 가격에 상품을 공급할 수 있는 생산자만 상품을 공급할 수 있습니다. 이로 인해 공급 물량이 줄어들 가능성이 높고 소비자는 일정 부분 물품 부족을 겪게 됩니다.

3.

A 상품과 B 상품은 동일한 상품 유형으로 1차 조사에서는 B가 근소하게 앞섰으나 2차 조사에서부터 역전되고 있고 3차 조사에서는 확연한 차이로 앞서고 있습니다. 만약 2차 조사에서의 역전이 A회사의 마케팅 전략이 유효했기 때문이라고 가정한다면 3차 조사에서의 증가에는 편승 효과가 일부 영향을 미쳤으리라고 짐작할 수 있습니다.

마열다의 분필

대입 논술은 언제부터 시작되었나

논술 고사가 정확히 대입 전형의 한 방법으로 정착된 것은 1994년입니다. 그 전에도 교육대학과 신학대학에서 인성 평가를 목표로 한 논술 고사가 있었고, 대입 정시에서도 본고사 과목 내에 논술 평가가 있었지만 지금의 논술과는 차이가 있었습니다. 따라서 논술 고사가 완전히 정착된 해는 1994년으로 보는 것이 무리가 없습니다.

논술은 선진 교육을 도입하고자 한 노력의 결과물입니다. 우리나라의 교육 제도는 워낙 자주 바뀌었던 탓에 과거의 흐름을 단 한마디로 규정하기는 힘들지만 90년대 초 민주주의가 가속화되고 경제 성장률이 높아지면서 기존의 교육 구조에 문제를 제기하는 사회적 분위기가 형성되었습니다. 그리고 이러한 기류를 타고 교육부와 서울대학교는 94년도 새 대학 입시 제도안을 발표하였는데 기존의 평가 방식에 비교했을 때 상당히 개혁적이었습니다. 다음은 당시 일간지에 실린 기사입니다.

교육부의 새 대학입시제도 시행 기본계획에 따라 서울대는 이제 13년만에 대학 스스로 교육목표에 맞는 학생을 선발하는 자율권을 회복하게 됐다. (……) 서울대는 그동안 자체 교육 목표에 부합되는 입시 제도를 마련하고자 각종 입시관련위원회와 연구팀을 프랑스와 독일 등에 파견, 선진 각국의 대학입시제도를 연구했다. (……) 서울대의 출제 경향은

다양한 독서와 폭넓은 사고력을 갖춘 학생을 선별하려는 교육부의 지침에 따를 것이다. 그러나 객관식 시험 위주로 짜여진 현행 고교 교육 현실을 감안해, 전면적인 논술형 시험을 일단 보류하고 논술-단답형이 혼합된 절충형으로 출제하도록 하겠다. 앞으로 대학별 고사를 시행하면서 계속 문제점을 보완해 점차 논술을 확대할 방침이다.

- 조선일보 1993. 02. 13

7장

고득점을 노려라!
추론 고수가 되는 법

열다는 지금 군에 입대해서 열심히 국방의 의무를 다하고 있는 중입니다. 그런데 어느 날 아무 예고 없이 여자친구가 면회를 와 드라마 여주인공 같은 대사를 늘어놓습니다. 사는 게 허무하다느니, 아픈 만큼 성숙한다느니…….

열다는 사랑하는 여자친구의 방문이 기쁘고, 그녀가 사 온 피자를 먹느라 무슨 말을 해도 좋게만 들립니다. 그저 이 상황이 달콤할 뿐입니다.

"건강한 모습 봤으니까 됐다. 끝까지 국방의 의무 잘 마치고 씩씩한 군인 되기를 바래."

여자친구는 그렇게 돌연 작별 인사를 건네고 유유히 부대 정문을 빠져나갑니다. 열다는 짧은 만남이 못내 아쉽지만 먼 산골짜기까지 면회 온 여자친구에게 감동받아 그저 훈훈할 뿐입니다.

며칠 지나 여자친구로부터 편지가 왔습니다. 편지에는 여전히 드라마 여주인공의 대사 같은 내용이 잔뜩 쓰여 있습니다. 그리고 끝부분에는 이렇게 쓰여 있습니다.

'추신 – 좋은 추억으로 간직할게. 행복해야 해.'

그제야 열다도 정신이 듭니다! 피자는 이별 선물이었던 것입니다!

주변에 혹시 "사오정이다", "말귀를 못 알아 듣는다", "맹하다"는 말을 듣는 친구들이 있지 않나요? 아, 내가 바로 그렇다고요?

그 말은 곧 "추론을 못 한다"는 말과 같은 뜻입니다. 열다는 여자친구가 면회를 와 드라마 여주인공 같은 대사를 늘어놓을 때 고무신 거꾸로 신겠다는 숨은 뜻을 "추론"해야 했습니다. 세간에서 "똑똑하다"는 말을 듣는 사람들은 대부분 추론을 잘하는 사람들이랍니다. 눈부신 과학 기술의 발전도 추론이 있었기에 가능했다는 사실!

1. 추론은 논리학의 아들

추론은 기존 판단을 바탕으로 다른 새로운 판단을 이끌어 내는 것을 뜻합니다. 그래서 우리가 누군가를 '똑똑하다, 영리하다'라고 칭찬할 때는 '많은 것을 알고 있다'는 뜻으로 지식의 양이 많은 것을 가리키는 경우도 있지만, 제시된 몇 개의 자료, 사실들을 바탕으로 새로운 판단을 이끌어 내는 '과정의 명석함'을 일컫는 경우도 있습니다.

가령 처음 가 본 산에서 길을 잃었을 때 지형과 해의 각도 등을 통해 하산길을 스스로 알아내는 사람이 있다면 우리는 그를 보고 "똑똑하다"고 칭찬할 것입니다. 몇 가지 사실들을 연결시킨 다음 결론을 유도하기 위해 필요한 기술이 바로 '추론'입니다.

2장에서 논리학은 올바르고 효율적인 사고에 관한 연구라고 했습니다. 자연 세계에 존재하는 대상에 대한 연구가 아닌, 수학과 같이 방법과 과정에 관한 메타 학문이라고 했습니다. 추론 역시 사물을 관찰하고 판단을 이끌어 내는 과정에 관한 연구이기에 논리학의 영역에 포함됩니다. 의식하지 않을 뿐 누구나 일상에서 논리적 사고 활동을 행하는 것처럼 추론 역시 빈번하게 이루어집니다.

또 대입 시험뿐만 아니라 LEET, MEET, DEET와 같은 전문직 시험에서도 추론 능력은 중요한 측정요소입니다. 치과에 가서 환자가 "어금니 끝이 아리다"라는 표현을 했을 때 의사는 '아리다'라는 통증 표현을 참고해 여러 원인들을 '추론'해야 하기 때문입니다.

논술에서 추론의 적용

논술에서 추론은 두 가지로 구분할 수 있습니다. 하나는 제시문을 독해할 때 주어진 내용을 바탕으로 부수적인 내용을 독자 스스로 끌어내는 것이고, 다른 하나는 추론 형식에 맞는 구성으로 논술문을 작성하는 것입니다. 전자가 남의 생각을 이해하기 위해 추론을 활용하는 것이라면 후자는 나의 생각을 이해시키기 위해 추론을 적용하는 것입니다.

이런 추론은 글에서 구체적으로 어떻게 표현될까요? 즉 어떤 글을 추론이 적용된 글이라 할 수 있을까요? 기존 판단을 바탕으로 새로운 판단을 이끌어 내는 과정이 글에 반영되어 있으면 일단 추론이 적용된 글이라 할 수 있습니다. 따라서 기존 판단을 논거로 하고 새로운 판단을 논지로 하는 논술문은 모두 추론이 적용된 글이라 할 수 있습니다.

추론의 적용과 관련하여 가장 쉽고 간편한 방법은 논리학에서 제시하는 대표적인 추론법들인 **연역, 귀납, 변증**을 적용하는 것입니다. 이 형식에 부합하도록 글을 구성하는 것은 곧 추론을 적용하는 것과 다름없기 때문에 이 형식에 맞춰 글을 쓴다면 지금 이 글이 올바른 추론이 되고 있는지를 새삼 따져 볼 필요가 없습니다.

이들 추론법은 예나 지금이나 인문, 사회, 자연, 과학 전 영역에서 가장 널리 쓰이는 방법들입니다. 그래서 생소하고 낯선 내용이라 하더라도 이들 추론법이 적용된 글은 독자에게 익숙한 느낌을 줄 수 있습니다. 서양 음식을 처음 먹어 보는 사람에게 뚝배기에 음식을 담아 젓가락을 제공하면 좀 더 익숙한 느낌을 줄 수 있는 것과 같은 이치입니다. 그리고 이런 까닭에 좀 더 쉽고 명확한 논술을 할 수 있고 이는 고득점으로 이어질 확률이 큽니다.

형식의 올바름과 내용의 올바름

사고 형식이 올바르다고 해서 그 내용까지 올바르다고 할 수는 없습니다. 길을 잃었을 때 나침반과 지형을 참고하는 것은 논리적으로 올바르지만 왜 나침반은 북극을 가리키는가는 논리와 관계가 없습니다. 이는 나침반에 관한 특수한 지식입니다.

ex_소크라테스는 사람이다.
사람은 죽지 않는다.
따라서 소크라테스는 죽지 않는다.

ex_A는 B이다.
B는 C이다.
따라서 A는 C이다.

'사람은 죽지 않는다'는 잘못된 전제 때문에 잘못된 결론이 나왔지만 논증 형식은 올바릅니다.

ex_모든 물고기는 날지 못한다.

마열다는 날지 못한다.

따라서 마열다는 물고기이다.

ex_A는 C이다.

B는 C이다.

따라서 B는 A이다.

전제에 사용된 명제는 모두 참이지만 논증은 잘못되었습니다. 전제에서 '날지 못한다'를 매개로 하여 물고기와 마열다를 연결시키고 있는데요. 이렇게 배열하니까 전혀 엉뚱한 결론이 추론되고 있습니다. 거듭 강조하지만, 추론에서 중요한 것은 기존의 정설 혹은 공리들을 논리적으로 올바른 구조에 맞게 배열하는 것입니다. 따라서 '추론이 올바르다'라는 말은 '내용이 참이다'라는 말이 아니라 결론을 유도해내는 과정이 올바르다는 말입니다. 논리적으로 말한다고 해서 그 내용이 항상 참은 아닌 것과 같은 이치입니다.

이는 논증의 한계이자 동시에 가능성입니다. 즉 논증은 논리적 적절성만을 따지기 때문에 대상 자체의 속성에 관여할 수 없습니다. 그러나 또한 그렇기에 모든 학문 활동에서 공통적으로 애용하는 도구가 될 수 있습니다.

2. 연역 논증(Deduction)

전제가 참이면 결론도 반드시 참인 추론 방식입니다. 결론이 전제 속에 이미 포함되어 있어 다른 결론이 나올 가능성이 0%입니다. 논증이 올바르게 진행되었을 경우 타당한 논증, 그렇지 않을 경우 부당한 논증이라 부릅니다.

모든 사람은 죽는다.

소크라테스는 사람이다. (전제)

그러므로 소크라테스는 죽는다. (결론)

논증이 '타당'하다는 것은 참의 결론이 참의 전제에서 연역되었다는 것을 뜻합니다. 이 타당성은 항상, 절대적으로 변화가 있을 수 없습니다. 이를 위해 다음 조건들을 만족해야 합니다.

- 전제는 결론이 참이 되기 위한 결정적 근거를 갖고 있어야 한다.

  ex_순이는 여대 출신이다. 따라서 순이는 여자다.

여학교라는 사실에 여학생만 다니는 학교라는 사실이 이미 내포되어 있습니다. 결국 연역은 큰 범위의 속성에서 작은 범위의 속성을 추려 내는 일이라고 할 수 있습니다. 일부 사전이나 인터넷에 '일반적인 법칙에서 특수한 법칙을 찾는 것'이라 기술된 경우가 많은데, 틀린 말은 아니지만 연역 논증의 개념을 일반-특수로 왜곡시킬 수 있습니다.

- [x] 또 다른 전제가 제시되더라도 결론이 영향을 받지 않는다.

ex_모든 포유류는 죽는다.

마열다는 포유류이다.

+마열다는 또한 사람이다.

따라서 마열다는 죽는다.

훗날 어떤 계기로 '마열다는 사람이다'는 새로운 진리가 얻어졌다 해서 이의 적용이 기존 진리를 무너뜨려서는 안 됩니다. 만약 새로운 진리, 혹은 다른 전제의 적용으로 결론이 달라질 경우 이는 타당한 결론이 아니며 더 이상 진리가 아닌 까닭에 폐기되어야 합니다.

- [x] 연역 논증은 공리이거나, 정의가 가능한 명백한 사실을 포함해야 한다.

ex_지구에는 중력이 작용한다.

따라서 사과를 던지면 결국 떨어질 것이다.

공리라 함은 더 이상이 증명이 필요없는 자명한 진리를 가리킵니다. 그리고 이런 까닭에 다른 명제를 증명하기 위한 전제로 사용될 수 있습니다.

- 필요충분조건을 만족할 경우 가장 타당하다.

  ex_당신이 신이라면 당신은 우리의 운명을 결정짓는다. (당신이 우리의 운명을 결정짓는다면 당신은 신이다.)

신, 그리고 운명을 결정짓는 존재는 결국 같은 대상을 가리킵니다. 둘은 서로 필요충분조건이라 할 수 있는데 둘 중 하나의 속성을 가질 경우 다른 속성을 자동적으로 얻습니다. 동일 대상, 동치 관계이기 때문입니다.

연역은 주로 절대적 개념을 분석할 때에 사용합니다. 모든 학문 분야에서 개념을 가정하고 이를 바탕으로 하위 개념들을 만들어 낼 때에 적당합니다.

ex_나는 생각한다. 고로 존재한다.

나는 마열다다. 따라서 나는 나다.

이것은 저것이 아니다. 따라서 두 개다.

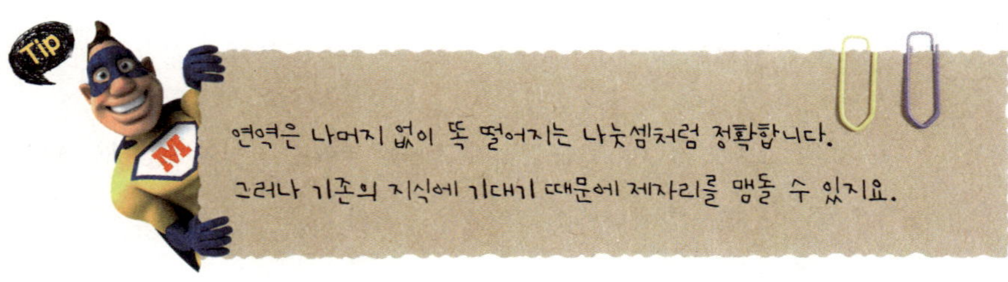

Tip
M
연역은 나머지 없이 뚝 떨어지는 나눗셈처럼 정확합니다.
그러나 기존의 지식에 기대기 때문에 제자리를 맴돌 수 있지요.

연역적 전개를 활용한 논술문

연역적 전개를 활용하는 논술은 우리가 보편적 진리로 인정하는 공리나 사실을 하나의 전제로써 서론에 언급하고 이를 증명해 나가는 방식으로 이루어집니다. 최초의 전제에서 벗어나지 않으면서 이에 편승하여 나의 논지를 끌고 가는 방식입니다. 그리고 이러한 증명 과정을 통해 나만의 결론을 추론합니다.

〈습작 예시〉

교육 개혁에 대해 어떻게 생각하는가?

〈추론하기〉

사회는 개인들의 집합이다.

교육은 개인을 결정 짓는다.

따라서 교육은 사회를 결정 짓는다.

〈논지, 논거 정리〉

논지 : 교육 개혁을 하자.

논거 1 : 교육이 개인과 사회에 미치는 영향

논거 2 : 교육 개혁을 통한 사회 발전 가능

〈개요〉

서론 : 개인의 가치관이 모여 사회의 가치관으로 수렴됨

본론 1 : 교육을 통해 개인의 가치관 형성 및 변화 가능

본론 2 : 사회 발전을 위한 선조건으로써 교육 발전

결론 : 교육 개혁을 통한 사회 발전 강조

〈완성글〉

어떤 사회든 나름의 주요하고 지배적인 가치관이 있기 마련이다. 그리고 그 사회에 담긴 많은 개인들에게서 이러한 가치관을 확인하기란 어렵지 않다. 역으로 생각해 보면 개별 개인들이 모여 하나의 사회를 이루듯이 개별 가치관들이 모여 하나의 가치관을 형성하였기 때문이다. (……) 사회 발전을 꾀하기 위해서는 먼저 개인 가치관의 변화가 전제되어야 함을 생각할 수 있다.

교육은 여러 기능을 수행하지만 이들을 통틀어 정리하면 '존재의 보존과 발전'이라 할 수 있다. 인간은 자기 자신을 보호하고 다른 사람들과 관계하는 방법 등을 교육적 기회를 통해 터득해야 하며 이들의 체적은 자연스레 가치관의 형성으로 귀결된다. 체적이란 말 그대로 기존의 것에 또 다른 것이 쌓이는 양의 증가를 가리키지만 기존의 것을 대신하는 속성의 변화도 포함한다. 이는 존재의 보존과 발전 중 보다 발전적 측면에 기여하는 부분이다.

개인들에 의한 사회라는 너무나 명확한 개념에서 보았을 때 개인의 발전은 사회의 발전으로 확대될 수밖에 없다. 그리고 그 개인의 발전에 가장 큰 역할을 하는 것이 교육이기에 결국 교육의 변화가 사회 발전을 가져오는 주요 원인이 된다. 사회 발전을 강조하는 사람이 교육의 변화를 간과할 수 없는 이유이다. 역사의 발전을 이끈 위대한 인물들 중 상당수가 교육학자에 버금갈 만큼 교육에 관심을 쏟아 부었던 것도 같은 이유에서다.

모든 사회는 당면한 문제를 갖고 있다. 그리고 이를 포착하는 것은 어렵지 않다. 다만 현재의 문제는 여러 사람들의 이해관계가 모여 발생한 현상이기에 사회 구성원들이 그동안의 삶의 방법과 태도를 바꾸지 않는 한, 자신의 가치관을 수정하지 않는 한 좀처럼 해결되지 않는다. 교육은 다소 시간이 걸리지만 근본적인 변화를 꾀하는 처방이 될 수 있다. 따라서 사회를 비판하고 올바른 사회를 꿈꾸는 사람이라면 더불어 교육 개혁에 관심을 가질 때에 비로소 자신의 말에 구체성과 책임감을 획득할 것이다.

-학생 글

브레인스토밍에서 정리한 논증 구조의 틀이 그대로 적용되고 있습니다. 두 가지 명제 '사회는 개인들의 집합이다', '교육은 개인을 결정 짓는다'는 논의의 전제이면서 서술의 범위를 명확히 해주는 역할을 합니다. 이런 명확성에서 도출된 논지는 그만큼 설득력을 갖습니다. 또 교육에 관해 논의할 수 있는 여러 요소들 중 '가치관'을 선택했기에 자칫 장황해질 수 있는 논의가 구체적이고 간결하게 이뤄지고 있습니다.

마열다의 분필

직접 추론

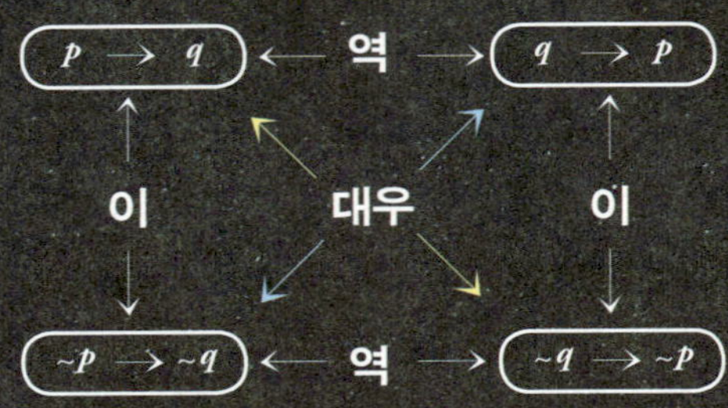

전제 하나와 결론 하나만으로 구성된 추론도 있습니다.

- **모든 A는 B이다. 따라서 어떤 A는 B이다.**
- **모든 사과는 과일이다. 따라서 어떤 사과는 과일이다.**

전제 하나로 다른 매개 없이 결론을 직접 끌어냈습니다. 이를 '직접 추론'이라고 합니다. 직접 추론은 명제의 뜻은 변형하지 않으면서 형식만 바꾸는 방법입니다. 주어와 술어의 위치를 바꾸거나(환위) 긍정과 부정을 서로 바꾸는(환질) 방법, 이들을 반복하는(이환) 방법이 있습니다. 수학 시간에 배운 역, 이, 대우와 비슷합니다. 직접 추론은 간편하고 분명한 논리적 관계를 보여줍니다. 생소한 내용에 기계적으로 적용시킬 경우 대상에 대한 1차적인 접근과 실마리를 찾을 수 있습니다. 그러나 내용이나 의미적으로 별 진전 없이 한 자리에서 맴돌 수도 있습니다.

3. 귀납 논증(induction)

여러 번의 관찰을 통해 비교적 가능성 높은 결론을 얻어내는 추론 방식입니다. 르네상스 시기의 철학자 프란시스 베이컨에 의해 강조되어 현대 과학 지식을 쌓는 데 많은 공헌을 했습니다. 연역처럼 100% 부합성을 목표로 하지 않기 때문에 다양하고 불확실한 자연 현상 탐구에 적절합니다.

- 전제가 결론을 보장하지 않는다.

  ex_이 학교에는 주로 여학생들이 다닌다.

  따라서 여학교일 가능성이 높다.

여학생들이 다닌다고 해서 꼭 여학교라는 보장은 없습니다. 학교는 남녀공학인데 어떤 이유로 현재는 여학생만 다니고 있는 상황일 수 있습니다. 따라서 이는 '가능성'입니다.

- 99.9%의 가능성이 있더라도 단 1%의 불가능성이 존재한다면 귀납이다.

  ex_윤재는 마열다가 잘생겼다고 생각한다.

재현이도 마열다가 잘생겼다고 생각한다.

문열이도 마열다가 잘생겼다고 생각한다.

따라서 마열다는 잘생겼다.

But 누군가는 마열다가 못 생겼다고 생각할 수 있다.

☑ 전제가 많을수록 결론을 확실하게 한다.

ex_100명의 사람들이 마열다가 잘생겼다고 생각한다.

따라서 마열다는 잘생겼다.

But 온 국민이 찬성한다고 해도 이것은 가능성일 뿐 타당성에 의한 것은 아니다.

☑ 유사한 속성을 통한 추리는 귀납이다.

ex_이 액체는 100도에서 끓는 것으로 보아 (전제)

물이 틀림없다. (결론)

앞에 놓인 액체의 특성이 물과 '유사'합니다. 이렇게 두 대상 간의 유사한 속성을 통해 짐작하여 추리하는 것을 **유추**라 합니다. 우리가 아직 발견하지 못한 액체 중에 100도에서 끓는 경우도 있을 수 있기 때문에 가능성의 영역이고 따라서 귀납입니다.

☑ 자연과학에서 실험 등을 통해 발견한 사실로 새로운 사실이나 이론을 세울 때 주로 사용한다.

ex_이 액체는 화성에서 가져왔다.

이 액체는 무향이다.

이 액체는 아무 맛이 없다.

이 액체는 100도에서 끓는다.

이 액체는 0도에서 언다.

이 액체의 분자는 H_2O로 구성되었다.

따라서 화성에는 물이 존재한다.

☑ 연역 논증의 형태를 띤 귀납 논증도 있다.

ex_모든 인삼은 사포닌 성분을 갖고 있다.

이 물에서 사포닌 성분이 검출되었다. (전제)

따라서 이 물은 인삼액이다. (결론)

연역이 아니라 귀납 논증입니다. 인삼은 분명 사포닌 성분을 포함하고 있지만 다른 식물 중에도 사포닌 성분을 갖고 있는 것은 많습니다. 연역이 되기 위해서는 전제가 결론을 항상 포함하고 있어야 합니다. 만약 사포닌 성분이 오로지 인삼에만 있는 구성 요소일 경우 위 논증은 연역 논증이 될 수 있겠죠?

ex_중력은 밑으로 떨어지게 하는 힘이다.

돌덩이를 던지면 밑으로 떨어진다. (전제)

따라서 중력은 항상 존재한다. (결론)

두 개의 특수한 사실들을 통해 일반화를 시도하고 있습니다. 분명한 귀납입니다. 전제가 100% 확실한 결론을 유도하지 못할 경우에는 모두 귀납입니다.

연역 논증과 귀납 논증의 차이를 정리해 봅시다.

연역 논증 vs. 귀납 논증

- 연역 논증 : 결론이 전제 속에 이미 포함되어 있어 다른 결론이 나올 가능성이 0%
- 귀납 논증 : 전제가 참이면 결론이 참일 수도 있는 가능성. 다만 가능성의 높고 낮음은 존재
- 연역 논증에 대한 평가 : 타당한 논증, 부당한 논증
- 귀납 논증에 대한 평가 : 강한 논증, 약한 논증

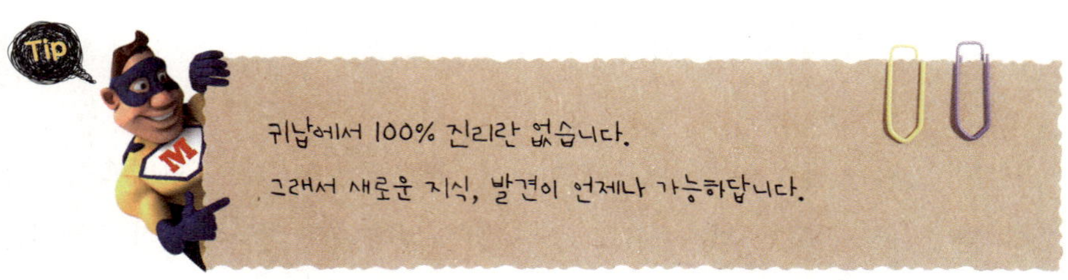

Tip
M
귀납에서 100% 진리란 없습니다.
그래서 새로운 지식, 발견이 언제나 가능하답니다.

귀납적 전개를 활용한 논술문

낱개의 여러 사실들을 나열하고 이들을 통해 생각해 볼 수 있는 의미를 추리하는 전개를 만들어 봅시다.

〈습작 예시〉

한국의 노래방 문화에 대해 논술하시오.

〈추론하기〉

한국인에게 노래방은 중요한 놀이 공간이다.

노래방 시설은 열악하다.

퇴폐적인 노래방이 많다.

→ 따라서 노래방 문화를 개선할 필요가 있다.

〈논지, 논거 정리〉

논지 : 노래방 문화를 개선하자.

논거 1 : 한국인에게 노래방의 중요성

논거 2 : 낙후된 노래방 시설들

논거 3 : 퇴폐적인 노래방 문화

〈간단 개요〉

본론 1 : 한국인들의 놀이 문화에서 노래방이 차지하는 부분은 크다.

본론 2 : 낙후된 노래방 시설과 이로 인한 안전사고 빈번

본론 3 : 퇴폐적인 노래방 문화 여전히 존재

결론 : 남녀노소 모두 즐기는 안전하고 건전한 노래방 문화 필요

〈완성글〉

전 세계의 수백 개의 나라들 중 한국만큼이나 길거리 문화가 발달되어 있고, 밤에도 환하게 불이 밝혀 있는 나라는 손에 꼽을 수 있을 정도로 드물다. 그만큼 한국은 놀이 문화가 발달되어 있고 또 사람들이 많이 찾는 것이다. 그 중에서도 발달한 곳은 노래방이다. (……) 유명한 노래방은 돈을 내고 대기실

에서 기다려야 할 정도로 이용하는 사람이 많다.

그러나 비록 요즘의 노래방이 시설상으로 더 위생적이고 편리해지고 대중화 되었다고 해도 여전히 지하의 어두운 곳에서 낙후된 시설로 운영되는 곳들이 허다하다. (……) 이는 우리나라에서 놀이 문화에서 큰 비중을 차지하는 노래방이 안전사고에 얼마나 무방비하게 노출되어 있는지 알게 해 주는 대표적인 사례이다. 특히 요즘 노래방은 안전사고에 대한 예방 조치가 덜 되어 있는 어린 아이들 또한 많이 찾기 때문에 그 사태는 더 심각하다.

우리나라는 다른 어느 나라들보다 놀이 문화가 발달한 나라이다. (……) 노래방이 계속 한국인들의 대표적인 놀이 공간이 되기 위해선 좀 더 밝아지고 좀 더 안전해질 필요가 있다.

-학생 글

노래방에 관한 여러 사실들을 나열하고 이를 통해 전반적인 노래방 문화를 개선하자는 결론을 이끌어 내는 구조입니다. 연역과 비교했을 때 필연성이 떨어지기에 논리적 유기성도 느슨해집니다. 귀납의 한계입니다. 그러나 귀납 논증은 논리적 비약이 없고 그만큼 담백한 서술을 할 수 있다는 장점도 있습니다.

4. 변증법(Dialect)

서로 모순되는 두 개 이상의 명제를 통해 새로운 제3의 결론, 다시 이와 모순되는 명제를 대입하여 제4, 제5의 결론을 거듭 도출하는 추론 방식입니다. 연역과 귀납처럼 똑 떨어지는 결론을 장담할 수 없는데 오히려 이런 까닭에 현실적 문제에 있어 유용한 추리를 가능하게 해 줍니다.

A : 나는 잘났다.

B : 너는 그것을 어떻게 확신할 수 있는가?

A : 주변 사람들이 그렇게 말한다.

B : 그 주변 사람들의 판단을 확신할 수 있는가?

A : 그들 대부분은 고학력자이다.

B : 고학력자들의 판단이 항상 옳은 건 아니다.

어디에선가 많이 본 듯한 대화법이지요? 철학자 소크라테스가 제자들과 무언가를 논할 때 주로 사용하던 방식입니다. A가 한 말에 대해 B는 계속 회의하는 입장을 보입니다. 그리고 둘의 대화는 어디로 어떻게 흘러갈지 짐작할 수 없습니다. 문답법은 대표적인 변증법입니다. 또 변증법에는 세 가지 단계가 존재하는데, 바로 **정**(正), **반**(反), **합**(合)입니다.

밥을 많이 먹으면 뚱뚱해진다. → 정

밥을 안 먹으면 마른다. → 반

따라서 알맞게 먹어야 한다. → 합

존재하는 하나의 사물(正) 내부에 있는 모순을 부정하고(反) 이를 통해 새로운 통합(合)의 과정으로 발전되는 것이 변증법의 논리입니다.

문답식 정, 반, 합

A : 오늘 점심은 쇠고기 안심 스테이크로 하자. (정)

B : 비싸잖아. (반)

A : 친구네 집이라서 공짜야. (합이면서 동시에 정)

B : 아무리 친구네 집이라고 그냥 먹을 순 없잖아. (반)

A : 그럼 반값만 내자. (합이면서 동시에 정)

B : 돈을 안 받으려고 할 거야. 좋은 방법이 아니야. (반)

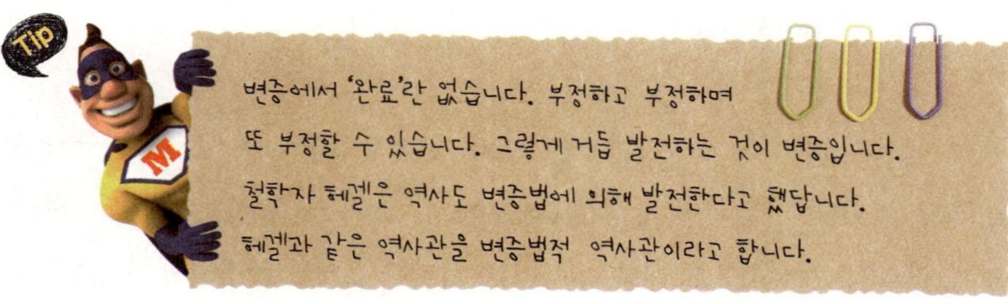

Tip
변증에서 '완료'란 없습니다. 부정하고 부정하며
또 부정할 수 있습니다. 그렇게 거듭 발전하는 것이 변증입니다.
철학자 헤겔은 역사도 변증법에 의해 발전한다고 했답니다.
헤겔과 같은 역사관을 변증법적 역사관이라고 합니다.

정반합적 전개를 활용한 논술문

현실 문제에 완전한 해결 방법은 찾기 힘들기 때문에 최선의 방법을 찾는 것이 효과적입니다. 정반합적 추론은 대상에 대한 가능성과 한계를 모두 알게 해 주어 주어진 환경 내에서 취할 수 있는 가장 **최선의 방법**이 무엇인지 알게 해 줍니다.

〈습작 예시〉

연방제 통일에 관하여 논하시오.

〈논지, 논거 정리〉

논지 : 연방제 통일이 최선이다.

논거 1 : 연방제 통일의 효율성 (정)

논거 2 : 연방제 통일의 부작용 (반)

논거 3 : 논거 1의 측면에서 부작용 극복 방법(합)

〈개요〉

서론 : 연방제의 의미

본론 1 : 양국의 정치 체제를 반영함으로써 한반도 평화 유지 (정)

본론 2 : 1국가 2체제의 복잡성으로 사회 혼란 가중 (반)

결론 : 연방 정부의 영역과 권한을 부분적, 점진적으로 확대 (합)

〈완성글(본론 1, 본론 2)〉

과거에 한 민족이었기 때문에 다시 하나가 되어야 한다는 소박한 논리로 통일을 논할 수는 없다. 남북 분단의 직접적 원인은 이데올로기 갈등이다. 그런데 그렇게 서로 다른 이데올로기를 안고 각기 발전해 온 정치 체제가 이미 반세기를 넘어섰다. 남한이 북한에게 흡수될 리 없고 북한 역시 마찬가지이다. 이런 상황에서 가장 현실적인 통일은 서로 다른 정치 체제가 한 영토 내에서 동등하게 권력을 행사할 때에라야 가능하다. 연방제 통일에서 '연방' 개념은 지방자치제와 같은 소극적 자치 개념이 아닌 각기 다른 주권과 역사를 가진 두 사회가 상호호혜적 계약을 하는 것이다. 계약의 과정은 힘들겠지만 그 혜택은 대단하다. 무엇보다 그동안 정치적 불안으로 인해 겪어야 했던 우리 사회의 불안 요소들이 완화되고 제거될 수 있다.

서로 대립되는 존재가 한 공간에 모이기도 힘들겠지만 문제는 그 뒤부터이다. 형태적으로 보았을 때 연방은 국가를 이루는 구성 특징이다. 쉽게 말해 국가라는 큰 개념이 먼저 있고 그 하위에 작은 개념으로써 연방이 놓인다. 결국 연방제는 현재 분단이 갖고 있는 문제를 그대로 안고 가면서 단지 명목적으로만 하나의 국가가 되는, 통일이 아닌 통일이 될 수도 있다. 그리고 이로 인한 부작용은 분단 상황에서보다 오히려 더 많아지고 직접적일 수 있다. 가령 현재 남북의 교류는 철저히 중앙 정부에 의해 통제되고 있지만 연방제 상황에서는 민간 차원에서 더 빈번해지고 정부의 통제 역시 느슨해질 것이다. 남북 모두 충분한 사전 검토와 대비가 선행되어야 하며 이러한 능력이 없을 경우 추진하지 않는 것이 낫다. 통일은 감정의 문제가 아니라 모두의 생존에 관한 문제이기 때문이다.

-학생 글

본론 1은 남북이 서로 독립적인 존재라는 면에서 이를 존중하면서 통일을 이룰 수 있는 방법은 연방제라고 주장하고 있습니다. 이는 쉽지 않은 과정이지만 그 혜택이 대단하기 때문에 일종의 국가와 국가 간의 계약처럼 접근해야 한다고 주장합니다.

반면 본론 2는 그 쉽지 않는 과정이 거듭 사회를 혼란시키는 근원이 될 수 있음을 지적합니다. 이 경우 결론의 내용은 이미 예측할 수 있습니다. 본론 2에 대한 반론으로 채워지면서 본론 1의 입장도 부정될 것입니다.

연습문제

1. '나는 왜 논술을 공부해야 하는가?'라는 질문에 연역적 추론을 응용하여 답을 구해 보시오.

전제 1 :

전제 2 :

결론 : 나는 논술 공부를 해야 한다.

2. '나는 왜 논술을 공부해야 하는가?'라는 질문에 귀납적 추론을 응용하여 답을 구해 보시오.

전제 1 :

전제 2 :

전제 3 :

결론 : 나는 논술 공부를 해야 한다.

1.

전제 1 : 정상적인 삶을 위해 논술이 필요하다.

전제 2 : 나는 정상적인 삶을 영위하고자 한다.

'나는 논술 공부를 해야 한다'를 결론으로 끌어내는 두 전제에는 서로 엮어 주는 공통의 매개가 들어가야 합니다. 예시는 '정상적인 삶'을 매개로 하고 있습니다.

정상적인 삶을 위해 논술이 필요하다 : A는 B이다

나는 정상적인 삶을 영위하고자 한다 : C는 A이다

따라서 나는 논술 공부를 해야 한다 : C는 B이다

2.

전제 1 : 학교 친구들도 모두 논술 공부를 한다.

전제 2 : 많은 대학들이 논술 시험을 치른다.

전제 3 : 사회에 나가서도 필요하다.

이외에도 논술 공부를 해야 할 이유가 될 수 있는 것들은 모두 귀납의 전제가 될 수 있습니다. 다만 예시 중에 가능성이 적은 것들, 사람에 따라서는 반박할 여지가 있는 것도 있습니다. 귀납 추론은 100% 만족이란 있을 수 없고 100%에 가까운 것, 가능성이 높은 것을 우선 선택하면 됩니다.

8장

막힐 때 뚫어 주는 논술 테크닉

좋은 정보와 지식을 갖고 있는 사람이라 해도 이를 효과적으로 전달하지 못한다면 그를 참 지식인이라 할 수 없습니다. 앎이란 이해만을 뜻하는 게 아니라 그것의 활용까지 포함하기 때문입니다. 특히 요즘처럼 직접 사람을 만나지 않고 소통하는 정보화 사회에서 지식의 활용을 위한 글쓰기 능력은 필수적인 자격과 같습니다. 글쓰기는 짧은 시간 안에 해낼 수 있는 일은 아니지만 그렇다고 고차원적인 능력도 아닙니다. 다양한 텍스트를 읽고 스스로 습작해 보는 기회를 꾸준히 갖는다면 누구나 충분히 얻을 수 있는 능력입니다.

논술문을 쓰다 보면 중간중간 막힐 때가 있습니다. 그런데 구상 단계에서 확보하였던 브레인스토밍에 의한 글감도 바닥이 났다면? 전체적인 일관성을 유지하려면 아무 내용이나 가져올 수도 없습니다. 이때 문맥의 일관성을 잃지 않으면서 빠르게 해결할 수 있는 소소한 방법들이 필요합니다.

어휘의 뜻을 풀이함으로써 개념을 정확히 할 수도 있고, 과거 사례를 끌어와 역사적 의미를 따져 볼 수도 있습니다. 또 유명한 학자의 의견을 인용하여 내 주장에 신뢰성을 더할 수도 있습니다. 대상을 조각조각 나누어 볼 수도 있고, 다른 관점과 비교해 볼 수도 있으며 그래프를 통해 도식적으로 보여 줄 수도 있습니다.

이들은 글쓰기의 테크닉입니다. 따라서 주의해서 써야 합니다. 내용은 깊지 않으면서 기교만 현란한 경우 오히려 반감의 원인이 되고 감점으로 이어질 수 있기 때문입니다. 따라서 위의 '재주'들은 글이 막힐 때, **논의가 발전되지 못하고 제자리에서 맴돌 때 이를 벗어나기 위한 '작은 재주'로 제한되어야 합니다.** 재주에만 기대어 논의 전체를 이어 가다가는 알맹이 없이 겉질만 번지르르한 논술이 될 수 있기 때문입니다.

1. 간결하고 명확한 문장 만들기

글이 숲이라면 각각의 문단은 나무입니다. 그럼 각각의 나무들은 무엇으로 이루어질까요? 즉 문단을 이루는 문장은 어떻게 구성되고, 어떤 문장이 좋은 문장일까요?

글을 쓰는 것이 직업인 소설가나 시인이라면 한 문장 한 문장을 완벽하고 예술성 높게 구사하는 것에 심혈을 기울일 것입니다. 하지만 논술을 비롯해 보도문, 기획안 등 사실과 견해를 표현하는 실용적인 에세이를 쓰고자 하는 우리들은 조금 다릅니다. 명확하고 간결한 문장을 너무 자세하지 않게, 전체적인 윤곽을 유지하는 것에 힘쓸 때 오히려 좋은 문장을 쓸 수 있습니다.

또 미려한 문장을 만들기 위해 세부적인 내용에 집착하다 보면 전체적인 흐름을 놓쳐 버리고 그로 인해 문단이 지향하는 주제를 벗어나기 쉽습니다. 그리고 이를 되돌리기 위해 부연적인 문장을 늘어놓다 보면 글은 장황해집니다. 이것만 기억하세요.

내가 쓴 문장이 아래의 도식에 기여하는가?

A(문단) = a' a'' a''' a'''' a'''''(문장)

기여하는 것은 선택하고 그렇지 않은 것은 과감히 버리면 됩니다.

〈예시글〉

신체적으로 여성은 남성에 비해 약한 게 사실이다. 사회에서 하는 일도 그에 따라 달라지는 것은 충분히 일리가 있는 역할 분담이다. 하지만 현대 산업사회에서 인간의 신체적 힘으로 하는 일이 얼마나 되는가? 농업이나 건설업에 있어서도 대부분 기계의 힘을 빌리고 사람은 이의 조작과 관리를 맡는다. 또 신체적 조건이 특출한 사람이라고 해서 반드시 신체적 힘을 쓰는 일만 한다는 것은 개인의 여러 가능성들을 무시하고 한 가지의 기준으로 재단하는 것과 마찬가지이다. 몸이 튼튼한 피아니스트도 있을 수 있으며 몸은 빈약하되 훌륭한 농업인도 충분히 가능하다. 바로 이러한 이유에서 남성, 여성의 신체적 차이로 그들 삶의 전형성을 분류하는 것은 미개한 의식 수준에서 비롯된 오류라 할 수 있다.

양성 평등과 관련하여 여성과 남성의 신체적 차이를 전제하고, 생물학적 차이가 사회 활동으로까지 확대 적용되는 것이 오류임을 지적하고 있는 글입니다. 전반적으로 일관된 내용이며 문장들 역시 이에 기여하고 있습니다.

하지만 두 번째 문장인 '사회에서 하는 일도 그에 ~ 역할 분담이다'는 굳이 언급하지 않아도 좋습니다. 바로 뒤에서 현대 사회에서는 일을 할 때 신체의 힘에 의존하지 않는다고 부정하고 있기 때문입니다.

또 마지막 문장의 '미개한 의식 수준'은 다소 과장된 표현입니다. '일반화의 오류'로 정정하는 것이 보다 적절하겠습니다. 신체적인 특성을 그것과 상관없는 영역에도 대입하는 일반화의 오류를 지적하고 있기 때문입니다.

2. 역사적 과정 활용하기

많은 논술 주제들은 역사적 과정으로 설명할 수 있는 대상들이 많습니다. 특히 인문사회학적 주제는 최근에 발생된 이슈라 하더라도 그 이면에 역사적 발전 과정을 포함하고 있습니다. 이런 과정에 바탕을 두고 대상을 소개할 경우 넓고 깊이 있는 이해가 가능합니다. 단 너무 장황하지 않도록 주의합니다.

〈예시글1〉

농업 혁명이 전에 비해 많은 수확량으로 인구 증가에 기여하였다면 산업 혁명은 인간 생존 욕구와 무관한 잉여 가치의 확보에 궁극적인 목적이 있었다. 그런데 산업 혁명 초기에는 소수 자본가의 이상이었던 것이 현대 사회에서는 모든 경제 주체들이 바라고 시도하는 보편적 가치가 되었다. 인간을 대하는 태도에 있어 인격이나 품성 같은 인간적 자질보다 경제적 잉여를 생산해낼 수 있는 능력에 무게를 두는 것은 피할 수 없는 결과일 것이다. 그리고 이런 상황에서 인간 소외의 증가 역시 피할 수 없는 결과이다.

〈예시글2〉

농업 혁명이 전에 비해 많은 수확량으로 인구 증가에 기여하였다면 중세적 봉건 체제의 붕괴는 개인 개념을 낳는 근원이 된다. 교황을 필두로 하여 내려오는 권력 체계에서, 태어난 위치는 사회적 위치로 연결되며 이는 인간의 의지로 함부로 바꿀 수 없는 천부의 영역이다. 그러나 자연과학의 발전과 더불어 확대된 인간 이성에 대한 신뢰는 반대로 교회에 대한 회의를 부추기고 이제 세계는 인간에 의해 다시 쓰이게 된다. 신의 섭리가 아닌 데카르트와 같은 한 개인의 생각이 세계를 해석하는 도구이자 기준인 셈이다.

두 글 모두 대상의 원인을 역사적 변화에서 끌어오고 있습니다. 인간 소외의 원인은 산업 혁명을 시발점으로 잉여 가치를 중요시하는 현대 자본주의 사회에 있고 개인 개념의 확립은 봉건 체제의 붕괴로 비롯됨을 차근차근 설명하고 있습니다.

3. 언어 활용하기

언어 표현에 담긴 의미를 세밀하게 파악함으로써 이를 논의 대상과 결부지어 논거로 활용하거나 심화하는 방법입니다. 어원이나 속담의 추리, 사자성어 등이 대표적인 예입니다. 생소하고 낯선 것보다는 일상에서 자주 접할 수 있는 것들을 선택하는 것이 좋습니다. 무엇보다 논의와 직접적으로 연관성이 있는 의미, 상황 등이 포함되어야 하며 이를 통해 논의를 확충시키는 데 기여해야 합니다.

〈예시글1〉

우리가 흔히 떠올리는 한국 교육의 모습은 교사는 부지런히 칠판 가득 무언가를 쓰고 학생들은 이를 받아 적는 교실의 모습이다. 라틴어로 교육은 educare = e (밖으로, 외부로) + ducare (끌어낸다, 이끈다)의 합성어이다. 즉 교육은 단순히 무엇을 습득하는 것이 아니라 개인의 잠재력을 끌어내는 것에 궁극의 목적이 있다 할 수 있다. 지식의 습득은 개인의 무한한 잠재력을 끌어내기 위한 하나의 매개로 기능해야 하며 필요할 경우엔 오히려 제한되는 것이 궁극의 목적을 달성하는 데에 이로울 수도 있다.

〈예시글2〉

우리 속담에 '방귀 뀐 놈이 성낸다'는 말이 있다. 제가 잘못을 하고선 되려 다른 사람에게 화내는 경우를 가리킨다. 다른 말로 적반하장이라고 한다. 국내 정치인들을 비롯하여 나라 간 외교에서도 이런 경우를 종종 볼 때가 있다. 자신들이 행한 직접적인 잘못이라 인정하기보다는 전체의 현상, 과거부터 이어져 온 악습에서 연유한 것이라 책임 소지의 초점을 흐리게 한다. 그리고는 그러한 악습의 철폐를 위해 노력하겠다는 이상한 논리를 펴기도 한다. 그들이 가진 권력은 명확한 해명 없이 유야무야 넘어가게 하고 정체 모를 공공의 적을 양산하기도 한다. 정말로 냄새는 나는데 방귀 뀐 놈은 없는 것이다.

첫 번째 글은 낱말 자체에 포함된 두 개의 개념을 풀어 줌으로써 개념과 대상 간이 어떻게 부합하는지를 설명하는 방법으로 논증하고 있습니다. 이 글대로라면 교육 개념에 부합하지 않는 교육은 잘못된 교육인 것입니다. 두 번째 글은 속담의 발화 상황을 구체적 현실 문제에 적용함으로써 현상에 대한 판단을 속담의 의미로 일반화하고 있습니다.

4. 인용하기

인용은 폭넓게 사용되는 방법 중에 하나입니다. 인용을 할 때에는 반드시 출처를 밝혀 논의 대상과 관련한 연관성을 기술해 주어야 합니다. 그래서 "A는 ~라고 말한다"는 문장과 "이는 ~한 의미를 갖는다"에 해당하는 표현이 어떤 형태로든 기술되어야 합니다. 당연히 논의 대상과 인용된 내용 간의 연관성이 크면 클수록 좋은 인용이라 할 수 있습니다.

〈예시글1〉

교육은 배움을 통해 어떤 상태에 도달하는 것을 목적으로 한다. 그리고 이때의 배움은 학습자가 속한 사회의 가치에 따라 달라진다. 먹고 살기 힘든 사회는 당장에 활용하여 사회적 생산력을 증대시키는 것을 목적으로 할 것이다. 아울러 먹고 살고 힘들었던 사회가 어느 정도 경제적 수준에 이르면 보다 고차원적인 가치로 이동하여야 할 것이다. 미국의 교육학자 존 듀이는 '교육은 또 하나의 사회화 과정이다'라고 하였다. 교육이 올바른 사회인을 만들고 건강한 미래 사회를 만든다는 의미이다. 없어서 못 먹었던 시기가 지난 지금의 우리 사회에 필요한 말이다.

〈예시글2〉

윤리는 한 사회에 소속된 개인이 판단과 행위를 함에 있어 늘 견주어 봐야 할 중추적 기준으로써 적절한 교육에 의해 습득될 수 있다. 언제 어떻게 습득되어야 할까? 가능한 어렸을 때부터 습관화될 수 있도록 빨리 하면 할수록 좋은 것일까? 아니면 언어와 같은 개념 생성을 도와주는 학습이 시작된 뒤에 해야 할까? 프랑스의 교육학자 루소는 다음과 같이 말한다. "이성적 사고 능력을 갖추지 못한 어린이에게는 교육을 하지 않는 것이 오히려 교육적인 처사라 할 수 있다." 스스로 판단 능력이 없는 어린아이에게 행하는 인위적인 교육은 무비판적 수용을 강요하는 것과 마찬가지이기 때문이다. 또 윤리는 판단과 행위의 기준이기 전에 외부 세계에 관한 관념인 까닭에 아직 외부 세계에 대한 현상도 제대로 경험해 보지 못한 존재에게 관념부터 전하는 잘못된 순서일 수 있다.

첫 번째 글은 새로운 방향의 제시로써 듀이의 말을 활용하고 있고, 두 번째 글은 질문에 대한 답으로써 루소를 활용하고 있습니다. 저자의 의견을 유명한 학자의 말로 대신함으로써 감정적 신뢰를 얻어 낼 수 있습니다.

5. 대상을 분류하기

모든 대상은 여러 가지 부분으로 나누어 생각해 볼 수 있으며, 부분과 부분의 관계를 통해 전체를 바라볼 수 있습니다. 분류를 할 때에는 먼저 대상을 나눌 수 있는 기준을 도출해야 합니다. 그리고 첫 번째 기준에서 두 번째 기준으로 단계적인 분류를 할 경우 이러한 분류 자체만으로도 깊이 있는 서술이 될 수 있습니다.

〈예시글1〉

행복은 크게 욕구적 행복과 공감적 행복으로 나눌 수 있다. 욕구적 행복은 말 그대로 어떠한 욕망의 충족에 오는 만족감으로 충족의 대상에 따라 다시 물질적 행복과 관계적 행복으로 파생된다. 공감적 행복은 서로 간의 교류에 의한 것으로 공감 대상이 무엇이냐에 따라 주체적 행복과 객체적 행복으로 나눌 수 있다.

〈예시글2〉

사회 구성원 간의 신뢰 유형에 따라 게마인샤프트, 게젤샤프트 사회로 구별할 수 있다. 게마인샤프트는 두터운 신뢰 사회를 의미하는 것으로 전통이나 종교, 관습 등을 통해 구성원 간 많은 동일성을 확보하고 그로 인해 정서적 유대 관계가 강하다. 독일의 사회학자 퇴니에스는 이를 가리켜 본질 의지라 하였다. 이에 대비되는 사회가 게젤샤프트라 할 수 있는데 이익 및 교환 가치에 바탕하여 신뢰의 근거가 마련된다 할 수 있다. 이 사회에서는 능력 있는 사람이 신뢰를 주는 사람이 되며 게마인샤프트의 본질 의지에 대립되는 개념으로 선택 의지를 뽑을 수 있다.

예시글 1에서 행복에 관한 두 가지 단계를 분류하고 있습니다. 이러한 분류를 바탕으로 현대 사회에서의 행복을 논할 경우, 행복을 가져다주는 여러 요소 중 일부분에만 집착했음을 밝힐 수 있습니다.

예시글 2에서는 신뢰 유형을 기준으로 사회 유형을 분류했습니다. 게마인샤프트와 게젤샤프트가 나눠지고 다시 둘의 핵심 개념인 본질 의지와 선택 의지를 대조적으로 분류하고 있습니다. 이러한 분류를 바탕으로 각각의 사회가 갖는 장단점, 현 우리 사회에 해당하는 신뢰 유형 등을 추가적으로 논의할 수 있습니다.

6. 새로운 관점 적용하기

완전히 0에서 만들어지는 지식은 없다고 했습니다. 새로운 지식이란 기존에 있던 정보나 지식을 새로운 관점으로 볼 때 만들어집니다. 논술에서도 대상을 보는 관점을 바꾸어 보면 새롭고 창의적인 서술이 가능해집니다. 상식적으로 받아들여지는 것에 의심을 품어 보고 다른 가능성을 긍정하는 열린 태도가 필요합니다.

〈예시글1〉

인간의 욕구를 말할 때 흔히 의식주에 대한 욕구 위주로 말하지만 성욕 역시 이에 못지않은 비중과 중요함을 갖고 있다. 보통 사람들은 의식주에 대한 갈망과 동일한 성욕을 갖고 있다. 그런데 의식주에 대한 욕구를 표현하거나 이에 대한 획득 행위는 당연한 것으로 존중되는 반면 성에 관한 것은 터부시되고 문화권에 따라서는 비윤리적인 것, 불법적인 것으로 규정된다. 우리말에 과유불급이라 하였듯이 성욕이든 의식주든 지나치게 표현하고 집착하는 것은 좋을 게 없다. 의식주에 대한 욕구 표현에 대해 사회가 수용할 수 있는 수준에서 성욕에 대한 표현 역시 허용되는 것이 바람직하다. 음식에 관한 이야기가 회자됨으로써 그에 관한 정보를 공유하고 그로 인해 올바른 식문화가 발전할 수 있듯이 성에 관한 이야기 역시 자연스럽게 회자됨으로써 올바른 성문화가 가능하기 때문이다.

〈예시글2〉

학교, 회사를 비롯해 국가에 이르기까지 하나의 사회 관념에 바탕해 이루어지는 인간 모임에서는 늘 공동체 의식을 강조한다. 구성원 간 연대를 유지함으로써 조직을 유지하고 발전시킬 수 있기 때문이다. 그러나 구성원 간 연대는 자칫 타 집단에 대한 배타로 이어질 수 있다. 한국 사회에서 선거철만 되면 '우리가 남이냐'라는 말이 심심찮게 들려온다. 여기에서 우리는 누구이고 남은 누구인가? 이는 공동체 의식의 순기능보다 역기능에 초점을 두어 사회가 두 동강이 나든 말든 자신의 정치적 야욕만을 채우려는 일부 정치인들의 파렴치한 행위이다. 같은 국가 내에서 지역으로 나누고, 성별로 나누고, 학교로 나누고, 계층으로 나눔으로써 생기는 공동체는 그들 자신에게는 이익이 될지 모르나 사회 전체로 보았을 때는 이기심과 배타성으로 움직이는 패거리 모임에 지나지 않는다.

성욕은 우리 사회에서 터부시 되는 대상 중의 하나이며 공동체는 하나의 공리처럼 우리 사회에서 추천되는 개념입니다. 두 글에서는 이들에 의문을 던져 봄으로써 새로운 관점을 얻고 있습니다. 창의적인 글을 만드는 가장 핵심적이고 쉬운 방법이 '관점 달리하기'입니다. 관습과 상식을 뛰어넘을 수 있는 용기가 필요합니다.

7. 관계 분석하기

앞의 '분류'가 내적 구성 요소 간의 분석이라면 '관계 분석'은 외부 대상과의 관계를 분석하는 기술입니다. 이 세계에 존재하는 모든 대상은 대립물 혹은 대립 개념을 가지고 있습니다. 비슷하거나 모순 관계에 있는 개념도 있을 수 있습니다. 이렇게 대상 간의 관계를 밝힘으로써 대상의 위치와 속성을 쉽게 밝힐 수 있습니다. 외부의 매개를 통한 논증인 만큼 올바른 '매개'를 선택하는 것이 무엇보다 중요합니다.

〈예시글1〉

법은 강제성을 띤다. 악법이든 무엇이든 일단 성문화되고 공포되면 사회 구성원 모두 이에 복종해야 한다. 개인의 자유를 수호하기 위한다는 법이 실질적으로는 개인의 자유를 억압하는 것이다. 그러나 자유에 관한 개념을 살펴보면 법에 의한 강제화가 자유의 존중에 다름 아님을 알 수 있다. 자유는 나의 생각과 행위가 타자에 의해 함부로 방해받지 않는 것이다. 거꾸로 타자의 그것이 나에 의해 방해받지 않아야 한다. 즉 나의 자유와 타자의 자유가 둘 다 존중되어야 한다. 그리고 나의 자유 의지와 타인의 자유 의지가 모두가 존중받기 위해서는 필연적으로 둘 모두 제한되어야만 한다. 결국 법은 존중과

제한의 집합점으로 자유를 확보하기 위한 수단이라 할 수 있다.

〈예시글2〉

우리는 자주 보수와 진보라는 말을 접한다. "저 선생님은 보수적이야"라고 했을 때 여기에서 보수의 의미는 지금까지 이어져 온 가치나 전통을 유지하려는 태도를 뜻한다. 반면 진보는 새로운 변화나 발전을 꾀하는 태도이다. 둘을 운동 개념으로 치환하여 바라보면 보수는 지금까지 달려온 방향을 유지하려는 힘이고 진보는 다른 방향으로의 모색을 꾀하는 힘이다. 이를 보고 보수는 옛 것이요, 고리타분한 것, 진보는 새것이자 혁신적인 것이라 말할 수 없을 것이다. 남녀가 만나 결혼하는 것은 수천 년 이어져 온 인간의 전통이지만 이를 두고 고리타분한 것이라 할 수 없듯 독신으로 살아가는 사람에게 혁신적이라 말할 수도 없기 때문이다. 즉 보수와 진보는 그것 자체로 우열을 가리는 대상이 될 수 없다는 것이다.

예시글 1에서 법은 자체의 강제성으로 인해 자유와 대립되는 개념으로 받아들여질 수 있지만 한편으로 자유를 유지시키기 위한 도구임을 알 수 있습니다. 자유라는 외부 매개를 끌어와 그것과의 관계를 보여줌으로써 대상에 대한 의미를 자세히 했습니다.

예시글 2는 '보수와 진보'에 관해 가치 우열을 매길 수 없음을 논지로 해 둘의 상대적 관계를 밝히고 있습니다. 첫 번째 글과 달리 하나를 설명하기 위해 하나를 매개하기보다는 서로가 서로를 매개함으로써 둘의 관계를 설명하는 것에 주력하고 있습니다.

8. 개념 정의하기

대상에 관한 정의는 논의의 틀과 방향을 잡을 때 가장 먼저 해야 하는 서술입니다. 사전적 정의를 필요로 하는 것은 아닙니다. 보통 사람의 상식으로 수긍할 수 있는 내용이라면 누구나 정의를 시도할 수 있습니다. 그리고 무엇보다 논의와 관련한 정의여야 합니다. 사과는 먹는 과일로도 정의될 수 있지만 유혹을 상징하는 과일로도 정의될 수 있습니다. 논의하고자 하는 대상에 따라 정의의 내용도 다르게 선택되어야 합니다.

〈예시글1〉

인식이란 인간의 세계에 대한 인지 행위라고 할 수 있다. 주체가 경험을 통해 바라보는 물체와 현상의 감각적 표상을 관념으로 변화시키는 과정이다. 따라서 어떠한 관념이 최종적으로 획득된 결과물이라면 감각적 표상은 이러한 결과를 낳는 원인 중 하나가 된다. 이러한 인과적 특성으로 인해 모든 관념의 기술에서 주관성을 배제할 수 없다.

〈예시글2〉

이성은 사물에 대한 올바른 판단 능력이다. 이를 사회적 연관성에 관련해 다시 정의하면 이성이란 사회 구성원 다수가 공감하는 판단 능력이라 할 수 있다. 즉 이성의 발생은 개인 고유의 영역이지만 그것의 형태와 방향은 사회의 공리 혹은 가치에 의해 결정되는 것이다. 그래서 한 개인의 판단 및 행위가 사회적 공리를 포함하지 못할 때, 즉 한 개인이 이성으로 간주하는 것이 사회적 합의와 동떨어질 때 그는 소외를 경험하게 된다.

인식과 이성이라는 관념적인 대상에 관해 정의를 하고 있습니다. 크게 독특할 것 없는 상식적인 수준의 정의입니다. 특히 위의 글처럼 본격적인 논의에 앞서 '전제'의 기능을 담당하는 정의인 경우, 거부 반응이 일지 않는 평이한 내용으로 서술해야 합니다. 문장 역시 쉽고 간단한 것이 좋습니다.

9. 구체화하기

한 문장이 담을 수 있는 내용에는 한계가 있습니다. 어떤 문장이 주의를 환기시키기 위해서 화제를 제시했다면 다음 문장은 배경, 그리고 유사한 다른 사건을 차례차례 기술하는 것이 올바른 순서입니다. **구체화**는 부연, 사례, 다른 경우에의 적용, 비유 등 앞문장과 연결 지어 내용을 확충해 나가는 서술입니다.

〈예시글1〉

인간 행위의 전반적인 특성은 이기심이라 할 수 있다. 생계 유지를 위한 직업 노동이나 예술, 학문 같은 자아 확대적인 측면이 강한 노동 역시 모두 욕구 충족으로 묶을 수 있으며 이는 이기의 실현에 다름 아니다. 그래서 생업에 종사하는 사람의 일상을 새로운 세계 해석에 골몰하는 철학자의 삶과 비교해 이기적이다, 열등하다 할 수 없는 것이다. 자연에서 포식 동물에 비해 초식 동물이 더 많듯, 세계 해석에 대해 골똘하는 사람보다는 존재를 유지하는 것에 힘쓰는 사람이 더 많아야 한다. 예술과 철학 영역에서 경쟁이 없는 것은 아니며 생업에 비해 적은 사람이 종사하는 까닭에 잘 드러나지 않을 뿐이다.

〈예시글2〉

현대 사회는 익명 사회로 대변될 수 있다. 개인의 실존은 그의 개성이나 감정 등 개인만의 특수성에 지배를 받지 않고 사회적 일반성으로 결정된다. 그래서 홍길동 개인보다는 그가 사회에서 참여하고 있는 영역이나 그가 위치해 있는 계층, 지위 등이 그를 대신한다. 우리가 흔히 사람을 부를 때 그의 이름 대신 쓰는 호칭이 정확히 여기에 해당하는 사례이다. 우리는 누구를 처음 만났을 때 설사 그의 이름을 안다 하더라도 사장님, 사모님, 선생님 등의 사회적 일반성에서 유래한 호칭으로 대신한다. 홍길동이라는 특수한 개인이 아닌 고객, 유권자, 종업원 등의 사회적 관계에 따른 역할이 중요한 것이다.

예시글 1은 '인간은 이기적인 존재다'라는 논지와 관련해 직업 영역에서의 사례, 동물 세계에 대한 비유 등으로 구체화했습니다. 예시글 2는 현대 사회의 익명성과 관련해 사회적 관계에 관한 호칭으로 사례를 들고 있습니다.

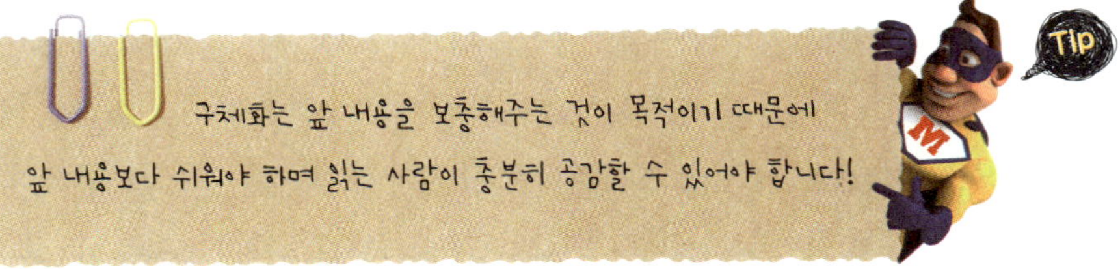

Tip
구체화는 앞 내용을 보충해주는 것이 목적이기 때문에
앞 내용보다 쉬워야 하며 읽는 사람이 충분히 공감할 수 있어야 합니다!

10. 도식화하기

도식은 일반화의 한 방법으로써 복잡한 내용을 간추리거나 문제의 본질을 두드러지게 할 때에 유용합니다. 특히 **관계, 과정, 원리** 등을 정리할 때 필요합니다. 필수적인 것은 아니지만 수리적 기호나 알파벳 등을 사용한다면 한결 단순하고 극명하게 표현할 수 있습니다. 그런데 도식 자체가 복잡해서는 안 됩니다. 간단한 수리 개념을 적용시키는 것으로 제한해야 합니다.

〈예시글1〉

지금까지 두 부서에서 주장한 의견은 이번 신상품이 겨냥하는 고객의 설정에 관한 문제라 할 수 있습니다. 즉 개발팀에서는 상품이 갖는 고급 이미지에 걸맞게 마케팅 역시 상류층을 타겟으로 해야 한다면 영업부에서는 최근 경기 하강과 이월 상품의 재고 비용을 문제 삼아 중저가 시장 공략에 더욱 주력해야 한다고 하였습니다. 이를 도식해 보면 이번 상품 P는 상류층 A집단과 부합하는 속성을 갖고 있으나 우리 회사의 경영 노하우와 여러 마케팅 베이스는 A집단보다는 B집단 즉 중산층 집단에 속해 있다는 것입니다. 저희 홍보팀은 다음과 같이 생각합니다. 만약 A집단을 타깃으로 할 경우 고비용과 위험률을 감수해야 하나 장기적으로 새로운 시장 진입이라는 또 다른 자산을 확보하는 투자가 될 수 있습니다.

〈예시글2〉

한 국가의 행정이 얼마나 올바르냐는 궁극적으로 개인들이 국가 행정에 의해 도움받는 정도에 의해 평가된다. 사회간접자본이 평등하게 배분되어 많은 개인들이 도구로 활용할 수 있어야 하며 여러 정책과 규제들이 단순 통제의 기능이 아닌 보호와 격려의 기능을 해야 한다. 이들은 개인의 가치 실현을 용이하게 만들어 주기 때문이다. 가령 개인의 실현을 Y라 했을 때 국가 행정은 a로, 개인의 의지 및 노력은 x라 할 수 있다. Y=ax로 표현될 수 있을 때 상수 a는 개인들의 노력 즉 변수 x를 더욱 크게 하는 순기능의 요소가 되지만 Y=x/a로 표현될 때에 국가 행정은 개인의 발목을 잡는, 더욱이 상시값이기에 변수 x가 이를 능가하지 않는 한 어떻게 해 볼 수 없는 한계가 되는 셈이다.

예시글 1은 A집단과 B집단으로 나누고, 예시글 2는 논의의 핵심을 함수적 표현으로 대치함으로써 장황해질 수 있는 문장을 정리하고 문제의 본질을 간결하게 전달하고 있습니다. 수리적 표현과 논의 대상 간이 잘 일치하도록 주의하면서 시도해야 하는 방법입니다.

11. 심리적 요인 활용하기

현상의 원인을 분석함에 있어 그 현상에 관여하는 주체, 인간들의 심리적 요인을 분석해 보면 전혀 새로운 관점의 논거들을 추출할 수 있습니다. 즉 A가 B인 까닭은 이를 바라보는 인식 주체 C의 심리가 작용한다는 전제에서 살펴볼 수 있는 논거 찾기 방식입니다.

이때에 중요한 것은 **개연성**입니다. 독자 입장에서 '이런 입장에서 본다면 그럴 수 있겠구나' 라는 동의를 얻어낼 수 있어야 합니다.

〈예시글1〉

인간은 구체적 사물 대신 개념에 집중한다. 이유는 개념은 내가 지향하는 속성을 갖고 있지만 사물은 반드시 그렇지 않을 수 있고, 특수한 경우를 많이 갖고 있기 때문이다. 이는 인간이 자연에 대해 갖는 두려움과 불안에서 기인한다. 인간은 무수한 다양성과 변화 앞에서 몇 개의 일반화로 재단함으로써 스스로 자연 앞에 당당할 수 있다. 나무를 목재로 간주하고 활용할 수 있는 용기를 스스로 만드는 것이다. 가령 새로운 사람을 만날 때에도 이상향을 설정하는 이유는 관계의 불규칙성과 상대가 주는 타자성으로부터 나를 보호

할 수 있기 때문이다. 우리는 이를 가리켜 주체성, 정체성, 능동성 등으로 추켜세우지만 문제는 상대도 나와 같은 원리에서, 그러나 나와 다른 개념을 갖고 있다는 것이다. 이것이 서구와 기독교, 산업 사회의 문명 흐름이고 오늘의 현대 사회에서 인간 소외가 발생하는 까닭이다. 우리는 계몽이라는 미사여구로 불안과 두려움을 가린 무지한 존재들이다.

〈예시글2〉

과도한 평준화의 요구는 집단주의로 연결된다. 동일한 수준의 강요는 동일한 판단과 행위를 강제하는 것으로 무리의 통일성을 가장 빠르게 달성할 수 있기 때문이다. 그리고 이런 강요의 저변에는 사회적 열등감이 깔려 있다. 새로운 시각, 새로운 가치, 새로운 사람은 기존 체계에 익숙해져 있는 사람들에게는 일단 위협적이며 그래서 이를 억누르고 기존의 것을 사회 보편의 것으로 확립하고자 한다. 과거 유대인에 대한 독일의 역사가 그러하였고 다소 특이한 활동을 했던 예술가가 죽은 이후 추앙되는 것에서 그 예를 살펴볼 수 있다. 특이했지만 죽은 예술가는 그가 속했던 예술가 집단이나 대중들에게 더 이상 혼란을 주지 않아 그들 기호에 맞게 그의 특이함을 편집할 수 있다.

두 글 모두에서 인간의 콤플렉스를 발견할 수 있습니다. 예시글 1에서는 미지의 것, 타자의 것을 몇 개의 개념으로 일반화함으로써 불안을 떨쳐 버리는 계몽에 대해 이야기했고, 예시글 2에서는 새로운 것이 가져오는 위협감을 사회적 보편성으로 억누르는 평준화에 대해 서술했습니다. 문화 현상과 관련한 논의에서 현상의 주체인 인간 심리를 살펴봄으로써 대중 심리, 계층적 욕망 등을 원인으로 지목하는 서술입니다.

최근 미시사(전체적인 면에서가 아니라 개별적으로 포착하여 아주 작은 사실들을 파헤치는 역사)에 대한 관심이 높아지면서 이러한 서술이 가능한 대상들이 많아졌습니다. 많은 배경 지식을 필요하기에 쉽게 시도할 수 있는 서술은 아니지만 자신의 교양 범위 내에 있는 논의라면 주저할 이유가 없습니다. 잘 활용하면 다른 사람과 차별화된 논술을 할 수 있습니다. 개연성을 확보하는 것에 주력하도록 합니다.

12. 주의해야 할 문장 표현

글을 쓰다 보면 습관처럼 자주 쓰는 표현들이 생깁니다. 저도 마찬가지입니다. 이 책을 읽으면서 느끼신 분도 계실 텐데요, 저는 '가령', '즉'과 같은 접속 부사를 자주 사용하는 편입니다. 또 다른 사람들에 비해 접속어도 많이 쓰는 편이고, 문장의 리듬감을 중요시합니다. 눈치채셨나요?

이런 습관은 쉽게 바뀌지 않고 굳이 바꿔야 할 필요도 없습니다. 논술에서 문장은 어디까지나 나의 생각을 전달하는 수단일 뿐이니까요. 그러나 나만의 습관이나 고집이 독자를 지루하게 만들거나 전달 과정을 방해하는 요인이 된다면 지양하는 것이 바람직합니다. 보통 사람들이 자주 실수하는 부분들을 정리해 보면 다음과 같습니다.

너무 길어서 읽다가 지쳐

인간이 한 가지에 집중할 수 있는 시간은 그리 길지 않습니다. 때문에 전체를 부분으로 나눠 주고, 중간 중간 힘을 뺄 수 있는 쉼터를 주어야 합니다. 간결한 표현은 대상을 명확하고 담백하게 드러내 줍니다.

ex_오늘날 우리 대한민국에 사는 만백성들은 이 땅에 태어났다는 사실에 긍지와 자부심을 느끼며 한민족의 얼과 전통을 이어나가고자 각자의 위치에서 불철주야로 최선을 다함은 물론이요, 반만년 역사 동안 쌓아온 우리의 고유한 문화를 세계만방에 알리고자 오늘도 최선을 다하고 있습니다.

→ 대한민국 사람들은 자신들의 고유한 문화에 많은 자부심을 갖고 있습니다. 이를 계승하고 실천하며, 다른 세계에 알리기 위해 많은 노력을 하고 있습니다.

불확실한 표현, 자신 없어 보여

세상의 모든 글은 글쓴이의 지식과 생각을 담고 있습니다. 즉 주관적이기 때문에 얼마든지 틀릴 수 있고 대상을 잘못 바라볼 수 있습니다. 이는 모두가 인식하고 있는 당연한 것이고, 새삼 이를 상기시켜 줄 필요는 없습니다. 논술에서는 오히려 자신 있고 단정적인 어조가 좋습니다. 자신의 불충분한 논거를 가리기 위해 겸손한 태도를 취하는 것은 올바르지 못한 태도입니다.

ex_제가 사회 경험이 많은 것은 아닙니다만 얼마 되지 않은 학창 시절 경험을 통해 생각해 보면, 사회는 일종의 자기 역할과 책임의 공간이 아닌가 싶습니다. 그래서 직업 역시 자기 역할과 책임의 일이라 말할 수 있을 것 같습니다.

이 글을 보면 '아닙니다만', '아닌가 싶습니다', '있을 것 같습니다'와 같은 유보적이고 확률적인 종결어가 각 문장에 삽입되어 있습니다. 이런 표현들이 '역할과 책임'이라는 상당히 능동적인 논지를 펼치는 저자를 수동적이고 자신 없는 사람으로 보이게 합니다. '~라 생각합니다', '~인 것 같습니다', '~인지도 모르겠습니다' 같은 표현들 역시 피합시다.

과도한 명사절은 NO

일상생활에 영어가 많이 사용되면서 우리말 표기에 영어식 기술이 적지 않은 영향을 주고 있습니다. 영어에는 that 절이나 to부정사 등이 있어 독립된 한 문장을 명사적으로 활용할 수 있습니다. 하지만 우리 고유의 어순에는 맞지 않을 뿐더러 무엇보다 장황한 문장을 만들 수 있습니다.

ex_열다는 열녀의 사랑을 원하였음을 알고 있었지만 한편으로 주저하고 있음도 알고 있었다.

→ 열녀에 대한 열다의 감정은 확실치 않았다.

중첩된 절은 간결하게

한 문장이 다른 문장에 포함되면 아무래도 문장의 명료한 느낌이 적어집니다. 마침표를 찍기 전에 주어가 두 번 등장하기 때문입니다.

ex_열다는 자기가 원하는 식당과는 다른 곳을 원하는 열녀 때문에 티격태격 싸웠다.

→ 열다와 열녀는 각자 원하는 식당을 놓고 티격태격 싸웠다.

주어, 목적어, 술어의 관계를 신경 쓰자

문장 성분의 위치를 잘 배치하는 것만으로도 간결하고 쉬운 문장을 만들 수 있습니다. 예를 들어 주어가 술어와 너무 멀면 그만큼 하고자 하는 말이 불분명해집니다.

ex_열다는 모든 학생들이 자신의 재능과 끼를 발휘할 수 있도록 수업에 적극 참여하는 것을 원한다.

→ 모두가 자신의 재능과 끼를 발휘할 수 있도록 열다는 학생들의 적극적인 수업 참여를 원한다.

쓰기 좋고 읽기 좋은 쉬운 단어

어려운 어휘를 쓴다고 더 교양 있어 보이지는 않습니다. 훌륭한 글은 이해하기 쉽도록 전달하는 글입니다. 쉬운 말을 씁시다.

ex_열다가 말한 것을 상기할 필요가 있다

→ 열다가 말한 것을 떠올릴 필요가 있다.

과도한 복합명사의 조합을 피하자

한자 문화권에서는 한자음 몇 개로 복잡한 개념들을 간편하게 표기할 수 있습니다. 그러나 이는 독자가 그러한 한자음을 통해 바로바로 개념을 떠올릴 수 있을 때로 제한되어야 합니다. 편리하고 경제적이기 때문에 사용하긴 하되 대상 독자를 감안해야 합니다. 위에서 쉬운 어휘를 쓰자고 한 것과 같은 이유입니다.

ex_입시교육위주정책반대포럼, 한반도미래평화통일정책자문위원회, 변증법적 유물역사관

조사를 이용해 문장에 리듬을

글의 처음과 끝은 문장만 매끄러워도 자연스럽게 주의를 끌고 부드럽게 끝맺어 줄 수 있습니다. 조사를 적절하게 사용하거나 생략해서 문장을 리드미컬하게 해 줍시다.

ex_열다는 혼신의 힘으로 수업을 준비하는 중에 있다.

→ 열다는 혼신의 힘으로 수업 준비 중이다.

막연한 대안과 변화? 없느니만 못해!

결론 마지막에 지금까지의 논의와 큰 상관이 없는데도 대안이나 행동 변화 등의 내용을 써 넣는 습관을 가지고 있나요? 결론이라고 해서 반드시 대안과 변화를 제시해야 하는 것은 아닙니다. 뚜렷하고 설득력 있는 대안이 없다면 차라리 말하지 않는 것이 낫습니다.

ex_정부 차원의 제도개혁이 뒤따라야 한다. / 국민 각자가 노력해야 할 것이다.

종결어를 조심조심

의외로 많은 사람들이 특정 종결어를 선호하는 습관이 있습니다. 단번에 고치기

힘들다면 퇴고 과정에서 주의 깊게 살펴봅시다.

ex_우선 이런 습관부터 고쳐야 할 것이다. 그리고 나서 학습에 임해야 할 것이고 그러면 성적이 올라갈 것이다.

→ 우선 이런 습관부터 고쳐야 한다. 그리고 나서 학습에 임한다면 성적이 올라갈 것이다.

상투적인 표현은 내용마저 상투적으로 보이게 해

상투적 표현은 곧 상투적 사고, 상투적 내용처럼 비칠 수 있습니다. 이왕이면 다른 표현을 쓰는 것이 좋겠지요?

ex_최근 사회적으로 이슈가 된 ~

→ 많은 사람들이 관심을 갖는 ~

이외에도 나열하자면 끝이 없습니다. 이 사항들을 일일이 외울 필요는 없습니다. 글을 쓰면서 이러한 문장 표현에 주의하느라 정작 중요한 내용의 전개가 제한을 받아서는 안 될 테니까요.

초고를 쓸 때는 크게 신경 쓰지 말고 술술 써 나간 다음, 퇴고 과정에서 이들을 참고한다면 효과적일 것입니다. 다시 한 번 강조합니다. 문단의 전체 일관성에 문장이 기여한다면 다소 틀린 표현이나 상투적인 표현은 큰 흠이 되지 않습니다. 우리가 쓰는 글은 문학 작품이 아니라 논술문이라는 것을 잊지 마세요.

다음 보기는 결론 단락이다. 지금까지 배운 내용을 참조하여 단락의 전반적인 문제점을 지적하고 다시 써 보시오.

양성 평등은 남성이 기존의 기득권을 포기하려 하지 않기 때문이기도 하지만 양성이 모두 자기 자신과 서로에 대한 기존 관념을 버리지 않아서이기도 하다. 목숨을 잃을지언정 온몸에 피투성이로 칼집을 내는 이유는 그 몸을 붙잡고 있는 줄을 끊어 버리고 싶었기 때문일지도 모른다. 물속의 고기가 그물을 찢듯이, 한 번 불타버린 곳에는 다시 불이 붙지 않듯이, 모든 번뇌의 매듭을 끊어 버리고 무소의 뿔처럼 혼자서 가라. 태어나서, 인생을 살고 죽는 과정에는 모든 사람이 홀로일 뿐이다. 삶의 주체는 자기 자신일 뿐이다. 양성평등은 익숙한 기존 관념과 체제로부터 벗어났을 때에라야 가능한 일이다.

길잡이

양성 평등에 관한 문장과 불교 경전 〈수타니파타〉의 인용이 뒤섞여 있는 문단입니다. 양성 평등에서 여성의 독립심, 자립심을 강조하기 위해 수타니파타를 인용한 것인데 둘의 관계가 제대로 정리되지 않아 전혀 상관 없는 두 개의 주제가 한 단락에 뒤엉켜 있는 결과를 초래했습니다. 위의 단락은 결론 단락인 만큼 양성 평등에 관한 자신의 의견을 재정리해 주는 문장이 들어가야 하고, 인용문은 한 문장 정도로 아주 짧게 들어가야 합니다. 아래와 같이 다시 쓸 수 있습니다.

양성 간 불평등은 남성이 계속 기득권을 갖고 있는 데서 비롯된다. 그러나 이는 한 개인이 스스로 선택한 것이 아닌 오랜 사회 관습에 의한 것이다. 따라서 양성 불평등의 해법은 기존 체계와 관념을 버릴 수 있는 사회 전체의 결단이다. 사회 구성원 모두가 '그물을 찢듯이, 무소의 뿔처럼' 과감하게 의식 변화와 실천을 이룰 수 있어야 한다.

마열다의 분필

논리적인 사회

논리적으로 생각하고 행위하는 것이 항상 좋은 것만은 아니라는 생각이 들 때가 있습니다. 틀린 생각은 아닙니다. 논리적인 방식을 선택할지, 논리보다는 모로 가도 서울만 가면 되는 방식을 택할지는 각자의 몫입니다. 다만 논리를 중요하게 여기는 사람이 많은 사회는 보다 투명해지고, 그래서 사회 구성원 개개인이 할 수 있는 일과 할 수 없는 일이 분명해질 것입니다. 모로 가도 서울만 가면 되는 사회, 논리는 없고 대신 힘으로 밀어붙이는 사회는 후진국이라는 비난을 피하기 힘들 것입니다. 논리가 없는 사회는 '개념 없는 사회'가 되기 십상이기 때문입니다. 한국은 어디쯤에 위치해 있을까요?

9장

논술 평가의 이해와 퇴고, 그리고 첨삭

여기 미스코리아 출신의 영화배우가 있습니다. 열다가 영화배우에게 물었습니다. "당신은 대한민국에서 가장 예쁘다고 생각하십니까?" 영화배우는 나름 주저하는 기색이 역력합니다. 아무리 공적으로 인정받았다 하더라도 자신이 자신을 평가하는 것은 쉽지 않은 일이기 때문입니다.

논술도 마찬가지입니다. 내가 나의 생각을 평가한다는 것 자체가 어려운 일입니다. 이는 논술을 업으로 살아가는 마열다도 그렇고, 대문호 톨스토이 선생님도 무덤 속에서 동의할 것입니다. "그래, 열다야. 네 말이 맞다. 그래서 나도 퇴고를 참 많이 했다" 하고요.

물론 다른 사람의 논술을 평가하는 것도 쉽지 않습니다. 주제에 대한 충분한 교양과 논술 형식에 대한 지식이 있어야 하니까요. 그리고 정해진 답이 뚜렷한 객관식 문제와는 달리 논술 답안지에는 수많은 변수가 있습니다. 그렇기 때문에 오랜 시간 논술을 가르친 선생님이나 논술 시험 심사위원이라 할지라도 논술 채점은 항상 어려운 문제입니다.

그렇기 때문에 대입 논술처럼 어마어마하게 많은 학생을 채점해야 하는 시험에서는 논술 채점 기준에 대한 수치화된 기준, 여러 경우에 적용할 수 있는 세부적인 가이드와 단계별 심사 같은 장치를 가지고 있습니다. 논술 시험 답안을 작성할 때 이러한 기준은 매우 중요한 요인이 될 것입니다.

평가 기준을 잘 이해하고 이를 바탕으로 자신의 논술을 평가할 수 있는 능력, 더불어 평가 기준에 준하여 퇴고하고 첨삭할 수 있는 능력을 길러야 하겠습니다.

1. 좋은 논술을 평가하는 기준은 무엇일까?

이해력, 분석력

논제 및 제시문을 제대로 이해했는지를 먼저 평가합니다. 논제가 요구하는 방향을 정확히 알고 이를 제시문과 연결시켜 전반적으로 논제에 부합하는 서술을 했는지를 봅니다. 논제는 부산으로 가라고 했는데, 답안은 광주로 갔을 경우 그 내용이 무엇이든 평가 대상에서 제외될 수밖에 없습니다. 5장에서 다루었던 제시문 독해 기술이 이 평가 영역과 연결됩니다. 논제는 형식적인 방향만을 지시하고, 제시문 독해를 통해 방향에 맞는 구체적인 내용을 추려 내야 하는 경우가 많습니다. 즉 독해력이 이 평가 영역을 결정짓는 요소입니다.

- ☑ 논제 이해 : 논제 의도의 정확히 이해, 논제와 논술문과의 부합성
- ☑ 제시문 분석 : 제시문의 정확한 독해, 논제와의 연관성 추리

논증력

어떤 글이 논술문이 되려면 '논증'의 특성을 가지고 있어야 합니다. 그러려면 논

지에 상응하는 각각의 논거들이 타당해야 하고, 각각의 논거들끼리 서로 연관성이 있어 글 전체가 하나의 논리적 몸체를 유지해야 합니다. 문단은 서론에서 결론에 이르기까지 이러한 몸체의 부분으로써 각기 독립된 기능을 하면서도 하나의 통일성을 가지고 전개되어야 합니다. 3장에서 배운 논거 설정과 개요 작성이 이 평가 영역에 직접적으로 관련됩니다.

- ☑ 논거 설정 관련 : 논지와의 연관성, 내용의 타당성, 논거 간 통일성
- ☑ 전개, 구성 관련 : 논의 전개의 일관성, 올바른 서론·본론·결론 구성

사고력(비판력과 창의력)

대상에 관한 사고가 가볍고 얕은 사고에 머물지 않고 현상의 배후에 깔린 근원으로까지 확대되었는지를 평가합니다. 또 대상을 바라보는 관점의 폭을 넓혀 의미있고 유용한 가치를 얻었는지를 평가합니다. 세상이 정설이라고 하는 것을 그대로 받아들이지 않고 자신만의 고유한 관점을 통해 재확인하는 창의성이 요구됩니다. 논술 평가 항목 중 가장 어렵고 비중이 높은 항목입니다. 짧은 준비로는 대비할 수 없으며 오랜 독서와 꾸준한 사유, 그리고 이를 언어로 구체화시키는 습작 훈련이 필요합니다.

- ☑ 사고의 깊이 : 대상의 배경, 원인, 과정, 타 대상과의 관계 등 여러 가능성 고려
- ☑ 사고의 넓이 : 발상의 전환, 암묵적인 가정에 대한 반론, 새로운 원리의 적용

올바른 표현

언어 표현과 관련한 일반적인 요소들을 평가합니다. 문장 표현이 간결한지, 어휘 사용이 적절한지, 수사적 표현들(상징, 비유, 인용 등)이 의도하는 내용에 부합하는지 등을 봅니다. 문장 기호나 띄어쓰기 등이 문법에 맞는지, 원고지 사용법은 올바른지도 평가할 수 있습니다.

상위권 학생들은 모두 오래 열심히 공부한 학생들입니다.
논술은 번뜩이는 아이디어만으로 후다닥 쓸 수 있는 글이 아닙니다.
꾸준히 읽고, 생각하고, 열심히 써 보세요.

마열다의 분필

대학들의 평가 기준

여러 대학들의 입시 요강에 나타난 평가 기준들을 살펴봅시다. 표현은 조금씩 다르지만 궁극적으로 '논리적 서술'에 부합하는지를 따지는 평가라는 점은 모두 같습니다. 평가 기준은 거꾸로 보면 논술문의 구성요소이기도 합니다.

서울대

· 이해분석력 / 논증력 / 사고력(비판력과 창의력) / 올바른 표현

연세대

· 독해력 / 논증력 / 표현력 / 창의력

고려대

· 다양한 유형의 텍스트를 분석하고 이해하는 능력
· 자신의 견해를 정해진 시간 안에 제한된 분량으로 조리 있게 표현할 수 있는 능력
· 주어진 자료 속의 정보와 자신의 생각을 종합하여 새로운 관점으로 발전시키는 창의적 능력

서강대

· 제시문 읽기를 통한 문제 발견 및 해석 능력
· 비판적이고 창의적인 사고력
· 통합적 문제와 관련한 의견의 조정 및 추론 능력
· 체계적이고 유기적인 구성 및 기술 능력

숭실대

· 이해력 : 제시문의 요지를 정확히 이해하는 능력
· 분석력 : 제시문의 이해를 바탕으로 한 올바른 비교 분석 능력
· 통합적 사고력과 적용 능력 : 제시문의 내용을 종합적으로 판단하고 논리적으로 적용시켜 논지를 이끌어 가는 능력
· 구성 및 표현 능력 : 문장 표현, 분량, 맞춤법 및 원고지 사용법

숙명여대

· 비판적 사고력 / 문제 해결 능력 / 논증 구성력 / 의사 소통 능력

2. 모의고사를 통한 사례 분석

자, 이제 끝이 가깝습니다. 이 책의 독자들을 위해 한 모의고사의 결과를 통계로 집계해 보았습니다. 전반적인 점수 분포, 학생들의 일반적인 강점과 약점을 살펴봅시다. 특히 각 항목에서의 주된 실수가 무엇인지, 그리고 고득점에 영향을 미치는 요소가 무엇인지를 짚어 보도록 하겠습니다. 이 모의고사에 참여한 학생은 총 52명이며 평균 2~3년 간 논술을 학습한 학생들입니다.

논제 : 두 개의 제시문을 바탕으로 기술 문명의 발전이 가져다준 사회적, 문화적 변화를 밝히고 아울러 이러한 변화의 의의에 대하여 자신의 생각을 논술하시오.

제시문 1의 요지 : 지식정보화 사회에서 기술 문명은 기존의 가치와 전통의 체계를 무너뜨린다.

제시문 2의 요지 : 기술 문명은 인간의 시간, 공간 개념을 변화시킨다.

기술 문명으로 인한 사회 전반의 변화를 이야기하는 글이 두 개 제시된 문제입니다. 제시문 1은 지식 정보 사회의 기술 문명이 어떻게 기존의 가치 체계를 무너뜨리는지를, 제시문 2는 기술 문명이 발전함에 따라 시간 개념과 공간 개념이 어떻게 변화하는지를 보여줍니다. 이러한 내용들을 바탕으로 '기술 문명으로 인한 사회 문화적 변화'의 현상을 밝히고 이와 관련하여 유의미한 해석을 요구하는 논제입니다.

이해분석력(20)	논증력(30)	사고력(40)	표현력(10)	총점(100)	최대	최소
11	16	27	7	72	91	95

〈총점 점수 분포〉

이해분석력

논제와 제시문을 정확히 이해하는 것은 논술문 쓰기의 첫 단추입니다. 따라서 이해분석력은 전체 배점과 상관없이 가장 기본이 되는 항목입니다. 논제가 묻는 사항에서 빗나간 논술은 심각한 감점의 원인이 될 수 있습니다. 이 모의고사에서 학생들은 제시문에 대한 이해를 넓게 하기보다는 자신에게 익숙한 몇 가지만을 취해 쓰는 경우가 많았습니다. 상당수의 학생들이 기술 문명과 인간 소외 현상으로 흘러 제시문에서 거론되는 많은 사항들을 빠뜨리고 있습니다. 시간이나 공간이라는 추상적 개념에 대해 생각해보는 기회가 부족했기 때문으로 여겨집니다.

논증력

많은 학생들이 어렵고 현학적인 예를 드는 것을 좋은 논증으로 생각하고 있었습니다. 몇 개의 본론을 나누었지만 단순히 본론 단락 개수만큼 사례를 나열했을 뿐인 논술이 두드러졌습니다. 일단은 자신이 글 전체에서 전개하고자 하는 논지를 정리한 후 이에 걸맞는 논거들을 선택해야 합니다. 또한 사례를 통한 논증뿐 아니라 분석이나 대조 등 다양한 방법을 찾아볼 필요가 있습니다. 무엇보다 평소에 구체적인 사실들을 추상화하는 훈련, 반대로 추상적인 개념을 구체적으로 풀어 보는 훈련을 해야 합니다.

사고력

창의는 대상에 대한 다양한 관점에서 시작합니다. 또는 대상에 대한 깊은 인식에서 시작합니다. 일반적인 관점과 얕은 인식을 가지고 쓴 논술문은 하나마나한 이야기를 되풀이하는 결과를 가져옵니다. 또 서론에서 심각한 사회 문제를 제기하고 결론 마지막 문장에서 도덕적 교훈을 일깨우는 형식으로 끌고 가는 논술문은 식상하다 못해 읽는 이로 하여금 시간 낭비했다는 생각까지 들게 합니다. 이러한 유형의 글을 쓴 학생들이 꽤 많았습니다. 사고의 깊이와 넓이는 말 그대로 평소 깊고 넓게 생각해보는 사고 훈련을 통해서만 이루어질 수 있습니다.

표현력

일단 그저 보기 좋게 문단만 나누고 본 글들이 눈에 띄었습니다. 문단은 생각의 최소 단위이며 논리와 논리의 연결 고리에 의해서 이뤄진 각각의 방이므로 각별히 유의해서 나눠야 합니다. 이외에도 불분명한 어휘, 과도한 은유나 관련 없는 상징어, 글의 내용과 맞지 않은 현학적인 문장들, 지칭하는 대상이 불확실한 대명사의 사용 등이 많은 학생들의 글에서 확인되었습니다.

3. 글의 업그레이드, 퇴고

퇴고는 제2의 창작이라 할 만큼 중요합니다. 우리가 만나는 유명 학자나 작가들의 글 역시 숱한 퇴고를 거친 최종본임을 명심합시다. 전문 '작가'도 수많은 퇴고를 거치는데, 원래대로라면 우리는 그 사람들의 두세 배의 퇴고를 거쳐야 그들을 따라잡을 수 있을 것입니다.

그런데 논술고사처럼 제한된 시간 내에 퇴고까지 완료해야 할 때는 퇴고의 방법과 범위 역시 제한될 수밖에 없습니다. 전체 원고 작성 시간 중 퇴고에 할애할 수 있는 시간이 고작 10~30분밖에 되지 않기 때문입니다.

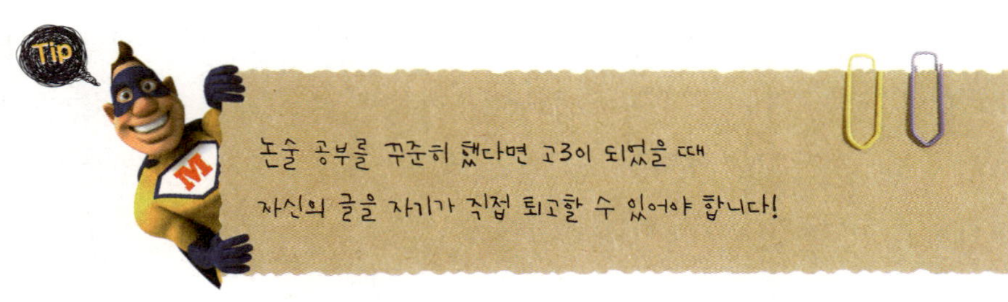

Tip
논술 공부를 꾸준히 했다면 고3이 되었을 때
자신의 글을 자기가 직접 퇴고할 수 있어야 합니다!

전체를 수정할 수는 없다

고장난 컴퓨터를 수리하러 갔는데 메인보드를 바꿔야 한다고 한다면? 차라리 새 컴퓨터를 사는 편이 나을 수도 있습니다. 이는 수리라기보다 재구매에 가깝습니다.

논술문에서 컴퓨터의 메인보드에 해당하는 것들은 '논제의 이해, 대상을 바라보는 관점, 대표 논지 및 핵심 논거, 글 전체를 관통하는 전개방식 및 논증법' 등입니다. 이들을 **제한된 시간 내에 수정하기란 불가능하고** 설사 시간이 많아 수정하더라도 이는 퇴고라기보다는 새로 쓰는 것에 가까워집니다. 치료가 불가능한 만큼 미리 예방하는 수밖에 없습니다. 이것이 개요를 작성하는 이유입니다. 서론 첫 문장을 쓰기 전에 개요를 작성한다면 개요에서 전체에 관련한 영역을 수정할 수 있습니다.(5장의 개요 작성법을 참고하세요.)

주제가 분명하게 드러났나?

만약 주제가 담겨 있긴 하되 다소 흐리거나 모호하다면 불필요한 내용들을 생략하거나 다른 내용으로 대치해 논지가 두드러지도록 해야 합니다. 또 우리가 자주 하게 되는 실수들—논리적 비약, 잘못된 사례, 모호한 논의 등—이 없는지 유념해야 합니다. 비교적 장황한 서술이 된 것 같다면 '한마디로', '즉'과 같은 연결어를 써 넣은 후 앞 내용을 정리해 주는 것도 좋은 방법입니다.

올바른 구성인가?

먼저 서론·본론·결론의 구성을 살펴봅시다. 서론·본론·결론이 해야 할 '역할'을 제대로 수행하고 있는지를 검토합니다. 검토 기준은 아래와 같습니다.

서론에서 제기한 문제를, **본론**은 직접적으로 논하고 있으며, **결론**은 이를 정리해 주는가?

가령 서론은 대상 A에 대해서 문제를 제기했는데 본론 1이 ab를 대상으로 삼았을 경우 b를 a′로 만들어 주어야 합니다. 그런데 본론 2가 본론 1의 b에 바탕을 두고 작성되었을 경우 본론 2의 내용도 수정해야 합니다. 혹시나 결론이 b를 언급하고 있을 경우에도 마찬가지입니다.

앞에서 언급한 것처럼 글의 전체를 흔드는 수정은 불가능하고 위험하기까지 합니다. 가능한 자기가 이미 기술한 것, a와 관련된 것에서 끌어와야 전체 일관성을 해치지 않을 수 있습니다.

좀 더 업그레이드 할 수 있을까?

제한된 시간 내에 행하는 퇴고는 업그레이드 정도에서 그치는 게 최선입니다. 부분적인 문장의 수정을 통해 전반적인 글의 느낌과 논의의 깊이를 살짝 올려주는 것입니다. 부분적인 문장 수정으로 흐름을 좀 더 논리적으로 만들 수 있다면, 전체적인 내용의 흐름을 해치지 않는 범위 안에서 수정하도록 합니다.

- ☑ 문단과 문단의 연결이 논리적으로 연결되고 있지 않을 경우 다리 역할을 해주는 문장 하나를 넣어 주면 보다 자연스러운 흐름을 가져올 수 있습니다.

- ☑ 지나치게 길거나 명료하지 않은 문장인 경우 문장의 나눔, 문장 성분의 재배치 등을 통해 의미를 좀 더 간결하게 전달할 수 있습니다.

☑ 기타 7장의 문장 유의사항을 참조하여 문장을 윤색하는 것에 초점을 둡니다.

완전히 빗나갔을 경우에는 어떻게 해야 할까?

절대 있어서는 안 될 일이지만, 만약 결론 마지막 문장까지 다 써 놓고 봤더니 논술의 핵심이라 할 수 있는 논제 분석이나 논지 및 논거 설정이 전혀 타당하지 않을 경우에는 어떻게 해야 할까요? 그런데 남은 시간은 채 30분이 되지 않는다면?

논제의 요구와 전혀 상관없는 글이 되었을 경우

논지와 논거만이라도 논제의 요구에 맞게 수정해야 합니다. 이로 인해 세부적인 내용의 앞뒤가 안 맞아 일관성을 해치게 되더라도 어쩔 수 없습니다. 논지와 논거만이라도 논제의 요구에 맞게 고쳐 주는 것이 낫습니다. 논제와 상관없는 글은 채점 대상에서 아예 제외될 수 있기 때문입니다. 그리고 답안지를 걷기 전까지 최대한 부분적인 내용들이 일관성을 갖도록 수정하는 데 최선을 다합니다. 답안지는 여러 수정 부호와 새로이 추가되는 문장들로 지저분하게 될 것입니다. 신경 쓸 필요 없습니다. 어찌 되었든 논제에 부합하는 논술로 만들어 점수를 받는 것이 우선입니다.

논거가 타당하지 않을 경우

전혀 상관없는 논거를 기술해 놓았을 경우 재빠르게 대응할 수 있다면 제한된 시간 내에 수정할 수도 있습니다. 논거는 주로 본론 단락에서 집중적으로 논의됩니다. 가령 논거 1, 2를 각각의 본론 1, 2로 배치하였을 경우 논지와의 연관성이 많이 떨어지는 것부터 수정합니다. 만약 모든 논거가 부합하지 않은 최악의 상태일 경우 일부 논거만이라도 부합하게 만들어야 합니다. 점수 차이가 꽤 크거든요.

반드시 시간에 비례해서 좋은 글이 나오는 것은 아닙니다. 시험장에서 헤매지 않도록 미리 연습하는 것이 가장 중요하겠지만 혹시나 이런 일이 닥쳤을 때는 당황하지 말고 남은 시간 동안 최선을 다하는 것을 잊지 마세요.

라는 말에는 소외감을 비롯하여

"alienation", 즉 "소외"란 것은 그 하나의 말뿐 아니라 소외감, 이간, 정식 착란, 낯설음 등의 뜻을 가지고 있다. 따라서 인간 소외란, 크게는 사회에서 한 인간이 소외되는 것, 작게는 한 개인 안에서 그 개인 자신이 낯설다고 느껴지는 것으로 해석될 수 있다. 어떤 사람들은 그것을 정신 착란이라고 표현하지만, 재정신인 상태에서 나 자신이 낯설게 느껴지는 경우도 '소외'라 말할 수 있다. 그리고 그 소외란 것은 물질적으로 발달하고 부족한 것이 없는 현대인에게도 자주 나타난다. 원하는 것은 거의 모두 이룰 수 있는 풍요로움 속에서 인간들이 소외를 느끼는 이유는, 아이러니컬하게도 그 풍요로움 때문에 소외를 겪는다.

뜻이 있다. / 이러한 소외는 / 개인들이 / 한 개인이 스스로를 소외시키고 소외당하는 것으로 나눌 수 있다. / 소외는 정신 착란과 같은 정신 질환으로도 확대될 수 있으며 / 특히 물질 문명이 발달한 현대 사회에 들어와 더욱 심각해지고 있다. / 현대 사회야말로 누구나 쉽게 원하는 것을 얻고 소비할 수 있는 풍요로운 사회인데,

소외에 관한 개념을 전반적으로 풀이해 주고 있는 서론 단락의 퇴고를 살펴봅시다. 첫 도입에서 언어적 의미를 활용해 대상에 관한 일반적 개념을 정리하고, 두 번째 문장에서는 분류를 통해 이를 사회와 개인 영역으로 나누고 있습니다. 세 번째 문장에서 '정신 착란', '자신에게 낯설게 느껴지는 경우'는 문제의 심각성을 드러냄으로써 본 논의에 관한 의의를 제공합니다. 마지막 문장은 이러한 원인이 현대 사회의 특징에 있음을 지적함으로써 이하의 논술을 위한 문제를 제기하고 있습니다.

그런데 구성적으로는 흠잡을 데 없는 글이 앞뒤 문맥과 일관성의 결여로 인해 전반적으로 산만하고 쉽게 읽히지 않습니다. 아래는 학생의 의도한 바를 최대한 살려 퇴고해 완성한 글입니다.

'alienation' 즉, '소외'라는 말에는 소외감을 비롯하여 이간, 정신 착란, 낯설음 등의 뜻이 있다. 이러한 소외는 크게는 사회에서 개인들이 소외되는 것, 작게는 한 개인이 스스로를 소외시키고 소외당하는 것으로 나눌 수 있다. 소외는 정신 착란과 같은 정신 질환으로도 확대될 수 있으며 특히 물질 문명이 발달한 현대 사회에 들어와 더욱 심각해지고 있다. 현대 사회야말로 누구나 쉽게 원하는 것을 얻고 소비할 수 있는 풍요로운 사회인데, 아이러니컬하게도 바로 그 풍요로움 때문에 소외를 겪는다.

퇴고 전과 퇴고 후의 글을 비교해 봤을 때 대상에 관한 관점이나 글의 구성 요소에는 아무 변화가 없습니다. 다만 불필요한 문장 표현들을 제거하고 본 단락이 갖춰야 할 기능에 충실할 수 있도록 '선택'하고 '집중'한 것입니다. 이것이 퇴고의 목적입니다.

예시글은 다소 거친 면이 있지만 논술문의 핵심이랄 수 있는 관점의 적용과 논의 전개의 흐름을 잘 잡아냈습니다. 한마디로 뼈가 굵고 튼튼해 약간의 노력만으로 겉과 속이 모두 훌륭한 논술이 되었습니다. 그 약간의 노력이 **'퇴고'**입니다.

재차 강조하지만 퇴고는 업그레이드입니다. 핵심 요소가 튼튼한 글은 표현만 바꾸어 글을 한층 낫게 할 수 있지만 핵심 요소가 부실한 경우 퇴고는 불가능합니다. 퇴고를 앞두고 막막함을 느끼지 않으려면 꼭 개요를 작성해야 합니다. 올바른 개요를 거친 튼튼한 뼈대를 갖고 있는 글이라야 퇴고를 통한 업그레이드가 가능합니다.

4. 보는 눈을 기르는, 첨삭

첨삭은 퇴고와 크게 다를 바 없는, 완성된 글에 가해지는 수정 작업입니다. 그러나 첨삭은 글에 관한 논평이 가해진다는 점, 그리고 내 글이 아닌 타인의 글을 대상으로 한다는 점에서 차이가 있습니다.

논술 선생님도 아닌데 첨삭에 대해 알아야 할 이유가 있냐고요? 있고 말고요! 다른 장르의 글을 습작할 때에도 마찬가지이지만 특히 논술 습작은 자신의 글을 쓰는 훈련과 함께 타인의 글을 비평할 줄 아는 능력을 함께 길러야 합니다. 객관적으로 우열을 가릴 줄 아는 '보는 눈'이 없으면 습작을 아무리 해도 발전을 기대하기 어렵습니다. 글의 문제점을 깨닫지 못한다면 아무리 여러 개의 습작을 해도 같은 실수를 계속 반복하겠지요?

첨삭은 어떻게 할까?

우선, 퇴고할 때와 마찬가지로 논의의 분명성과 전반적인 전개 흐름 등에 초점을 맞추어 원고 위에 직접 표시합니다. 단, 첨삭은 잘못된 것을 지적하는 것에 주안점을 두고, 퇴고할 때처럼 직접적으로 수정하지는 않습니다. 첨삭은 무엇이, 왜 잘못되었는지를 보여주는 것입니다. 이를 수용하여 수정하는 것은 첨삭자의 몫이 아니라 글쓴이의 몫입니다. 만약 첨삭자가 과도한 수정을 할 경우 글의 완성도는 높아질 수 있겠지만 '자기 의견의 서술'이라는 논술의 대전제에 어긋납니다.

다음으로 **논제 분석, 논증력, 사고력, 표현력**과 같은 평가 요소와 관련해 의견을 제시합니다. 평가 기준을 참고해 각각의 기준에 부합하는지를 따집니다.

쉬운 방법으로는 장단점을 추려 내는 방법이 있습니다. 가령 논제 분석에 있어서 "논제를 정확히 이해하고 전반적으로 이에 부합하는 서술이었으나 서론에서 이를 문제 제기로 연결시키지 않아 논의의 틀을 미리 제시하지 못하였다"라는 식으로 장단점을 나열합니다. 특정 문장을 언급할 경우 본문에 1), 2), 3), a), b), c)와 같은 기호를 매겨 둠으로써 정확한 위치를 전달할 수 있습니다.

마지막으로 총평을 합니다. 총평은 각각의 평가 기준 너머에 있는 것들을 대상으로 합니다. 가령 '대상에 관한 특정 관점이나 전제'는 네 가지 평가 기준 모두에 적용되기에 역으로 특정 항목 안에서 평가되기가 힘듭니다. 이러한 것들은 총평에서 글 전체를 놓고 평하는 게 좋습니다. 또 평가 항목에서 빠뜨린 부분이나 저자의 의견에 대한 반론 등도 제시할 수 있습니다. 이때의 반론은 '그럴 수도 있다'는 또 다른 가능성을 보여주는 것으로 제한되어야 하고 첨삭자가 저자 의견에 직접적으로 반론을 제기하지는 않습니다.

첨삭의 활용

첨삭을 받은 글쓴이는 첨삭 내용을 살펴보고 반드시 이를 참고해 재습작을 해야 합니다. 재습작이 없으면 첨삭의 의미도 없어집니다.

이왕이면 글 한 편에 대해 두세 번의 첨삭이 이뤄지고 그때마다 재습작을 해 결점 없는 글을 만드는 것이 가장 좋습니다. 그러나 이는 첨삭이 곧바로 이루어질 때만 가능합니다. 한 가지 주제에 관한 글을 1주일, 2주일 동안 붙들고 있는 것은 좋지 않습니다. 글 하나의 완결성도 중요하지만 여러 글을 써 보는 것 또한 이에 못지않게 중요하기 때문입니다. 따라서 평상시에는 첨삭지를 받은 후 바로 '재습작'해 자기 것으로 만드는 것을 습관화하고, 집중적으로 학습할 경우에 두세 번의 첨삭과 재습작을 통해 완결성을 확보합니다.

사례를 통해 첨삭의 방법을 간단히 파악해 봅시다. 아래는 현대 사회에서 벌어지는 인간 소외 현상과 그 원인에 관해 쓴 학생의 습작과 첨삭 평가 입니다.

(전략) 크게는 사회에서 한 인간이 소외되는 것, 작게는 한 개인 안에서 그 개인 자신이 낯설다고 느껴지는 것으로 해석될 수 있다. (중략) 원하는 것은 거의 모두 이룰 수 있는 풍요로움 속에서 인간들이 소외를 느끼는 이유는, 아이러니컬 하게도 바로 그 풍요로움 때문이다.

자본주의 사회인 현대에서 한 인간을 판단하는 기준은 외모, 학벌 등이 있지만 그 중에서도 가장 많은 비중을 차지하는 것은 바로 자본이다. 자본으로 인간을 판단한다는 것은 지극히 비인간적이라고 말할 수 있겠지만 반대로 현대 사회에서 지극히 당연하다는 것이 현실이다. (중략) 그만큼 돈이라는 것은 우리 사회에서 중요하다는 것이다.

그렇다면 이 자본으로 인하여 인간 소외가 발생하는 것은 어떤 경우일까? 첫 번째로 사회에서 한 인간이 소외되는 경우를 말할 수 있다. 자본의 유무 여부 또는 양으로 인해 다른 많은 사람들에게 무시당하고 소외당하는 경우이다. (중략) 돈이 없는 사람을 우리가 흔히 노숙자라고 알고 있는 사람으로 보고, 돈에 대한 여유가 있는 사람을 어느 회사의 사장이라고 보자. 회사의 사장은 노숙자에게 집을 제공하고 그의 생활에 필요한 자금을 줄 수는 있다. 그러나 그는 그와 그의 지인들이 함께 모여 노는 자리에 노숙자를 초대하지는 않는다. 노숙자에게는 그가 살 수 있는 물질만을 제공할 뿐 함께 지내지는 않는 것이다. (중략) Ⓒ노숙자는 사장 즉, 돈에 대한 여유가 있는 사람들의 사회에서는 소외당한 것이다.

두 번째로 한 개인 안에서 그 개인 자신이 낯설다고 느껴지는 경우가 있다. 그러고 그것의 예는 노동을 통해 말한 마르크스의 말에 잘 나타난다. (중략) 즉, Ⓓ자기 발전과 행복을 위해 해야 하는 노동이 오히려 낯선 것이 되어 자신을 괴롭히고 대립하는 것이 노동의 소외가 되며 이 노동으로 인한 결과도 자신의 것이 아닌 자신과는 전혀 상관없는 인간의 것이 되므로 결과로부터 소외가 된다. (중략) 이것은 본래 자신에게 친숙했던 원래의 자신을 잃어버리므로 개인적인 소외가 될 수 있다.

자본주의는 많은 모순적이고 이중적인 모습을 가지고 있다. 자본주의라는 것 자체가 한 편으로는 가장 민주적이고 평등한 사상이며, 또 한 편으로는 가장 비인간적이고 많은 소외를 낳은 수 있다. 한 사회에서 두 가지의 상반적인 모습을 볼 수 있는 것이다. (중략) 한 인간이 소외되는 것을 막느냐 아니면 한 인간을 사회에서 철저히 소외시키느냐는 Ⓔ결국 사회의 문제만이 아닌 인간의 문제이기도 한 것이다.

〈모의고사 평가 및 논평지〉

총점 : 60 / 100 이해분석력 : 15 / 20 논증력 : 17 / 30 사고력 : 25 / 40 표현력 : 3 / 10

이해분석력

제시문에 대한 정확한 이해를 통해 논제가 요구한 대로 제시문의 공통적인 논의 사항을 실질적인 논의 대상으로 가져왔다. 또한 서론에서 대상에 관한 개념 및 배경을 개관하고 A)를 통해 구체적인 원인을 지목함으로써 전체 논의에 관한 문제 제기를 해 주고 있다.

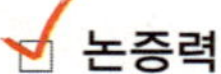

논증력

본론 1의 B는 서론의 A와 내용적으로 중복된다. 자본으로 인간을 판단하는 비인간적인 행위가 소외를 낳는다는 것은 물질적 풍요로움이 소외를 낳는다는 것의 좀 더 확대된 서술에 지나지 않기 때문이다. 본론 1의 내용 일부를 서론으로 옮기고 일부는 본론 2로 옮겨 형식적으로는 구분되면서 의미적으로는 더욱 유기적인 구성이 가능하다. 서론에서 소외를 사회적인 것과 개인적인 것으로 분류한 대로 본론 2, 3은 이에 대응되는 단락이다. 노숙자와 사장의 대비는 계층 간 소외를 보여주는 데 적절하고 탁월하다. 그러나 단순히 물질적 후원을 하고 받는 행위가 왜 소외를 불러일으키는지에 관한 설명이 없어 충분한 논증이 이뤄지지 않았다.

사고력

이 글이 돋보이는 것은 C 때문이다. 만약 C를 제외하면 소외에 관해 누구나 생각할 수 있는 내용들이라 할 수 있다. 흔히 사회적 약자 층을 돕는다는 공익 캠페인을 생각하면 그것이 바로 계층 간 소통이고 특정 계층의 소외가 해결되는 것이라 생각하기 쉽지만 이는 곰곰이 짚고 넘어가야 할 부분이다. 물질적 기부만으로 소통이 되고 소외가 해결된다면 이는 또 다른 물질주의이기 때문이다. 저자는 이러한 부분에 착안하여 소외의 해결에 물질적 기부 외의 몇 가지가 더 관여해야 함을 고려한 것이다. 물론 그것이 무엇인지는 언급되지 않고 있다. 다시 쓸 경우, 계층 간 차이에서 사회적 소외가 발생하기까지의 원인과 과정을 밝혀야 한다. 제안하자면 우리의 옛 전통 사회나 우리보다 못 살지만 사회적 소외가 적은 나라들과 비교함으로써 답을 찾을 수 있다. E는 자본주의의 두 속성을 비교함으로써 소외 현상이 경제체제를 초월한 영역의 문제임을 시사하고 있다. 이는 논리적으로 합당한 증명이다. 본 단락이 결론임을 감안했을 때 '더 심화된 차원으로 문제를 끌고 가는' 결론 맺기의 방법을 취하고 있다.

표현력

이 글에서 가장 문제가 되는 부분이다. 같은 말의 반복, 문맥적으로 일관성을 잃은 내용들이 여기저기에 있다. 그러나 표현력은 네 개의 평가 기준 중 가장 쉽게 달성할 수 있는 영역이기에 초고를 작성한 후 반드시 퇴고의 과정을 거친다면 짧은 시간 내에 개선될 것이라 본다.

총평

거친 문장 표현으로 인해 자칫 글의 내용마저 수준 이하로 치부될 수 있는 위험을 갖고 있다. 하지만 내용을 살펴보면 대상에 관하여 다양하면서도 논리적으로 바라보는 시각을 글 전체에서 확인할 수 있다. 소외의 현상을 사회와 개인으로 분류하고, 물질적 기부가 소외 해결의 충분조건이 아님을, 자본주의의 이중적이면서 서로 모순된 속성들을 잡아내는 것이 그 예이다. 상대적으로 중요하지 않은 표현력으로 인해 자신의 이런 우수한 능력이 깎이는 것을 대비해야 한다. 퇴고를 통해 전반적인 표현력을 키우자.

연습문제

'인간 소외'라는 논제에 대한 다른 글의 결론 부분이다. 자유롭게 퇴고해 보시오.

그렇다면 이에 대한 해결 방안은 무엇일까? 오직 자본주의 체제에서 해결책을 모색하기보다는 좀 더 새로운 관점에서 찾아보는 것이 더 바람직하다. 설령 가려움을 단순히 긁는 식으로 해결하려 한다면 긁으면 긁을수록 계속 심해질 것이다. 시원하게 하려면 우리 자신 스스로 몸의 본질과 상태를 파악한 후 의학 처방을 내리던가 원인을 찾아 해결해야 함이 진정한 인간 행복을 위한 도약이라고 할 수 있는 것이다. 위의 원칙에 따라서 인간 소외가 소유의 정도 즉, 경제적 요인에 의해 발생하는 경우가 가장 크기 때문에 경제적 능력만을 중심으로 평가하는 방식의 한계를 보완하는 방법을 모색해야 한다. 우리 사회는 사랑 즉, 나눔과 공생의 정신에 따라 모든 사회의 구성원이 인간다운 생활을 영위할 수 있도록 사회보장제도를 체계화해야 한다. 그리고 가장 근본적인 해결책은 각 개인이 현재의 자신을 인정하고 경제적 능력으로써가 아닌 다른 다양한 창조적 활동으로써의 자신의 모습을 평가해야 한다. 이로써 자신에게 가치를 부여하는 정신적 성숙이 필요하다.

-학생 글

'경제적 능력만으로 평가하는 방식의 한계를 보완하는 방법'을 모색하자는 것이 본 단락의 요지이고 그러한 방법의 하나로써 사회보장제도의 체계화, 물질 외의 다양한 가치의 존중(다양한 창조적 활동으로써의 자신의 모습을 평가)을 말하고 있습니다. 앞부분이 다소 장황하기 때문에 첫 번째 문장부터 다섯 번째 문장까지를 절반 정도로 줄이고 그 이하의 내용을 좀 더 두드러지게 나타낼 필요가 있습니다. 마지막 문장은 다양한 가치로 획득되는 예상 결과이기에 삭제해도 무방합니다.

그렇다면 이에 대한 해결 방안은 무엇일까? 오직 자본주의적 가치 체계에서 모색하기보다는 인간 삶의 다른 가치를 고려할 필요가 있다. 또 드러난 증상만을 제거하려 하기보다는 보다 근원적 원인을 찾는 것이 중요하다. 이러한 원칙에 따라서 살펴보자면 우선, 경제적 능력만을 중심으로 개인을 바라보지 않으며 그의 인간됨과 다양성을 존중하는 사회적 공감대가 필요하다. 둘째로, 사회보장제도는 단순히 경제적 보탬을 주는 제도가 아니라 개인이 자신의 소질을 개발하고 이것이 다시 사회에서 활용될 수 있는 통로로 변화해야 한다.

부록

논술을 응용한 실용적 글쓰기

집에서 키우던 강아지가 실종되었습니다. 우리가 당장 해야 할 일은? A4 종이에 강아지의 사진을 붙이고 특징을 써서 동네 전봇대에 붙이는 일이겠습니다.

그런데 막상 컴퓨터에 앉아 글을 쓰려고 하니 생각처럼 쉽게 글이 나오지 않습니다. 한시가 급한 마당에 나 자신의 글솜씨가 원망스러워집니다.

우리는 일상에서 자신의 생각과 지식 등을 전달하는 글을 종종 쓰게 됩니다. 없어진 강아지를 찾는 글에서부터 자기소개서, 기획안, 보고서 등 진로와 생업에 결정적인 역할을 하는 매우 중요한 글도 있을 것입니다. 배웠으면 써먹어야 하겠지요? 9장까지 성실히 공부했고 연습 문제를 통해 실습까지 해 본 사람이라면, 이제 살아가는 과정에서 필요한 글 정도는 쓸 줄 알아야 하겠습니다.

물론 이들은 논술문이 아닙니다. 논지와 논거를 포함할 필요도 없고 경우에 따라서는 논지와 논거를 반영하려면 할수록 오히려 글이 더 어려워질 수도 있습니다. 그러나 내용이 아닌 논술문의 형식적 요건을 빌려온다면 간결하고 명확한 글을 쓸 수 있습니다. 또 3장 '논술 플랫폼'에서 배웠던 과정을 밟을 경우 컴퓨터 앞에 앉아 썼다 지웠다 하는 시간을 줄일 수 있습니다.

1. 카테고리 응용하기

자, 강아지를 찾아봅시다. '호소문'을 쓰고자 할 때 먼저 해야 할 일은 카테고리를 만드는 것입니다. 강아지의 특징, 잃어버린 시간과 장소, 연락처, 후사할 내용 등의 카테고리가 기본적으로 갖추어져야 합니다. 더불어 강아지를 잃어버린 열다의 애타는 마음을 표현한 카테고리를 추가해도 좋겠습니다.

다른 경우의 글에도 적용해 봅시다. 여기 그동안 은퇴했다가 다시 활동을 재기하려는 K-POP 스타 마열다가 있습니다. 컴백에 관한 보도문을 쓰려고 할 때는 어떻게 카테고리를 나누면 좋을까요?

우선 생각할 수 있는 것이 육하원칙에 의한 객관적 서술입니다. 그러나 육하원칙에 의한 기술은 기본적인 내용뿐이라 사건의 전말을 알기가 어렵지요. 보다 다각적인 면에서 사건을 살펴보고 그에 따라 서술 대상을 구분할 필요가 있습니다.

카테고리 1 : 사건의 기본 정보

사건의 주체나 배경 등 가장 기본이 되는 요소들을 개략적으로 기술합니다. 여기에는 육하원칙을 적용하여도 무방합니다.

ex_지난 달 은퇴 7개월 만에 귀국한 마열다. 한때 한국 대중음악의 흐름을 주도했던 그가 귀국 후 어떤 활동을 펼칠지 사회의 이목이 집중되고 있다.

카테고리 2 : 사건에 따른 영향과 평가

사건이 '사건'일 수 있는 것은 세간의 주목을 받고 영향을 주기 때문입니다. 사건이 일으킨 사회적 반응이나 파장들을 기술합니다.

ex_방송사는 그를 출연시키기 위해 치열한 물밑 경쟁을 벌이고 있다. 인터넷 업체들은 마열다 컴백 쇼를 인터넷 방송으로 제공하기 위해 서버를 증설하고 특집 홈페이지를 개설하는 등 분주한 모습이다. 기업체 홍보실도 그를 모델로 끌어들이려고 피 튀는 경쟁을 벌이고 있다

카테고리 3 : 다른 사건과의 관계

하나의 사건은 우리 사회의 여러 관심사와 연결됩니다. 대통령의 농담은 정책 기조로, 삼성전자의 D램 가격 변동은 경제 변화로, 서울대학교의 전형은 대입 제도와 연관 지어 보게 됩니다.

ex_이처럼 마열다의 복귀에 관심이 뜨거운 것은 우리의 대중문화가 그가 활동하기 시작했던 90년대를 기점으로 큰 변화를 겪었고 그 변화의 원인이자 아이콘으로써 그를 지목하기 때문이다.

이번에는 공연에 대한 보도문을 작성한다고 가정해 볼까요? 우선 자료를 파악한 후 자료들을 효과적으로 활용할 수 있는 몇 개의 카테고리를 설계해야겠습니다.

자료 1 – 공연 주최사의 보도자료

세계 팝 음악의 전설, 비틀즈가 한국 공연을 하기로 잠정 결정하여 자료를 보내드립니다.

장소: OO경기장

일자: 5월 20일 저녁 5시

자료 2 – 비틀즈에 대한 정보

비틀즈는 1960년대부터 세계 최고의 인기를 얻어 현재까지도 많은 팬들을 갖고 있는 그룹이다. 그룹은 1971년에 해체되었고 멤버 중 살아 있는 사람은 두 명밖에 없지만 그들의 인기는 시간과 상관없이 꾸준하다.

자료 3 – 비틀즈와의 인터뷰

기자 : 먼저 한국 공연을 결정한 것에 대해 감사한다.

비틀즈 : 미안하다 늦어져서.

기자 : 이번 공연의 특징은 무엇인가?

비틀즈 : 신곡을 세계 최초로 한국에서 발표할 예정이다.

카테고리 만들기

카테고리 1 : 공연 자체에 관한 정보

카테고리 2 : 비틀즈와 그들의 음악 소개

카테고리 3 : 이번 콘서트에 대한 전망

자료를 압축, 재편집한다는 차원에서 '비틀즈의 한국 공연'을 세 가지로 구분해 보았습니다. 어떤 구분을 하든 '공연 자체에 관한 정보'는 반드시 포함되어야 하고, 비틀즈와 그들의 음악을 소개하는 내용, 인기와 영향 등을 포함시킬 수 있을 것입니다.

마열다의 분필

신문 기사와 논술문의 차이

신문 기사와 논술문은 공통으로 구체적이고 객관적 사실들을 다루지만 그 목적이 다릅니다. 논술문은 자신의 의견을 나타내기 위해 사실을 사용하는 반면, 신문 기사는 사실 전달 자체를 더 중요시합니다. 그래서 보도문=사실, 논술문=사실+의견이라는 도식이 가능합니다.

물론 사실 전달을 목적으로 하는 보도문이라 하더라도 기자의 평소 가치관이나 대상에 관한 생각이 개입될 수는 있습니다. 사실을 조합하는 기준이 하나의 논점이 될 수 있기 때문입니다. 가령 어떤 정치인의 행위 중 유독 안 좋은 행동만 줄줄이 서술할 경우 독자는 그에 대한 부정적인 인상을 갖게 마련입니다. 이렇게 본다면 보도문도 완전히 사실적인 글만은 아닌 셈입니다.

그래서 역사학자 콜링우드는 '역사는 사실의 해석이자 재구성'이라고 했습니다. 그러나 한 가지 잊지 말아야 할 점이 있습니다. 완전한 사실의 재현이 불가능하거나 어떤 숨은 의도에 의해 일부 사건만을 다루더라도 겉으로 드러나는 내용은 일단 객관적인 사실이어야 한다는 것입니다. 의견이나 추측, 전망 등 저자의 주관에 의한 기술은 배제되어야 합니다.

자기소개서

자기소개는 자신에 관한 정보를 상대에게 전달한다는 측면에서 사실적인 정보의 글이지만 자신의 가치관, 견해 등을 포함하기 때문에 주관적인 성격의 글이기도 합니다. 또 자기소개의 목적은 단순히 자신의 프로필을 알리는 것이 아닙니다. 궁극적으로 내가 우수한 소질을 갖고 있는 사람이며 적임자임을 어필하는 설득의 글이기도 합니다. 이때 필요한 것은 사실을 어떻게 효과적으로 골라서 선택하느냐입니다. 합격하기 위해 있지도 않은 사실을 늘어놓는 것은 '거짓'이 됩니다. 그러나 열 가지 사실 중 보다 나를 돋보이게 할 수 있는 것, 지원하는 학교나 회사에서 원하는 사항에 보다 부합하는 사실만 골라내는 것은 거짓이 아닙니다.

카테고리 역시 이러한 전략에서 설정되어야 합니다. 언제 태어났고 어떤 가정에서 태어나 무엇을 배웠는지를 무작정 늘어놓는 것보다 나를 어필할 수 있는 정보들을 몇 개의 카테고리로 묶어 주고 배열해 주어야 합니다.

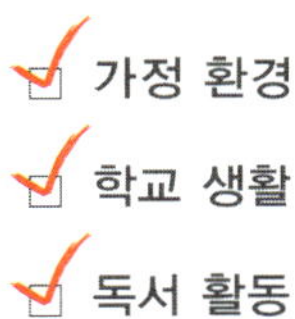

가정 환경

학교 생활

독서 활동

☑ **장래희망 및 포부**

자기소개서를 쓸 때 우리가 흔히 생각할 수 있는 카테고리입니다. 흔하다고 나쁜 것은 아닙니다. 다만 너무 포괄적이기 때문에 막상 글을 쓸 때 막막해질 수 있습니다. 카테고리를 좀 더 구체적으로 설정한다면 훨씬 명료하고 쉬운 쓰기가 가능할 것 같습니다. 가령 경영학과를 지원하고자 하는 한 학생이 있다고 합시다.

☑ **아버지로부터 영향 받아 선택하게 된 경영학과**

☑ **언어에 대한 꾸준한 흥미 및 학습 활동**

☑ **우리나라 70~80년대 문학 작품 독서 활동**

☑ **대학에 진학하면 서번트 경영에 대해 연구하고 싶음**

사실 위나 아래나 구성적으로는 크게 다를 게 없습니다. 다만 아래의 카테고리는 범위가 좁기 때문에 무엇을 써야 할지의 고민도 좁혀집니다. 전체적인 내용이 글의 목적에 부합하는 내용인지도 글을 쓰기 전에 가늠할 수 있습니다.

〈습작 예시〉

저희 아버지는 조그만 중소기업의 사장입니다. 정말 일손이 부족할 때는 가족이 모두 동원되어 도울 정도로 작고 영세한 기업인데 이로 인해 아버지의 회사가 무엇을 만들고, 어떻게 운영되는지를 알게 되었습니다. 또 그러는 가운데 제가 만약 회사를 운영하면 어떨까 하는 상상도 해 보면서 경영자에 대한 꿈을 갖게 되었습니다.

어렸을 때부터 국어와 영어 같은 언어 과목을 좋아했습니다. 특히 외국어 공부에 흥미를 느껴 초등학교 때는 싱가포르에 있는 국제학교에서 1년간 어학 연수를 받기도 했습니다. 중국, 미국, 일본 아이들과 함께 공부하는 곳이었는데 다른 나라 말을 조금씩 배울 때마다 그들의 사고와 문화 역시 이해할 수 있었고 외국 친구들과도 좀 더 가까워질 수 있었습니다. 학교 동아리도 프랑스어 회화반이어서 일상에서 접하기 힘든 프랑스 문화를 접할 수 있는 기회가 되었고, 모의 UN, 영어토론대회에도 참가하는 등 외국어 활용과 관련한 학술 활동에 적극적으로 참여하였습니다.

중학교 때에는 외국 판타지 소설을 주로 읽다가 고등학교에 들어오면서부터 우리나라 70년대, 80년대 소설에 흥미를 느끼고 탐독하게 되었습니다. 당시의 구체적인 사회 모습을 바탕으로 하고 있는 이들 소설을 통해 오늘날 한국 사회가 어떤 경로를 거쳐 왔는지를 알 수 있었습니다. 그중에서도 이문열의 〈영웅〉이나 김승옥의 〈무진기행〉, 황석영의 〈객지〉 등이 가장 감명 깊었는데 대학에 들어가면 이들 작가의 작품을 좀 더 찾아 읽고 싶습니다.

신문에서 '서번트' 경영이라는 말을 들은 적이 있습니다. 사장이 끌고 종업원들이 끌려가는 게 아니라 종업원들이 즐겁고 효율적으로 일할 수 있도록 서포트 역할을 해 주는 게 미래의 경영자의 몫이라는 말이었습니다. 그 동안 제가 갖고 있던 경영자에 대한 개념을 뒤엎는 것이어서 꽤 충격이었는데 대학에 들어가면 이와 관련한 학습과 연구를 진행해 보고 싶습니다. 또 이를 위해 사람과 사회를 보다 폭넓게 이해할 수 있도록 독서와 해외 자원봉사 같은 다양한 경험들을 쌓고 싶습니다. -학생 글

감상문

감상문에서 중요한 것은 저자의 감상 내용입니다. 그런데 초등학교 때부터 길들여진 습관 탓에 많은 학생들이 자신의 감상보다는 책의 내용을 요약하는 데 집중합니다. 생각할 필요가 없기 때문에 간편하고 빨리 분량을 채울 수 있어서입니다. 문제는 이런 습관이 쌓이고 쌓여 으레 감상글은 '줄거리 요약+느낌'이라는 잘못된 생각을 갖게 된다는 것입니다.

물론 감상글에서 보고 읽은 내용이 빠질 수는 없습니다. 그러나 이는 내 감상을 피력하는 과정에서 짧게 언급되는 것으로 충분합니다. 카테고리 설계 역시 책에 대한 나의 여러 감상들을 드러내는 것을 목표로 합니다.

- ☑ 책에서 가장 인상 깊었던 부분과 그 이유
- ☑ 작가가 전달하고자 하는 바에 대한 나의 생각
- ☑ 책에 나타난 특정 상황, 사건에 대한 나의 생각
- ☑ 저자 혹은 책에 등장하는 인물에게 물어봄직한 질문과 예상 답변

이런 기본적인 카테고리를 바탕으로 책의 내용에 맞게 확대하고 변화시켜 주면 될 것입니다. 가령 홍세화의 『나는 빠리의 택시운전사』를 읽고 감상글을 쓴다면 다음처럼 카테고리를 만들 수 있습니다.

- ☑ 책에서 가장 인상 깊었던 부분과 그 이유
- ☑ 작가 홍세화가 전하는 프랑스 사회의 장점은 무엇인가?
- ☑ 책의 내용 중 '두 광장 사이의 거리가……'에 대한 나의 생각은?
- ☑ 책의 내용 중 '영업사원 베르트랑하고 다툰 적이 있었는데……' 에 대한 나

의 생각은?

☐ 작가가 꼽는 우리 사회의 문제점은 무엇일까? 그리고 나는 어떻게 생각하는가?

〈습작 예시〉

"많은 사람들이 사형 선고를, 무기형을 그리고 15년, 10년 등의 중형을 받아야 하고, 또 나는 이렇게 구차하게 망명처를 요구하고 있는 중이다." 이 문장은 꽤나 충격적이었다. 민주화 과정에서 여러 사람들이 희생당했다는 것은 알고 있었지만 살아 있는 저자의 구체적이고 생생한 증언을 통해 그것이 얼마나 끔찍하고 힘든 일임을 느낄 수 있었다. 민주주의는 대중의 피를 먹고 자란다는 말을 실감나게 하는 내용이었다.

저자는 개성 강한 프랑스 사람들 때문에 힘들 때가 있다고 했는데 나는 오히려 이것이 프랑스의 장점이라고 생각한다. 자신의 의견을 분명하게 전달할 때 불필요한 갈등을 사전에 차단할 수 있고 타인에 대한 존중이나 배려도 가능하기 때문이다. 지나치게 하나가 될 것을 강조하는 우리 사회가 참고할 부분이라고 생각한다.

운전면허 시험장에서 벌어진 상황은 누구든 틀릴 수 있다는 것을 전제했을 때 가능한 일이다. 한국이라면 상상도 못할 일인데 프랑스인들은 모든 판단에 있어 유연한 자세를 갖고 있는 것 같다. 무조건 하나의 정답이 맞다고 강제하지 않을 때, 언제든 새로운 의견이 가능하다는 것을 전제할 때에 발전이 있을 수 있다는 것을 깨우쳐 준다.

우리는 한 번 싸운 친구와는 다시 친해지기 어렵다. 싸운 다음날부터 말을 하지 않게 되고 그러다가 멀어지고 나중에는 눈이 마주쳐도 모른 척해 버린다. 베르트랑에 대한 저자의 생각이나 나의 생각이나 비슷하다. 둘 다 한국 사람이기 때문이다. 우리는 좀처럼 상대와 내가 차이 나는 것을 못 견뎌하고 같아지던가 아니면 남남이 되어 버린다. 간혹 친한 사람이 나와 생각이 다를 때에는 거짓말을 하기도 한다. 베르트랑은 자신의 의견을 서슴없이 얘기했고 그것이 저자와 다를 뿐이었다. 서로를 미워할 이유가 없는 것이다. 한국인이 배워야 할 자신감과 떳떳함이다.

저자가 한국 사회의 문제를 꼽는다면 그중 하나로 한국의 교육을 들 것이다. 책에서 소개되는 프랑스 교육과 비교해 봤을 때 한국의 교육은 상당히 후진적이다. 아직도 단순 주입식 수업이 많고 어렸을 때부터 경쟁 위주의 교육으로 다양한 가능성이 차단되어 버린다. 죽어라 읽고 외워서 네 개 문항 중 하나를 맞추면 된다. 많이 맞추면 명문대에 가고 적게 맞추면 못 간다. 객관식 시험으로 측정할 수 없는 것들, 국영수 과목에 없는 것들은 모두 무시되어버린다.

- 학생 글

첫 번째 카테고리와 두 번째 카테고리 중 무엇에 기반해 글을 쓰느냐에 따라 글의 내용이나 쓰는 데 소요되는 시간은 큰 차이가 나게 됩니다. 그런데 첫 번째 카테고리를 두 번째 카테고리로 구체화시키는 데에는 그닥 많은 수고를 필요로 하지 않습니다.

기억합시다. 논술문을 포함한 모든 글을 쓸 때에는 우선 카테고리부터 만들 것!

탐방문

탐방은 특정 장소를 대상으로 한 글입니다. 그곳에 무엇이 있고 왜 가볼 만한 곳인지가 자세히 나타나야 합니다. 우선은 치밀한 관찰력으로 대상에 관한 구체적인 정보를 소개할 수 있어야 하고, 이에 대한 자신의 의견이 나타나야 합니다. 평소에 잘 가는 음식점을 대상으로 탐방글을 써 보기로 합시다. 우리는 그곳에 관한 구체적인 정보를 갖고 있기에 글에 관한 모든 준비는 완료된 셈입니다. 그곳에서 파는 음식을 비롯하여, 실내 분위기, 위치, 가격, 종업원들의 태도 등이 포함될 수 있는 카테고리를 만듭니다.

카테고리 1 : 음식점에 가게 된 계기나 추천 이유

카테고리 2 : 위치, 실내 분위기, 종업원들의 태도

카테고리 3 : 음식에 관한 정보

〈습작 예시〉

초밥이라고 하면 왠지 우리와는 거리가 있고 비싼 음식이라는 생각이 먼저 든다. 일본 음식이라는 것 때문인지 아니면 생소해서인지 우리 주위에서는 고급 일식집 아니면 쉽게 접하기 힘들다. 그러나 내가 소개하려는 곳은 이런 초밥을 김밥처럼 간단히, 그리고 싸게 먹을 수 있는 곳이다.

OO마트 옆쪽으로 조금만 걸어가면 만날 수 있는 이 초밥 전문점의 이름은 '와사비'. 조금만 먹어도 골이 띵할 정도로 매운 와사비처럼, 가게는 작지만 한번 들어가 본다면 무시하지 못할 것이다. 가게 유리문을 열고 들어가면 "어서 오십시오" 하는 독특한 억양의 인사가 주방에서 들려온다. 개방식 주방으로 요리사들이 일하는 모습을 손님들이 테이블에 앉아서 볼 수 있게 해 놓았다. 작은 오디오로 음악을 틀어 주는데, 손님이 듣고 싶은 음악을 골라서 들을 수 있다는 게 장점이다. 실내 장식은 특이한 것은 없고 카운터에 있는 일본식 부채나 벽에 소형 일본식 옷 등이 걸려 있는 것이 인상적이다.

이곳에서는 초밥 1인분에 6,000원인데, 1인분이면 충분히 배를 채울 수 있다. 맛도 압권이라서 웬만한 이름 있는 식당에서 나오는 초밥 못지않게 훌륭하다. 또 이곳에서는 초밥뿐 아니라 우동도 파는데 신기하게도 이곳 우동 안에 든 튀김은 꽤 시간이 흘러도 바삭바삭해 우동의 맛을 한껏 보태준다. 이번 여름에는 친구와 테이블에 마주앉아 두런두런 이야기를 나누며 바다 내음이 물씬 풍기는 초밥을 음미해 보는 것이 어떨까?

-학생 글

일식집 하면 왠지 편하게 갈 수 있는 곳이 아니라는 생각부터 듭니다. 이런 통념과 반대되는 곳이 이 초밥집이고, 그것이 이곳을 추천한 이유가 되었습니다. 이어서 식당의 전반적 분위기를 입구에서부터 동선의 변화에 따라 실감나게 표현하고 마지막으로 음식 자체에 대한 정보로 이동하고 있습니다. 여러 정보를 모두 담으면서 점점 흥미를 유발하는 구조로 설정된 카테고리입니다.

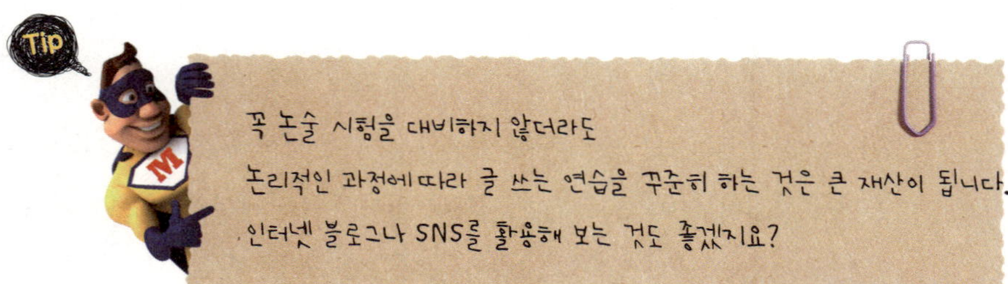

Tip
꼭 논술 시험을 대비하지 않더라도
논리적인 과정에 따라 글 쓰는 연습을 꾸준히 하는 것은 큰 재산이 됩니다.
인터넷 블로그나 SNS를 활용해 보는 것도 좋겠지요?

자, 여기까지가 제가 준비한 슈퍼논술 강의입니다! 최대한 여러분을 향해 실제 수업을 하는 느낌으로 쓰기 위해 노력했고, 예문들도 가능한 수업에서 활용되는 것을 가져오려 애썼습니다. 마열다의 슈퍼논술 강의가 어떠셨나요?

이 책이 여러분이 '논리적으로 사고하고 표현'하는 데 한 발짝 다가서는 기회가 되고 향후 논술 시험을 준비하는 데 실질적인 도움이 되기를 간절히 바랍니다. 그리고 앞으로도 계속 만날 수 있기를 기대합니다. 네? 시험만 끝나면 만날 일이 없을 거라고요?

이런, 선생님이 1장에서 뭐라고 그랬죠? 논술은 여러분의 삶에 있어 앞으로도 쭈--욱! 계속적으로 필요한 능력이다!

여러분의 논리적인 삶을 위해, 슈퍼 파이팅!

〈더 읽고 싶다면〉

김기택, 『사무원』, 창비, 1999년
최승호, 『대설주의보』, 민음사, 1995년